Scala ファンクショナルデザイン

関数型プログラミングの設計と理解

深井　裕二　著

- 本書の一部または全部を出版元に無断で複製、転載することを禁じます。
- 本書の記載内容は、その効果を保証するものではありません。また、記載されているソフトウェアおよびソースコードの導入や運用による損害に対する一切の責任を負いません。
- 本書に記載されているホームページの URL は予告なく変更されることがあります。
- 本書に記載されている製品名は各社の登録商標または商標です。なお本書中では ™©®の表示を省略しています。

はじめに

　ソフトウェア開発では、処理性能、短期間での開発、保守性、バグがないことがよしとされます。しかし開発には多くの労力が必要であるうえに、システムの運用や発展、環境やビジネスの変化に伴って、様々な問題点が浮かび上がってくるものです。このように、ずっと安心できる万能開発手段というものは存在せず、ゆえに、次々と新たな性質を持つ手段が注目され、試されてきました。プログラミング言語もまたその手段の一つであり、高水準言語、手続き型、スクリプト型、イベント駆動型、オブジェクト指向型、関数型などがあります。関数型言語は古くから存在し、人工知能分野などの専門的用途で使用されていました。しかし近年、ソフトウェア開発現場において関数型機能に注目が寄せられています。

　Scala は他の関数型言語と異なり、Java をベースとしたオブジェクト指向型の側面も持ち、Scala から既存の Java ライブラリやソフトウェア資産を活用することが容易です。そして、簡潔に記述でき、バグも抑えられ、開発生産性に有効ですが、反面、使いこなせる技術者が少ないという事情があります。Scala は実践的でありながら、関数型とオブジェクト指向型の両面を持つゆえに学習負担が大きいのです。

　言語習得のポイントとして、利点や理由を理解することは重要であり、さらに実践力や応用力を高めるために、仕組みについての実験と検討が有効であると思われます。Scala を学習する人たちは、C 言語や Java の基礎を経験してきた人が多いと感じられます。ところで「C 言語のポインタや C++の仮想関数は何のためのものか？」「Java のインタフェースはなぜ必要か？」「プログラム実行中にスタックはなぜ必要か？」などの疑問に答えられるでしょうか。

　こういったことは経験を積みながら再理解していくものかもしれません。もし、これらを入社試験の面接質問項目にすれば、理解力、表現力、技術スキルがうかがえることでしょう。特に Scala 学習では、そういった利点や理由の早期理解が重要だと感じられます。これは、機能を知ることから一歩進めて機能を自分のものにするような主体性の高い学習です。「そうだったのか！」と感じることは、知識を強く印象付けて技術者としての活力を自身に与えます。

　現在のプログラミングでは、メソッド（処理手続き、関数）に処理を綺麗に分担させることで個々が複雑でなく、作りやすいプログラムになります。しかし、機能追加による肥

iii

大化や、やっていることは簡単だけど冗長で煩雑といったソースコードの状態は、ソフトウェアの改良やバージョンアップの保守性がよくありません。一般に、冗長性をなくし汎用性を高めた優れたメソッドを作ろうとすると、内容が複雑になっていき、技量の面やバグのリスクが不安です。「簡潔さ」と「汎用性」というのは、両立しにくいものなのでしょう。しかし、Scala ではそれらを両立させるプログラムを作れることが感じられます。利点を明確にし、仕組みを理解し適正に活用できるよう、本書では次のような構成にしました。

- Scala で文法の網羅的な解説は分量が多くなるので、関数型機能中心に絞る。
- 「やさしさ」によるわかりやすさよりも、「明確さ」によるわかりやすさを意識する。
- ソースコード、実行結果、インタプリタ画面、図解などで具体的に解説する。
- 実践やひらめきにつながりそうなプログラム例を用いる。
- 使用法だけでなく、利点、理由、効果、効率、関数のデザインについて解説する。

　本書では、個々のソースコードは短く完結させ、Scala の高度な文法機能よりも関数型としての基礎理解と実践のヒントに重点を置いています。このような具体的で理解しやすいことが、読者のみなさんの応用力や実践性を高めると考えています。また、Java などのオブジェクト指向型言語の基礎を理解していることは、とてもプラスになります。合わせて Eclipse など Scala の開発環境で実験しながらの学習をお勧めします。

　タイトル「Scala ファンクショナルデザイン」は、関数型による自由なプログラミングという意味のつもりで付けました。モデルやパターンといった「はめ込む」ための型の提案ではなく、読者自身によって主体的にデザイン（形状や構造の設計、目的のための計画、指針の表現）をしてもらうことと、プログラミングが、考えと工夫による人間ならではの創作行為であるという想いを込めました。

　現在、ソフトウェアの内部は複雑化しつつあり、システムエンジニアの手が届きにくい内側からのアプローチも必要です。プログラミングレベルの設計となる関数型デザインは、これからのソフトウェア開発に有効なスキルになると感じています。本書を読むことで、みなさん自身がひらめきを得て、デザインするプログラミングを身に付けるヒントとなれば幸いです。そして、開発言語としての Scala の価値を理解し、他人に説明でき、実践することのできる、新たな時代のソフトウェア創作技術者へと進化していくことを、心より期待します。

2015 年 4 月

深井　裕二

目　次

第 1 章　Scala による開発 ……………………………………… 1

1.1　Scala と開発環境 …………………………………………… 1

- Scala の特徴 …………………………………………………… 1
- Eclipse と Scala プラグインの導入 ………………………… 2
- プロジェクトとパッケージの作成 ………………………… 5
- Hello プログラムの作成 ……………………………………… 7
- 調査用ユーティリティの用意 ……………………………… 9

1.2　Scala のプログラミング手段 …………………………… 11

- コンパイラ ……………………………………………………… 11
- インタプリタ …………………………………………………… 12

第 2 章　Scala プログラミングの基礎 ………………… 15

2.1　プログラムの要素 ………………………………………… 15

- プログラムを構成する基礎要素 …………………………… 15
- データ型とオブジェクト …………………………………… 17
- ◇ Scala のメリット　統一されたデータの扱いと Any 型 ……… 20
- リテラル ………………………………………………………… 21
- val 変数と var 変数 …………………………………………… 23
- ◇ Scala のメリット　val 変数の安全性とデバッグ能率 ……… 25
- 式と代入 ………………………………………………………… 26
- ブロック ………………………………………………………… 28

2.2　メソッドと関数 …………………………………………… 28

- 関数という用語の区別 ………………………………………… 28
- メソッド ………………………………………………………… 30
- 関数と無名関数 ………………………………………………… 32
- 省略形の理由考察 ……………………………………………… 34
- ◇ Scala のメリット　型推論と静的型付け ………………… 37

2.3　制御構造 …………………………………………………… 37

- if 条件分岐 ……………………………………………………… 37
- switch-case に代わる match ………………………………… 38
- for ループ ……………………………………………………… 39
- while, do-while ループ ……………………………………… 40
- 使わなくなった break と continue ………………………… 40
- try-catch 例外処理 …………………………………………… 41

2.4　クラスとオブジェクト …………………………………… 41

v

❏ class によるクラス定義 ··41
❏ object によるシングルトンオブジェクト作成 ·······················42
❏ トレイト ··44
❏ オブジェクトとしての関数 ···44
◇ Scala のメリット　Scala は形を変えた Java？ ·····················46

第 3 章　コレクション ·······································47

3.1　コレクションの分類 ·······································47

❏ コレクション階層と分類 ···47
❏ イミュータブル ··48
❏ ミュータブル ··49

3.2　代表的なコレクション型 ···································49

❏ List ···49
❏ Array ··50
❏ Map ···51
❏ Set ··51
❏ タプル ··52

3.3　コレクションメソッド ·····································52

❏ foreach, map ··52
❏ filter, collect ···53
❏ forall, exists ··53
❏ head, tail, reverse ···54
❏ size, count ··54
❏ foldLeft, reduceLeft ···54
❏ sum, max, min, maxBy, minBy ·································55
❏ sorted, sortBy, sortWith ······································55
❏ zip, unzip ···56
❏ mkString ··56
❏ コレクションの変換 ···56

第 4 章　関数 ···57

4.1　関数の動作 ···57

❏ 関数呼び出し ··57
❏ 引数と戻り値 ··60
❏ スタック ··62

4.2　関数と型 ···63

❏ 関数呼び出しのデザイン ···63
❏ 引数と戻り値の型 ···66
❏ 関数の型 ··68

     ◇ Scala のメリット　Scala＝関数型＋オブジェクト指向型 ················ 70

4.3　関数オブジェクト ··· **70**

     ❑ 第一級オブジェクトの性質 ·· 70
     ❑ 性質(1) ～ 変数への格納 ·· 72
     ❑ 性質(2) ～ 関数の引数として渡す ······································ 73
     ❑ 性質(3) ～ 関数の戻り値として返す ···································· 74
     ❑ 性質(4) ～ 他との等値性 ·· 75
     ◇ Scala のメリット　第一級オブジェクトとしての関数 ················· 76

第 5 章　　高階関数 ·· **77**

5.1　高階関数の基本 ··· **77**

     ❑ 高階関数は関数型言語の基本機能 ·· 77
     ❑ 高階関数の例 ·· 78
     ◇ Scala のメリット　関数型の基盤と簡潔さのカギ ～ 高階関数 ········· 80

5.2　高階関数によるプログラムデザイン ··································· **80**

     ❑ プログラムデザイン(1) ～ 最初のプログラム ························· 80
     ❑ プログラムデザイン(2) ～ プログラムの発展検討 ··················· 82
     ❑ プログラムデザイン(3) ～ 高階関数の導入 ·························· 84
     ◇ Scala のメリット　高階関数で簡潔さと汎用性の両立 ··················· 86

5.3　いろいろな高階関数 ··· **87**

     ❑ 関数を組み合わせた高階関数の利用 ······································ 87
     ❑ 高階関数を利用した情報構造の構築 ······································ 90
     ❑ 関数を戻り値として返す高階関数 ·· 96
     ◇ Scala のメリット　関数の生成 ·· 99

第 6 章　　クロージャ ·· **100**

6.1　クロージャと環境 ··· **100**

     ❑ 変数スコープ ·· 100
     ❑ クロージャによるプログラミング ·· 104
     ❑ 関数オブジェクト ＋ 環境 ＝ クロージャ ···························· 108
     ◇ Scala のメリット　状態保存ができるクロージャ ······················· 111

6.2　クロージャの効果 ··· **112**

     ❑ 題材とするプログラム ·· 112
     ❑ バージョン(1) ～ オーソドックスなプログラミング ················· 112
     ❑ バージョン(2) ～ プログラムコードの削減を重視 ··················· 115
     ❑ バージョン(3) ～ クロージャを用いたバージョン ··················· 116
     ❑ 記述と処理効率の比較 ·· 118

vii

◇ Scala のメリット　クロージャでプログラムを改善 ･･････････････ 120

第 7 章　部分適用とカリー化 ････････････････････ 121

7.1　部分適用 ･･ 121

❏　部分適用とは ････････････････････････････････････ 121
❏　部分適用の比較プログラム ････････････････････････ 122
❏　部分適用された関数を作る ････････････････････････ 124
❏　部分適用された関数の利用 ････････････････････････ 125
❏　部分適用での引数の評価 ･･････････････････････････ 126
◇ Scala のメリット　柔軟性の基盤 ～ 部分適用 ･････････ 129

7.2　カリー化 ･･ 130

❏　カリー化とは ････････････････････････････････････ 130
❏　カリー化の比較プログラム ････････････････････････ 132
❏　カリー化した関数を作る ･･････････････････････････ 134
❏　カリー化された関数の利用 ････････････････････････ 135
❏　カリー化関数での引数の評価 ･･････････････････････ 135
◇ Scala のメリット　柔軟性の基盤 ～ カリー化 ･････････ 139

7.3　部分適用とカリー化の比較 ･･････････････････････････ 139

❏　処理のシナリオ ･･････････････････････････････････ 139
❏　基本的プログラムの確認 ･･････････････････････････ 141
◇ Scala のメリット　連鎖的な関数処理スタイル ･･･････ 145
❏　重大な問題点の検討 ･･････････････････････････････ 145
❏　部分適用とカリー化の比較プログラム ････････････ 148
❏　バージョン(1) ～ 普通の関数オブジェクトバージョン ･････ 149
❏　バージョン(2) ～ 部分適用バージョン ････････････ 151
❏　バージョン(3) ～ カリー化バージョン ････････････ 152
❏　カリー化バージョンの処理速度 ････････････････････ 155
◇ Scala のメリット　引数評価のタイミング選択 ･･･････ 161

7.4　部分適用とカリー化でプログラム量の削減 ･･････････ 161

❏　部分適用による関数の汎用化 ･･････････････････････ 161
◇ Scala のメリット　部分適用で汎用性を高める ･･･････ 163
❏　カリー化による関数の汎用化 ･･････････････････････ 163
◇ Scala のメリット　カリー化で汎用性を高める ･･･････ 164
❏　引数機能による簡潔さのメリットを考える ･･･････････ 165
◇ Scala のメリット　仕様変更に強い関数型プログラミング ･････ 170

第 8 章　名前渡し ････････････････････････････ 172

8.1　値渡しと名前渡し ････････････････････････････････ 172

viii

❏ 動作の比較 ·· 172
❏ 引数の評価タイミング ·· 176
✧ Scala のメリット　引数評価のコントロール ················ 178

8.2　独自のループ制御構造を作る ····························· 179

❏ ループ構造を作る(1) ～ シンプルバージョン ················· 179
❏ ループ構造を作る(2) ～ 繰り返し回数指定················· 182
✧ Scala のメリット　独自制御構造のデザイン ················ 185
❏ ループ構造を作る(3) ～ 汎用ループ構造 ················· 185
❏ ループ構造を作る(4) ～ グラフィックス用ループ構造 ········· 190
✧ Scala のメリット　グラフィックスに特化した制御構造デザイン ········ 196
❏ 独自制御構造の処理速度 ·· 197

8.3　入出力系の制御構造をデザインする ····················· 198

❏ 制御構造が作れることの実践的メリット ························· 198
❏ 関数オブジェクトの名前渡し実験 ································ 198
❏ ファイル処理構造を作る(1) ～ ファイル処理の基本 ············· 204
❏ ファイル処理構造を作る(2) ～ 制御構造の実装 ················· 206
❏ ファイル処理構造を作る(3) ～ ファイル書き込みの制御構造 ······· 210
✧ Scala のメリット　ファイル処理用の制御構造デザイン ············· 213

8.4　データベース処理の制御構造をデザインする ············· 214

❏ データベース処理構造を作る(1) ～ データベースの準備 ·········· 214
❏ データベース処理構造を作る(2) ～ データベース処理の基本······· 215
❏ データベース処理構造を作る(3) ～ 制御構造の実装 ············· 218
❏ データベース処理構造を作る(4) ～ 改良版 ················· 221
❏ データベース処理構造を作る(5) ～ 更新系処理················· 223
✧ Scala のメリット　データベース処理用の制御構造のデザイン ········ 225

第 9 章　パターンマッチング ····························· 226

9.1　match によるパターンマッチングの基本 ················· 226

❏ 値でマッチング ·· 226
❏ 型でマッチング ·· 227
❏ リストでマッチング ·· 227
❏ 組み合わせでマッチング ·· 228

9.2　多機能なパターンマッチング ····························· 228

❏ ガード条件で絞り込み ··· 228
❏ オブジェクトでマッチング ·· 228
❏ ケースクラス ··· 229
❏ Option の活用でアプリの設定ファイル処理 ···················· 230
✧ Scala のメリット　多岐選択より高度なパターンマッチング ············ 233

ix

第 10 章　再帰 ⋯⋯⋯⋯⋯⋯⋯⋯⋯⋯ 234

10.1 再帰呼び出し ⋯⋯⋯⋯⋯⋯⋯⋯⋯⋯⋯⋯⋯⋯⋯⋯⋯⋯⋯ 234
- ❏ 自分自身を呼び出す関数 ⋯⋯⋯⋯⋯⋯⋯⋯⋯⋯⋯⋯⋯⋯ 234
- ❏ 再帰呼び出しの深さとスタック ⋯⋯⋯⋯⋯⋯⋯⋯⋯⋯ 237
- ❏ 再帰の基本形 ⋯⋯⋯⋯⋯⋯⋯⋯⋯⋯⋯⋯⋯⋯⋯⋯⋯⋯ 240
- ❏ 末尾再帰（テールリカージョン） ⋯⋯⋯⋯⋯⋯⋯⋯⋯ 244
- ◇ Scala のメリット　再帰処理の自動最適化 ⋯⋯⋯⋯⋯ 249

10.2 再帰トレーニング ⋯⋯⋯⋯⋯⋯⋯⋯⋯⋯⋯⋯⋯⋯⋯⋯⋯ 250
- ❏ リストのリバース ⋯⋯⋯⋯⋯⋯⋯⋯⋯⋯⋯⋯⋯⋯⋯⋯ 250
- ❏ 高階関数の再帰 ⋯⋯⋯⋯⋯⋯⋯⋯⋯⋯⋯⋯⋯⋯⋯⋯ 252
- ❏ 二つのリスト処理 ⋯⋯⋯⋯⋯⋯⋯⋯⋯⋯⋯⋯⋯⋯⋯⋯ 255
- ❏ リストの比較 ⋯⋯⋯⋯⋯⋯⋯⋯⋯⋯⋯⋯⋯⋯⋯⋯⋯ 257
- ❏ ワイルドカードによる比較 ⋯⋯⋯⋯⋯⋯⋯⋯⋯⋯⋯ 260
- ◇ Scala のメリット　人工知能的処理 ⋯⋯⋯⋯⋯⋯⋯⋯ 267

10.3 再帰とパターンマッチング ⋯⋯⋯⋯⋯⋯⋯⋯⋯⋯⋯⋯⋯ 267
- ❏ 再帰＋match によるリスト処理 ⋯⋯⋯⋯⋯⋯⋯⋯⋯ 267
- ❏ 再帰＋match による末尾再帰 ⋯⋯⋯⋯⋯⋯⋯⋯⋯⋯ 268
- ◇ Scala のメリット　再帰と match ⋯⋯⋯⋯⋯⋯⋯⋯⋯ 270

10.4 再帰の応用 ⋯⋯⋯⋯⋯⋯⋯⋯⋯⋯⋯⋯⋯⋯⋯⋯⋯⋯⋯⋯ 270
- ❏ ツリー構造の処理 ⋯⋯⋯⋯⋯⋯⋯⋯⋯⋯⋯⋯⋯⋯⋯⋯ 270
- ❏ ツリー構造の整形出力 ⋯⋯⋯⋯⋯⋯⋯⋯⋯⋯⋯⋯⋯ 273
- ❏ JavaFX によるツリー構造の GUI ⋯⋯⋯⋯⋯⋯⋯⋯⋯ 275
- ❏ ネットワーク構造の処理 ⋯⋯⋯⋯⋯⋯⋯⋯⋯⋯⋯⋯⋯ 278

参　考 ⋯⋯⋯⋯⋯⋯⋯⋯⋯⋯⋯⋯⋯⋯⋯⋯⋯⋯⋯⋯⋯⋯⋯⋯⋯ 285

索　引 ⋯⋯⋯⋯⋯⋯⋯⋯⋯⋯⋯⋯⋯⋯⋯⋯⋯⋯⋯⋯⋯⋯⋯⋯⋯ 286

第 1 章
Scala による開発

　最初に Scala の実際の開発について触れておきます。本章では、フリーソフトウェアによる Scala 開発環境を PC に導入して学習環境を準備します。この統合開発環境にはプロのエンジニア向けの豊富な機能が装備されているので、プログラムの作成と実行のための最低限の操作に絞り、無理のない学習のスタートアップへと導入します。また、理解を深めるためのユーティリティ(道具)として、プログラムライブラリを提供します。

1.1 Scala と開発環境

☐ Scala の特徴

　Scala はオブジェクト指向型言語と関数型言語の機能を兼ね備えたプログラミング言語です。汎用的な用途でソフトウェア開発に用いられています。Scala は Java を基盤としており、次のような Java から受け継いだメリットや Scala 独自のメリットを有します。

- 静的型付けコンパイラ型による、コンパイル時のエラー検出と高速なプログラム実行
- Java 仮想マシン上で実行でき、移植性が高い
- 既存の Java プログラム、Java ライブラリを直接呼び出せる
- オブジェクト指向型機能を持つ
- 第一級オブジェクトの性質を持つ関数機能
- 関数型機能を使って簡潔で柔軟な記述ができる

1.1 Scala と開発環境　1

❏ Eclipse と Scala プラグインの導入

統合開発環境 Eclipse を用いて、これに Scala のプラグインを導入して学習環境を準備しましょう。次のサイトより Eclipse をダウンロードし PC 内に配置します。

Web サイト:の URL	http://mergedoc.sourceforge.jp/
Eclipse バージョン:	Eclipse 4.4 Luna Pleiades All in One
ダウンロードパッケージ:	Java - Full Edition - 32bit か 64bit
ファイル展開方法:	pleiades の eclipse フォルダごと C ドライブなどへ
プログラム実行方法:	eclipse フォルダ内の eclipse.exe を起動

Eclipse 起動後、図 1-1 の「ヘルプ」－「新規ソフトウェアのインストール」を選びます。

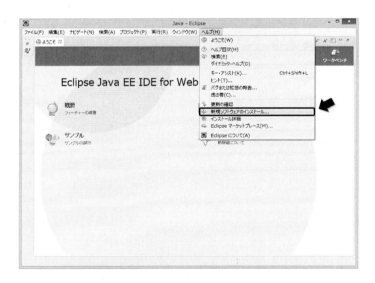

図 1-1　Eclipse のプラグイン導入手順(1)

図 1-2 で、次の Scala プラグイン導入 URL を入力したら、内容を「すべて選択」し、次へと進めます。

2　第 1 章　Scala による開発

プラグイン導入 URL：

http://download.scala-ide.org/sdk/lithium/e44/scala211/stable/site

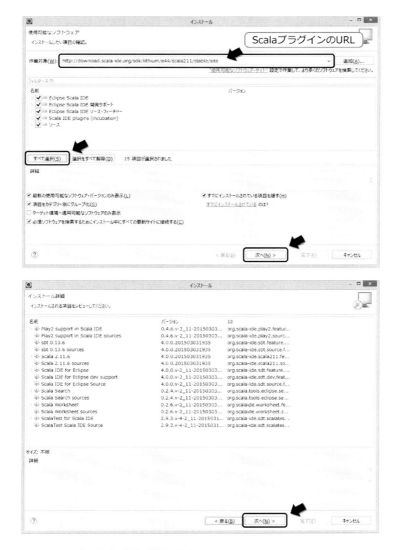

図 1-2　Eclipse のプラグイン導入手順(2)(3)

1.1　Scala と開発環境　3

図 1-3 で、ライセンス内容を確認して「使用条件の条項に同意」したら「完了」です。途中、セキュリティー警告画面が表示されますが、「OK」し、Eclipse の再起動をします。

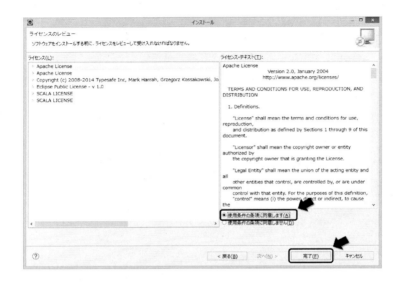

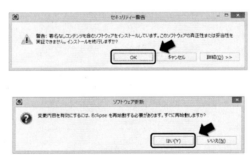

図 1-3　Eclipse のプラグイン導入手順(4)(5)(6)

　Eclipse 再起動後、最初に「Scala セットアップ診断」するか尋ねられて実行すると「ヒープ（メモリ）の設定」が 1024MB 未満の場合は警告が表示されますが、デフォルト設定で問題ありません。なお、ヒープサイズは Eclipse フォルダ内の eclipse.ini ファイルの「-Xmx」オプションによって調整可能です。

❏ プロジェクトとパッケージの作成

　最初の設定として、図 1-4 で Scala のパースペクティブに変更し、Scala に適した作業画面にします。

図 1-4　Scala パースペクティブへの切り替え手順(1)(2)

　次に、図 1-5 で「TestProject」という名のプロジェクトを作成し、以後、学習用のプロジェクトとして使用します。プロジェクトには複数のプログラムを作成することができます。

1.1　Scala と開発環境　5

図 1-5　Scala プロジェクトの作成手順(1)(2)

　TestProject ができたら、図 1-6 でパッケージを作ります。プログラムはフォルダに整理しながら作り、このフォルダをパッケージと呼びます。練習の基礎という意味で「**ex.basic**」というパッケージを作成します。なお、本書のプログラムリストでは、先頭に所属パッケージの記述があるので、打ち込むような場合は適宜パッケージを作成するといいでしょう。

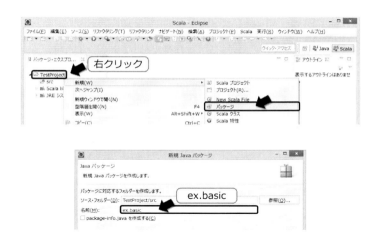

図 1-6　Scala パッケージの作成手順(1)(2)

❏ Hello プログラムの作成

 ex.basic パッケージができたら、図 1-7, 1-8 で、パッケージの下に最初のプログラムを作成してみます。ここでは、パッケージを右クリックして、「Scala オブジェクト」を選び、プログラムの「名前」を「Hello」にします。

図 1-7　Scala プログラムの作成手順(1)

1.1　Scala と開発環境　7

図 1-8　Scala プログラムの作成手順(2)

　画面にプログラムの原型が表示され、これをさらに編集してリスト **1-1** の内容にします。

リスト 1-1　Hello プログラム

```
package ex.basic              … 所属パッケージ

object Hello extends App {    … Helloオブジェクトの定義

  println("Hello Scala")      … 処理内容、printlnで文字出力する

}
```

出力結果
```
Hello Scala
```

　プログラムが完成したら、図 **1-9** のように実行してみます。プログラム内に「extends App」という記述を追加していますが、これによって直接実行することのできる Scala プログラムになります。

　本プログラムは、プログラム名が Hello で、保存されるファイル名は「Hello.scala」です。Eclipse ではプログラムは自動的にコンパイルされ、プロジェクトのフォルダ以下の「bin」以下に「Hello.class」という Java のバイトコード形式のファイルが生成されます。プログラムの実行によってこのファイルが Eclipse 内で起動します。実行結果

はコンソールウインドウに表示されます。

図 1-9　Eclipse の Scala プログラム実行画面

❏ 調査用ユーティリティの用意

　本書では、プログラムの動作を詳しく調査するための道具として、リスト 1-2 のユーティリティプログラムを「my」パッケージに作成しておきます。これを作っておけば、プロジェクト内のどのプログラムからも呼び出して利用することができます。

リスト 1-2　ユーティリティ

```
package my

import scala.reflect.runtime.universe._
import scala.reflect._
import java.io.File
import java.io.FileWriter

object Util {
```

```scala
// オブジェクトの型を調べるメソッド
def typeName[T: TypeTag](obj: T) = typeOf[T]

// 処理時間を測定するメソッド（共通処理部分）
def stopWatchCore(fname: String, msec: Boolean,
                  times: Int = 1)(body: => Unit) = {
  var i = 0;
  val start = System.nanoTime()
  while (i < times) {
    body
    i += 1
  }
  val ns = System.nanoTime()
  val s = timeReport((ns - start) / times, msec)
  println(s)
  if (fname != null) {
    log(fname, s.replaceAll(" ¥¥[", "¥t[") + "¥r¥n")
  }
}

// 時間測定結果文字列
def timeReport(ns: Long, useMsec: Boolean) = {
  if (useMsec) {
    "%7.3f [msec]".format(ns * 0.000001)
  } else {
    "%7.3f [usec]".format(ns * 0.001)
  }
}

// ログファイルに追加書き込みするメソッド
def log(fname: String, s: String) {
  val fw: FileWriter = null
  try {
    val fw = new FileWriter(new File(fname), true)
    fw.write(s)
    fw.flush()
  } catch {
    case e: Exception => println("Error: " + e.getMessage())
  } finally {
    if (fw != null) fw.close()
  }
}

def stopWatch(t: Int = 1) = stopWatchCore(null, false, t)_
def stopWatchMsec(t: Int = 1) = stopWatchCore(null, true, t)_
def stopWatchToLog(f:String, t:Int=1) = stopWatchCore(f, false, t)_
def stopWatchMsecToLog(f:String, t:Int=1) = stopWatchCore(f, true, t)_
```

```scala
// 再帰呼び出し過程を追跡出力するメソッド
var level = 0
var indicator = "- "

def trace[T](fname: String, arg: Any*)(body: => T): T = {
  println((indicator*level) + fname + " (" + arg.mkString(",") + ")")
  level += 1
  val ret = body
  level -= 1
  println((indicator*level) + fname + "= " + ret)
  ret
}

// 汎用ループ制御構造  loop(n) { } で、0,1,2...,n-1のn回ループを行う
def loop(n: Int)(bodyFun: (Int) => Unit) {
  var i = 0
  while (i < n) {
    bodyFun(i)
    i += 1
  }
}
}
```

1.2 Scala のプログラミング手段

❏ コンパイラ

　Scala はコンパイラ型言語です。コンパイラ型の特徴として、あらかじめ文法エラーが検出できることや、プログラムの実行速度が速いことが挙げられます。反面、コンパイル（ソースコードの翻訳処理）には時間を要し、特に Scala では型推論や末尾再帰最適化など特別な処理を行うこともあり、比較的長い時間がかかります。図 1-10 のように Eclipse では、プログラムを入力し保存していくと自動的にコンパイルされます。このときプログラムに誤りがあれば、プログラム上にエラーが表示されます。エラーがなければ実行することができます。

　社会で使われているソフトウェア、情報システム、ゲーム、そして Windows などの PC の OS や、Android タブレットやスマートフォンの OS、ハードウェアやあらゆる電気製品に内蔵された組み込みソフトウェアなど、つまり製品としてのプログラムの多くがコンパ

イラ型言語を用いて作られています。

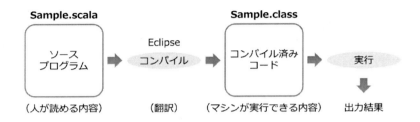

図 1-10　プログラムの翻訳（コンパイル）と実行

❏ インタプリタ

　Scala の処理系には、インタプリタの機能も含まれています。インタプリタは、コンパイラのように翻訳済みの class ファイルを生成することはせず、図 1-11 のように、ユーザが入力したソースコードを一行ずつ解釈して実行します。コンパイル時間がかからない反面、実行速度が遅くなります。

図 1-11　インタプリタによる解釈と実行

　インタプリタは、プログラムを断片的に入力して実行させることができるので、学習上の確認や試行に適しています。Eclipse の Scala では図 1-12 のようにインタプリタを起動します。プログラムを実行したとき、「コンソール」ウインドウのツールバーボタンから「Scala Console」を起動します。すると、インタプリタが起動し、プログラムを入力して結果を表示させることができます。

12　第 1 章 Scala による開発

図 1-12　Scala Console によるインタプリタ

　もう一つのインタプリタの起動方法は、図 1-13 のように「ウインドウ」－「ビューの表示」－「Scala Interpreter」、あるいは、プログラム中の式を選択して「Scala Interpreter 起動ボタン」でも起動できます。こちらのインタプリタは、コンソールとは別ウインドウなので、作業しやすいメリットがあります。

図 1-13　Scala Interpreter によるインタプリタ

1.2　Scala のプログラミング手段　13

なお、入力の最後には「Ctrl-Enter」を押す必要があり、また「Ctrl-↑」で過去の入力内容を復元できます。図 1-12 と図 1-13 では、好みの違いや使い勝手に応じて活用するといいでしょう。

これらのインタプリタを使ってみましょう。本書では、次のようなインタプリタ画面において、入力部分の先頭には「>」を付けて区別してあります。以下は、入力例です。

インタプリタ

```
> val a = 123            … 変数aに123を代入
  a: Int = 123           … aはInt型であり値は123である

> val b = "abc"          … 変数bに"abc"を代入
  b: String = abc        … bはString型であり値は"abc"である

> a + b                  … aとbを加算してみる
  res: String = 123abc   … 文字列として連結された

> val data = List(1,2,3)          … 変数dataに1,2,3からなるリストを代入
  data: List[Int] = List(1, 2, 3) … dataはList[Int]型である

> val x = data.map(x => x*2)    … dataの各要素を2倍する処理
  x: List[Int] = List(2, 4, 6)  … xには2倍になったリストが格納された

> x.head                 … xの先頭要素を求める
  res: Int = 2           … 結果はInt型の2である
```

インタプリタ

```
> class Cat {                              … クラス定義を入力してみる
>   def speak()  { println("Nyaa") }       … speakというメソッドを作る
>   def stroke() { println("Goro Goro") }  … strokeというメソッドを作る
> }
  defined class Cat                        … Catクラスが定義された

> val kuro = new Cat          … Catオブジェクトを生成し変数kuroへ格納

> kuro.speak()               … kuroのspeakメソッドを呼び出す
  Nyaa                       … speakメソッドの出力結果

> kuro.stroke()              … kuroのstrokeメソッドを呼び出す
  Goro Goro                  … strokeメソッドの出力結果
```

14　第 1 章 Scala による開発

第2章

Scala プログラミングの基礎

　Scala の基本構文と用語に慣れておきましょう。プログラミング言語の共通事項でもある「データ型」「変数」「式」「制御構造」などや、さらにオブジェクト指向型言語の「クラス」「オブジェクト」「メソッド」についても解説します。

2.1 プログラムの要素

❏ プログラムを構成する基礎要素

　リスト 2-1 は電気料金を計算するプログラムです。このプログラムは、ex.basic パッケージ内に、Scala オブジェクトを新規作成して名前を Example1 としています。このプログラムファイルは Example1.scala というファイル名になります。

リスト 2-1　電気料金計算プログラム

```scala
package ex.basic

object Example1 extends App {  // extends Appを付けると実行可能プログラムになる

  // フィールド宣言（データを格納する変数）
  val watt = 100              // ある電気製品の消費電力[W]
  val hour = 3                // 1日当たりの使用時間[h]
  val tanka = 25.91           // 電気料金単価[円/kWh]
  val em = 0.681              // CO2排出量[kg/kW]

  // 消費電力と使用時間から料金計算するメソッド
  def ryoukin(w: Int, h: Int) = {
    w * 0.001 * h * tanka
```

2.1 プログラムの要素　15

```
  }

  // 消費電力と使用時間からCO2排出量を計算するメソッド
  def co2(w: Int, h: Int) = {
    w * 0.001 * h * em
  }

  // メソッドを呼び出して計算結果を表示する
  println("1か月の電気料金   = " + ryoukin(watt, hour)*30 + "[円]")
  println("1か月のCO2排出量 = " + co2(watt, hour)*30 + "[kg]")
}
```

```
出力結果
1か月の電気料金   = 233.19000000000005[円]
1か月のCO2排出量 = 6.129000000000001[kg]
```

　基礎的なプログラムの構成要素には、所属パッケージの宣言、クラスやオブジェクト（class や object キーワードを使う）の定義があります。図 2-1 のように、クラス内にはフィールド（データを格納する変数）、メソッド（処理手続き）、結果表示などの処理内容を含みます。「//」が付くと、行末までがコメントになります。

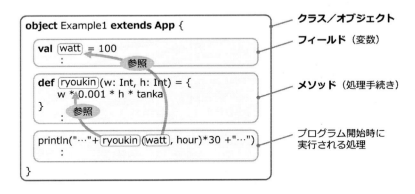

図 2-1　プログラムの構成要素(1)

　メソッドは、何かを行うひとかたまりの処理手続きですが、図 2-2 のように、メソッド呼び出し式（あるいは関数呼び出し式）によって、メソッド内容を実行します。その際、メソ

ッドにデータを渡すことがあり、引数と呼ばれます。引数はフィールドと同様に変数であり、変数のデータ種類を表す型宣言をともないます。また、あらゆる部分が式で構成されます。

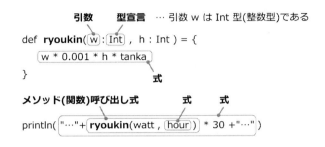

図2-2　プログラムの構成要素(2)

　フィールドやメソッドは、プログラマが自由に作成します。このプログラム例では、電力関連の計算方法に従い、計算用の変数の用意や式を記述しています。どのようなフィールドやメソッドを作るか、またそれらのフィールドの変数名やメソッド名、データの種類や仕様などを決めてプログラミングします。これはプログラムの構成内容をデザインする作業です。

❏ データ型とオブジェクト

　Scala の扱うデータの種類には、次のようなデータ型があります。まず、表 2-1 のように基本的なデータとして、整数、実数、文字、文字列、真理値があり、それらはデータ一個分を表します。それらの集まり(コレクション)を扱うものとして、表 2-2 のように、配列、リスト、セット、マップ、範囲、タプルなどがあります。また Scala の特徴的なデータ型として表 2-3 の関数があります。これは関数が型を持った値であり、変数に格納可能であるということを意味しています。Scala では関数を値として積極的に活用します。

　図 2-3 は、基本的なデータ型の例「Int」型と、関数の型の例「(Int,Int) => Double」型を表しています。もう一つ特殊な型として Unit 型があります。これは、値がないことを表す型であり、C 言語や Java にも同様の「void」型があります。Unit 型は、メソッドや関数に戻り値がない場合に、空の型として使用されます。

表 2-1　Scala の主なデータ型（基本的なデータ）

分類	データ型	説明	データ例
整数	Byte	8 ビット符号付き整数	127,-128,0x7F
	Short	16 ビット符号付き整数	32767,-32768
	Int	32 ビット符号付き整数	2147483647,-2147483648
	Long	64 ビット符号付き整数	2147483648L
実数	Float	32 ビット単精度浮動小数点数	1.23F,1.23E38F
	Double	64 ビット倍精度浮動小数点数	1.23,1.23E308
文字	Char	16 ビット Unicode 文字	'A','¥u0041','あ'
文字列	String	Char の列	"ABC","あいう"
真理値	Boolean	真偽を表す 2 値	true,false

表 2-2　Scala の主なデータ型（コレクション）

分類	データ型	説明	データ例
配列	Array	添え字付きの列(配列)	Array(1,2,3)
リスト	List	線形リスト	List(1,2,3)
セット	Set	重複する値のない集合	Set(1,2,3)
マップ	Map	キーと値の組による連想配列	Map(1->"a",2->"b")
範囲	Range	値範囲で表す連続数値の配列	(0 to 4),Range(0,5)
タプル	Tuple1,2,…	複数の値をまとめたもの	(1,2),(1,2,"a",0.5)

表 2-3　Scala の主なデータ型（特殊な型）

分類	データ型	説明	データ例
関数	Function1,2,…	関数オブジェクトの型	(a:Int,b:Int) => a+b
空の値	Unit	値を返さない場合などで使用	()

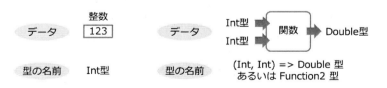

図 2-3　基本的なデータ型と関数の型

基本的なデータ型は、Scala の基盤となっている Java の持つプリミティブ型（数値や文字など基本的なデータの型）と仕様（格納可能な値範囲など）が一致しています。Java のデータ型は、プリミティブ型とクラスに分けられており、図 2-4 および 2-5 のように、プリミティブ型とは単純に値のみを表現する型ですが、クラスは値の他にメソッドなどの処理内容を含めることができる複雑な型と言えます。プリミティブ型によるデータは単に値と呼び、クラスによるデータは値、あるいはオブジェクトやインスタンス（実体）と呼びます。

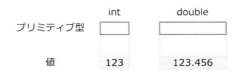

図 2-4　プリミティブ型と値の概念図（Java の場合）

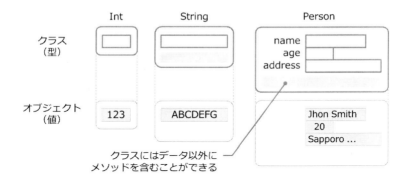

図 2-5　クラスとオブジェクトの概念図（Scala の場合）

　型とはデータの「種類」であり、値は「内容」ということになりますが、オブジェクト指向では、例えるならクラスとは「設計図」であり、オブジェクトとは製造された「実物」となります。図 2-5 では、Int 型, String 型、そして自作した Person 型のクラスとオブジェクトを表しています。クラスは、Person クラスのように自分で自由に定義できます。

2.1　プログラムの要素　19

Scala の大きな特徴は、Java のようなプリミティブ型は存在せず、すべてがクラスです。例えば「123」は Int クラスのオブジェクトなので、「123.toString()」といったオブジェクト指向型の記述ができます。この例では、123 という Int オブジェクトの toString メソッドを呼び出して、数値「123」を文字列 "123" に変換します。

　Scala の型は、図 2-6 の型階層（クラス階層）のように、すべて Any 型という親クラスから派生しています。親子関係が作れるのもクラスの機能で、子クラスを作ることを派生と呼びます。子クラス（サブクラス）は親クラス（スーパークラス）のメソッドなどを継承することができます。例えば、Int 型の 123 は、Any 型でもあります。これはちょうど、動物と哺乳類が分類上の親子関係なので、哺乳類は動物でもあるのと同じことです。ちなみに「猫」はクラスであり、「三毛猫」はその子クラス。また、ペットの「ミケ」はオブジェクト（インスタンス）といったところでしょう。

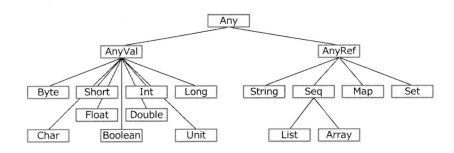

図 2-6　Scala の主なデータ型階層

　実際には Any 型の直下に AnyVal 型と AnyRef 型があり、AnyVal 型の子クラスは、ちょうど Java のプリミティブ型に対応するクラスです。一方、それ以外のものは AnyRef 型の子に位置し、Scala で使用できる Java のクラスも AnyRef の下に位置します。

Scala のメリット　統一されたデータの扱いと Any 型

　すべてのデータがオブジェクトであるという統一性は、扱い方にも統一感があります。Java や C 言語などでは、整数の比較は「==」ですが、文字列の比較はメソッドでないとできないため「==」を使うと失敗してバグの原因となります（この間違いに気づかないことが

あります)。Scala では「==」で統一使用できるので、こういったところに気を付ける必要
はありません。

■Java
```
  public boolean fun(int a, String s) {
    if (a == 123 && s == "ABC") {           … × 失敗例
      :
    if (a == 123 && s.equals("ABC")) {      … ○ 正しい使い方
      :
```

■Scala
```
  def fun(a: Int, s: String) = {
    if (a == 123 && s == "ABC") {           … ○
      :
```

　また、Any 型の柔軟性によって、プログラムが簡潔に記述でき、そして汎用性が高いとい
うメリットが得られます。実は、この簡潔性と汎用性は両立しないことが多く、手が届きに
くいプログラミングの理想像でもあります。あらゆる型が Any 型を親に持つ利点としては、
例えば引数を Any 型にしておけば、整数の Int 型データでも文字列の String 型データでも
受け取ることができます。Java ではこのような場合、整数を受け取るメソッドと文字列を
受け取るメソッドを別々に作る必要があります。Scala では、それらを一つのメソッドで処
理できます。

　Scala はコンパイル時の型チェック「静的型付け」によってバグの早期発見ができ、プロ
グラム実行速度が速い言語です。そのために型宣言する必要があります。例えば、
(Int,Int,Int,…)といった配列などは Array[Int]型で宣言できますが、不規則なツリー
構造のリスト(Int,(String,(Int,…)),…)などの場合は型として表現が困難です。他の関
数型言語やスクリプト言語では「動的型付け」によって柔軟なデータ構造を扱えますが、型
チェックと実行速度を犠牲にしています。Scala では Any 型があるので不規則なツリー構造
でも List[Any]型というように便利な表現で型宣言ができます。

❏ リテラル

　Int, String などのクラスのデータは「123」「"ABC"」などのリテラルとして記述でき、
これらは一般的に定数(constant, 値の変化しないデータ)と呼ばれます。
　リスト 2-2 は、各リテラルを代入した変数について、データ型と値を調べるプログラム
です。

2.1 プログラムの要素　21

リスト 2-2　リテラルの型と値を調べるプログラム

```scala
package ex.basic

object Literal extends App {

  val num1  = 123                // 整数リテラルを変数num1に代入
  val num2  = 123.4              // 実数リテラル
  val ch    = 'A'                // 文字リテラル
  val str   = "ABC"              // 文字列リテラル
  val bol   = true               // 真理値リテラル
  val lst1  = 1::2::3::Nil       // リストリテラル（書き方1）
  val lst2  = List(1, 2, 3)      // リストリテラル（書き方2）

  val fun1 = (x: Int) => x * x                    //関数リテラル（2乗）
  val fun2 = (x: Int, y: Int) => (x + y) / 2.0    //関数リテラル（平均）
  val fun3 = (x: Int, y: String, z: Int) => x + y + z //関数リテラル（結合）

  def test1() {
    println("¥n=== test1 リテラルの値と型 ===¥n")
    val fmt = "%-4s の値は %-15s 型は %s¥n"        //出力書式の作成
    printf(fmt, "num1",num1,  my.Util.typeName(num1)) //値と型名を出力する
    printf(fmt, "num2",num2,  my.Util.typeName(num2))
    printf(fmt, "ch",  ch,    my.Util.typeName(ch))
    printf(fmt, "str", str,   my.Util.typeName(str))
    printf(fmt, "bol", bol,   my.Util.typeName(bol))
    printf(fmt, "lst1",lst1,  my.Util.typeName(lst1))
    printf(fmt, "lst2",lst2,  my.Util.typeName(lst2))
    printf(fmt, "fun1",fun1,  my.Util.typeName(fun1))
    printf(fmt, "fun2",fun2,  my.Util.typeName(fun2))
    printf(fmt, "fun3",fun3,  my.Util.typeName(fun3))
  }

  def test2() {
    println("¥n=== test2 関数呼び出し式の値と型 ===¥n")
    val fmt2 = "%-14s の値は %-5s 型は %s¥n"
    printf(fmt2, "fun1(2)",   fun1(2),    my.Util.typeName(fun1(2)))
    printf(fmt2, "fun2(2,5)", fun2(2,5),  my.Util.typeName(fun2(2,5)))
    printf(fmt2, "fun3(2,¥";¥",5)",
                     fun3(2,";",5),   my.Util.typeName(fun3(2,";",5)))
  }

  test1()     // test1メソッドの呼び出し
  test2()     // test2メソッドの呼び出し
}
```

22　第 2 章 Scala プログラミングの基礎

```
出力結果
=== test1 リテラルの値と型 ===

num1 の値は 123            型は Int
num2 の値は 123.4          型は Double
ch   の値は A              型は Char
str  の値は ABC            型は String
bol  の値は true           型は Boolean
lst1 の値は List(1, 2, 3)  型は List[Int]
lst2 の値は List(1, 2, 3)  型は List[Int]
fun1 の値は <function1>    型は Int => Int
fun2 の値は <function2>    型は (Int, Int) => Double
fun3 の値は <function3>    型は (Int, String, Int) => String

=== test2 関数呼び出し式の値と型 ===

fun1(2)       の値は 4     型は Int
fun2(2,5)     の値は 3.5   型は Double
fun3(2,";",5) の値は 2;5   型は String
```

このプログラムでは、型の名前を調べる手段として用意しておいたユーティリティの `my.Util.typeName` メソッドを使用しています。

test1 では、数値、文字、文字列、真理値などの単純なデータ型のリテラルをはじめ、リストといったやや複雑なデータ構造や、関数リテラルを使用しています。関数リテラルは処理内容を表すものであり、これも一種のデータとして扱われます。

test2 では、関数リテラルを代入した変数 fun1, fun2, fun3 に対して、値を与えてそれらの関数呼び出し式の結果についても、同様に値と型の名前を出力しています。例えば「val num1 = 123」では、val は変数宣言、num1 は変数名、123 は変数に格納するリテラルを表しています。「val fun1=(x:Int)=>x*x」は、関数リテラルを変数 fun1 に格納するものですが、これは、「x を受け取り x の 2 乗を返す関数」を表しており、数学での「f(x) = x²」という関数と同様のものです。そして fun1(2)が関数の呼び出し式であり、式の値は 2 の 2 乗である 4 となります。

❏ val 変数と var 変数

リテラルは、評価されると実体化したデータ（オブジェクト、インスタンスとも言う）になり、変数に格納できます。評価とは、実行により式の値が求められることです。

2.1 プログラムの要素　23

変数は様々な型のデータを格納しておく場所であり、変数名を持ちます。Scala の変数は val あるいは var キーワードを使って宣言します。

次の val による変数は後で値の変更ができません。二つ目の例は「型」を省略しており、「値」から型推論によって型が決定されます。

```
val 変数名: 型 = 値
val 変数名 = 値            … 省略形
```

例として、次のように変数 a を、型を省略して値 100 を代入します。リテラル 100 をもとに型推論により、a は Int 型で宣言されます。その後、代入演算子「=」で a の値を変更しようとすると、エラーになります。これは val 変数が書き換え不能なためです。

インタプリタ
```
> val a = 100        … 変数aの宣言と値の代入
  a: Int = 100       … aはInt型で宣言され、100が代入された

> a = 123            … エラー（変更不可）

> a += 1             … エラー（変更不可）
```

一方、var 変数は後で値の変更が可能です。

```
var 変数名: 型 = 初期値
var 変数名 = 初期値          … 省略形
```

次の例では、変数 b は初期値 100 から Int 型と推論され、その後、b への代入では値が変更可能です。「b += 1」は b の値に 1 加算します。後で b を評価してみると、値が変更されたことがわかります。

インタプリタ
```
> var b = 100        … varによる変数bの宣言と値の代入
  b: Int = 100       … bはInt型で宣言され、100が代入された

> b = 123            … 再代入（値の変更可能）
  b: Int = 123       … 値が123に変更された
```

24   第 2 章 Scala プログラミングの基礎

```
> b += 1            … 1を加算（値の変更可能）

> b                 … bの値を出力してみる
 res: Int = 124     … 1増加している
```

valとvarの使い分けですが、後で変更する予定のないデータはなるべくvalで宣言し、1, 2, 3とカウントアップさせるなど、値を更新するデータはvarで宣言します。一般的にプログラミングにおいては、変数は少ないほうがプログラムは読みやすく、また、変数内容が変更されないとわかっていれば、よりデバッグしやすくなります。

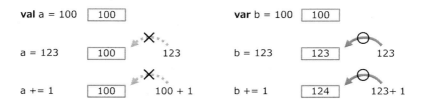

図 2-7　val 変数と var 変数の値の更新

Scala のメリット　val 変数の安全性とデバッグ能率

> val によって変数宣言されていれば、後から値は絶対に変化しないことが保障されます。反対に、もしどこかで値が変更されるかもしれないのであれば、バグが発生したときに疑いの対象になるかもしれません。プログラムが異常動作する場合は、変数内容が思わぬ値になっていることが多々あります。
>
> デバッグという技術は、手掛かりとなる調査対象を調べて原因を特定する作業ですが、調査対象となるものは多くの場合、変数の値（メモリ内容）です。値が変化する可能性のある変数が多ければ多いほど、調査対象が増えるわけです。
>
> デバッグ作業は、やればすぐ解決するわけではなく、非常に複雑化したプログラムでは「お手上げ」に近い状況もありえます。最終的に解決できたとしても、何日もかかるようでは大変です。作るよりもデバッグのほうが高い技量と経験を要するかもしれません。異常原因の調査対象を限定させるのに、Scala の val 変数は効果的であり、かつ、簡潔に変数宣言ができるメリットがあります。

❑ 式と代入

式を構成する要素には次のようなものが含まれます。

- リテラル、変数、メソッド呼び出し、関数呼び出し
- これらを + - * / などの算術演算子を用いて構成した計算式
- これらを == != && || などの論理演算子を用いて構成した条件式
- 以上にあるものを組み合わせた式

　式の構成要素は、無制限に組み合わせできるわけではありません。次のインタプリタ
の例では異なる型の変数 a, b, c を用いています。式「a-b+c」の評価は、「a-b」の値
と c の値の演算「122.5」+「"ABC"」が行われますが、数値と文字列は「+」演算子によ
って連結可能なため、「"122.5ABC"」という String 型の値になります。一方、式「a-
b-c」の評価では、「122.5」-「"ABC"」の時点で数値と文字列を「-」演算子で処理する
機能がないためエラーとなります。また、式(a==b)では Int 型と Double 型の値が比
較演算子「==」によって比較できます。しかし、式「(a==b) && b」では「Boolean 型」
&&「Double 型」の論理積（AND）演算はできません。

　代入、演算、比較などにおいて、整数と実数といった数値どうしなら許容できても、
数値と文字列、数値と真理値などでは妥当でないと判断されます。

```
インタプリタ

> val a = 123              … Int型で宣言される

> val b = 0.5             … Double型で宣言される

> val c = "ABC"           … String型で宣言される

> val x = a - b + c       … この式は評価可能
  x: String = 122.5ABC

> val y = a - b - c       … エラー（数値と文字列の「-」演算ができない）

> val z = (a == b)        … この式は評価可能
  z: Boolean = false

> val v = (a == c)        … 警告（数値と文字列の==は常にfalseで無意味である）
```

26　第 2 章 Scala プログラミングの基礎

```
    v: Boolean = false

> val w = (a == b) && b          … エラー（bはBoolean型でなければならない）
```

　式に共通しているのは、式を評価すると最終的に値になることです。そして値は代入演算子「=」によって変数に格納できます。ただし、格納先の変数と型が一致していれば問題ありませんが、異なる場合は代入できないことがあります。また、場合によっては異なる型でも自動的に変換（暗黙変換）されて代入可能なケースもあります。var で宣言した変数に後から異なる型のデータを代入する場合を見てみましょう。

```
インタプリタ
> var a = 123        … Int型で宣言される

> a = 0.5           … エラー（Int型変数にDouble型を代入している）

> a = "ABC"         … エラー（Int型変数にString型を代入している）

> var b = 0.5       … Double型で宣言される

> b = 123           … 代入可能（Int型がDouble型に変換されて代入される）
  b: Double = 123.0
```

　この例では、Double 型データを Int 型変数 a に代入しようとすると、小数情報が失われるためそのままでは代入できません。しかし、Double 型変数 b には Int 型データが代入できています。このとき Int 型データは Double 型に暗黙変換されます。このような数値型どうしの異なる型の代入では、変換によって情報が失われなければ代入可能です。例えば、次のように、整数から実数、サイズの小さい整数から大きい整数などは代入でき、それらの逆はできません。

　○　Int → Long　　　（小さいサイズ → 大きいサイズは OK）
　○　Int → Double　　（整数 → 実数は OK）
　○　Float → Double　（小さいサイズ、低い精度 →大きいサイズ、高い精度は OK）
　×　Long → Int　　　（情報が失われる可能性あり）
　×　Double → Int　　（情報が失われる可能性あり）
　×　Double → Float　（情報が失われる可能性あり）

2.1　プログラムの要素　　27

❏ ブロック

{}で囲んだ部分はブロックと呼び、この中に複数の式が記述できます。ブロック内の式は順次評価され、最後の式の値がブロック全体の値となります。次の例では、ブロックを変数 b に代入しています。最後の String 型の値「"a の値は 52"」がブロックの値となり、b に格納されます。よって変数 b は String 型に型推論されます。

```
var a = 100          … aの初期設定

val b = {            … bにブロックの式の値を代入
  a += 4             … aに4加算
  a /= 2             … aを2で割る
  "aの値は" + a       … ブロック最後の式がbに代入される
}

println(b)           … bを出力してみる
```

> **出力結果**
> aの値は52

2.2 メソッドと関数

❏ 関数という用語の区別

ソフトウェア開発で関数と言えばプログラムを部品化したものですが、プログラミング言語によって、サブルーチン、プロシージャ、関数、メソッドなど、様々な用語で呼んでおり、機能も微妙に違います。Scala での関数とはどういうものでしょうか。

図 2-8 は、特に Scala などの学習を意識した分類体系を簡単に表した一例です。これが唯一の正しい解釈というものではありませんが、本書においては、説明の曖昧さをなるべく避け、統一表現をするためにこのような用語の使い分けに従います。

28　第 2 章 Scala プログラミングの基礎

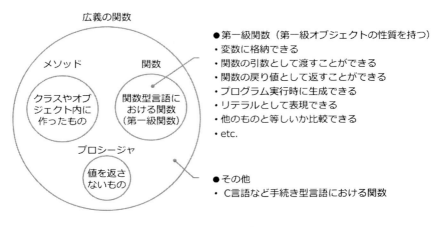

図 2-8　関数の分類

　一般に「メソッド」、「関数」、「関数呼び出し」、「高階関数」などの用語は、広義の関数にも相当します。メソッドは、オブジェクト指向型言語におけるクラスやオブジェクト内で定義される処理手続きを指します。Scala では、メソッドは def キーワードで定義されたものになります。また、メソッド以外のものを関数とし、この場合の関数は第一級オブジェクト(`first-class object`)としての性質を持つ関数、すなわち第一級関数(`first-class function`)と呼ばれるものです。

　第一級オブジェクトの主な性質は、値として変数に格納できることや、引数や戻り値として使用できることなどで、多くの関数型言語では関数は第一級関数を指します。本書では、「関数」＝「第一級関数」を基本とし、Scala では特にオブジェクト指向で関数が実現されていることから関数を「関数オブジェクト」と呼ぶことにします。また関数名を用いて「xyz 関数」と呼ぶ場合も同じ意味です。

　リスト 2-3 は Scala のメソッドと関数オブジェクトの記述例です。処理内容は、健康指標の一つである BMI 値(Body Mass Index, 体格指数)の計算です。このプログラムを例に、メソッドと関数オブジェクトの違いなどについて、次節以降で解説します。

- BMI 値の計算式 = 体重[kg] ÷ (身長[cm]×0.01)^2

リスト 2-3　メソッドと関数オブジェクトの例

```
package ex.basic
```

```scala
object MethodAndFunction extends App {

  // bmiMethodメソッドの定義
  def bmiMethod(t: Double, w: Double) = {  // 引数t（身長）、w（体重）を受け取る
    val t1 = t * 0.01                      // 作業変数t1に計算値を格納
    w / (t1 * t1)                          // 最後のこの式がメソッドの結果となる
  }

  // 関数オブジェクトbmiFunctionの作成
  def bmiFunction = (t: Double, w: Double) => {   // 処理内容はメソッドと同じ
    val t1 = t * 0.01
    w / (t1 * t1)
  }

  def test() {
    val m = bmiMethod(165, 55)        // bmiMethodメソッドの呼び出しとmへの代入
    val f = bmiFunction(165, 55)      // bmiFunction関数の呼び出しとfへの代入
    println("BMI値（メソッド） = " + m)  // mの出力
    println("BMI値（関数）   = " + f)// fの出力
  }

  test()    // testメソッドの呼び出し
}
```

❏ メソッド

よく用いられるメソッド定義は次のような形式になります。本書では、関数と区別してクラス（**class**）やオブジェクト（**object**）内で**def**によって定義したものをメソッドと呼びます。

```
def メソッド名 = (引数:型, …) = {
    式
     :
}
```

defで定義された **bmiMethod** がメソッド名、**()**が引数リスト、**t, w**が引数です。引数リストの後の**=**は、メソッドが値を返さない場合は省略できます。**{}**内が処理内容であり、最後の式がメソッドの戻り値（結果）となります。メソッドは**()**内に引数を与えて呼び出します。このメソッドは値を返すものなので、これを変数 **m** に格納することができます。

30　第 2 章 Scala プログラミングの基礎

```
// bmiMethodメソッドの定義
def bmiMethod(t: Double, w: Double) = {   // 引数t(身長)、w(体重)を受け取る
  val t1 = t * 0.01                        // 作業変数t1に計算値を格納
  w / (t1 * t1)                            // 最後のこの式がメソッドの結果となる
}


  val m = bmiMethod(165, 55)               // bmiMethodメソッドの呼び出し
  println("BMI値(メソッド) = " + m)         // mの出力
```

出力結果
```
BMI値(メソッド) = 20.202020202020197
```

　プログラミングの歴史において、図 2-9 のように最初のうちプログラムは命令文や計算式などのコードといった手続きの羅列でしたが、長くなると扱いにくいので、部品化して分ける発想が主流となりました。

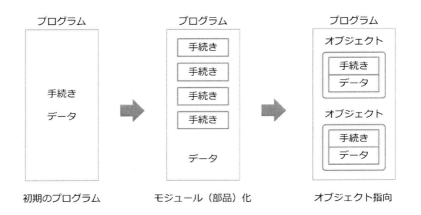

図 2-9　プログラミングスタイルの遷移

　一方、データについては、システム規模が大きくなると、プログラムが扱うデータも複雑化してきます。データが処理手続きと密接な関係を持つのなら、手続きとデータをまとめて部品化したほうが扱いやすくなるという考えで、オブジェクト指向が普及しました。

「オブジェクト＝手続き＋データ」とし、プログラムはオブジェクトの集合でできているとみなされますが、この「手続き」と「データ」のことをオブジェクト指向型言語では「メソッド」と「フィールド（プロパティ、メンバ変数）」などと呼ぶことが多いのです。Scalaもベースはオブジェクト指向型の Java ですから、メソッドという用語をそのまま使用します（図 2-10）。なお、関数オブジェクトは、メソッドのように処理手続きそのものですが、フィールドである変数に格納することができるので、値としての性質も持ちます。

図2-10　オブジェクト指向での基本構造（Scala の場合）

❑ 関数と無名関数

よく用いられる関数オブジェクト作成の形式は次のようになります。

```
val 関数名 = 関数リテラル        … 関数名は実際には変数名である
```

```
val 関数名 = (引数:型, …) => {
    式
     :
}
```

この一般形は val によって変数宣言するときの文法であり、「関数名」は実際には変数名のことです。代入するものが関数オブジェクトなので、この変数名は関数名としても機能します。f は変数であり関数であると言えます。

代入式の右辺にある「(…) => {…}」部分が関数リテラルです。この式が評価されたものが関数オブジェクトとなり、変数に代入しておいて後で利用することができます。

関数リテラル内部には、関数名がないため、無名関数（anonymous function）と呼びます。この無名関数のまま、他のメソッドや関数の引数に渡すことができます。また、この形式のように無名関数を変数に格納すると、変数名＝関数名になります。

次のように変数に関数リテラルを代入すると、変数 `bmiFunction` を関数名として扱うことができます。引数や処理内容、関数呼び出しもメソッドと同様の書き方です。

```
// 関数オブジェクトbmiFunctionの作成
val bmiFunction = (t: Double, w: Double) => {    // 処理内容はメソッドと同じ
  val t1 = t * 0.01
  w / (t1 * t1)
}
```

```
val f = bmiFunction(165, 55)              // bmiFunction関数の呼び出し
println("BMI値（関数）    = " + f)         // fの出力
```

出力結果
```
BMI値（関数）    = 20.202020202020197
```

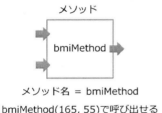 

図 2-11　メソッド名と関数名

図 2-11 のように、メソッドには「メソッド名」がありますが、関数には最初名前はなく、あらゆる関数オブジェクトは無名関数です。それを変数に代入してはじめて「関数名」が使えます（図 2-12）。また、関数オブジェクトを複数の変数 a, b に代入すると、両方とも同じ関数オブジェクトが入っている（同じオブジェクトを参照している）ので、二つの

異なる名前が付いた関数ということになります。オブジェクトを変数に代入するということは、オブジェクトへの参照（場所情報）を格納することになります。

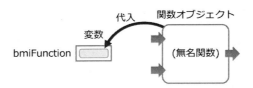

bmiFunction(165, 55)で呼び出せる
bmiFunction = 関数名と同等（変数名でもある）

図 2-12　関数名を付ける方法

❏ 省略形の理由考察

メソッドや関数オブジェクトでは、省略形が使えるので簡潔かつ迅速に記述できます。次の例は、同じ処理を行うメソッドを Java と Scala で記述したものです。bmiMethod メソッドの宣言部分を比較すると、Scala のほうが省略できるため若干簡潔です。Scala では、省略できるところは少しでも省略して、記述の冗長性をなくすという意図が感じられます。

Java の場合
```
public double bmiMethod(double t, double w) {    // Javaのメソッド
   double t1 = t * 0.01;
   return w / (t1 * t1);
}

public static void main(String[] args) {
   MethodAndFunction obj = new MethodAndFunction();
   double m = obj.bmiMethod(165, 55);
   System.out.println("BMI値(メソッド) = " + m);
}
```

Scala の場合
```
def bmiMethod(t: Double, w: Double) = {          // Scalaのメソッド
   val t1 = t * 0.01
   w / (t1 * t1)
}
```

```
}
def test() {
   val m = bmiMethod(165, 55)
   println("BMI値(メソッド) = " + m)
}
```

　省略形は、不慣れなときはプログラマを困惑させることもあるでしょう。そこで、省略可能な理由を考えることで、そのルールを理解してみましょう。

　図 2-13 のメソッド bmiMethod の定義において、本来は、図の上の記述にあるようにメソッドの戻り値の型を付けます。Scala は、C 言語や Java のような静的型付け言語なので、通常、変数宣言ではデータ型を明示するのが基本だからです。ですが、メソッドの戻り値の型宣言は下の記述のように省略可能です。

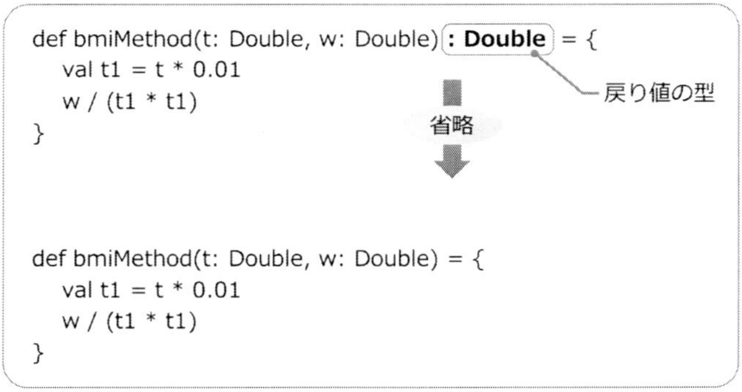

```
def bmiMethod(t: Double, w: Double) : Double = {
   val t1 = t * 0.01
   w / (t1 * t1)                              戻り値の型
}
                         省略

def bmiMethod(t: Double, w: Double) = {
   val t1 = t * 0.01
   w / (t1 * t1)
}
```

図 2-13　メソッドの戻り値における型の省略

　この省略ができる理由としては、図 2-14 のように、メソッドでは最後の式の値が戻り値となりますが、その式からコンパイラが推論し、戻り値の型を判断することができます。

　このように Scala コンパイラの型推論機能によって、冗長な型宣言を省略でき、記述が簡潔になるのでプログラマの負担軽減につながります。なお、再帰関数などの特殊な場合は、戻り値の型推論ができないため、省略できません。

　今度は、関数オブジェクトの記述時における省略形についてです。図 2-15 では変数 bmiFunction への関数オブジェクトの作成と代入において、本来は、図の上の記

2.2 メソッドと関数　35

述にあるように変数の型宣言をします。ですが、変数へ代入する式に対し、式の型が判断できれば、型推論ができるので省略可能になります。

この図の下の記述では、変数へ代入する関数リテラルの型が「(Double, Double) => Double」型であると判断されるため、変数名 bmiFunction の右に付くべき型宣言が省略されています。この判断というのは、引数の型(Double, Double)は、引数リスト(t: Double, w: Double)に明記してあるので既知であり、戻り値の型「=> Double」は、メソッドのときと同様に最後の式「w / (t1 * t1)」から型推論するといったものです。

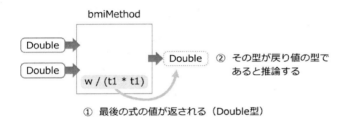

図 2-14　戻り値の型推論

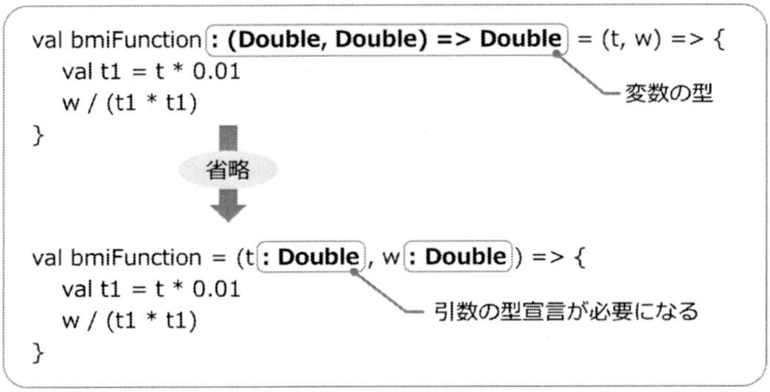

```
val bmiFunction : (Double, Double) => Double = (t, w) => {
   val t1 = t * 0.01
   w / (t1 * t1)
}
              省略
              ↓
val bmiFunction = (t : Double, w : Double) => {
   val t1 = t * 0.01
   w / (t1 * t1)
}
```

図 2-15　関数オブジェクト作成時の変数型宣言の省略

省略前の関数リテラル(「=」の右側)を見ると、引数が(t, w)になっています。これは

変数 bmiFunction の型宣言から、t, w が何型なのか導けるので省略していたものです。しかし、bmiFunction の型宣言を省略するとなると、今度は t, w の型が不明になります。よって、型を省略せずに(t: Double, w: Double)というように引数リストを記述する必要があります。どっちもどっちといった感もありますが、やはり、この例のような省略形で記述するのが、扱いやすいと思われます。

　省略形についてまとめると、メソッドや関数オブジェクトでは、戻り値の型や変数の型を省略できる場合がありますが、それらが省略できるのは、型推論可能な場合です。逆に、型推論できない場合は省略できません。

Scala のメリット　型推論と静的型付け

　型を省略した場合、それは何型なのか未定という意味ではなく、型推論によって論理的に妥当な型で自動宣言されます。これはプログラマの負担を軽減します。

　Scala は C 言語や Java のような静的型付け言語なので、コンパイル時に型が確定し、型に対して適正な処理であるかがチェックされるため、バグ発生可能性の早期発見になり、実行時に型を調べなくて済むのでプログラムの実行速度が上がります。

　このチェックは、C 言語だと記述の自由度があり厳しくありませんが、Java や Scala は厳格になっています。C 言語は 0 以外の数値、例えば 1 を true と同等に扱えますが、Scalaで整数を Boolean 型として扱おうとすると、エラーになります。Scala には、厳格な型チェックによる安全性と、記述の簡潔さを両立させるメリットがあります。

2.3　制御構造

❏ if 条件分岐

　if 式は条件式によって処理や値を選択します。形式は次のようになり、{ }で複数の式が記述できます。表 2-4 には、主な条件式の例を挙げます。

```
if (条件式) 式1
```

```
if (条件式) 式1 else 式2
```

```
if (条件式) {
  式1
   :
} else {
  式2
   :
}
```

また、次のように if 式は値を持ちます。この例では if 式の値を変数 x に代入します。

インタプリタ
```
> val a = 123

> val x = if (a > 0) "プラス" else "マイナス"    … if式の値をxに代入
  x: String = プラス                             … a>0なので"プラス"が代入された
```

表 2-4　主な条件式

条件式		説明
a == b	a != b	a と b が同じ／違う内容の値か
a eq b	a ne b	a と b が同じ／違うインスタンスか
a < b	a > b	a が b より小さい／大きいか
a <= b	a >= b	a が b 以下／以上か
a == b && c < d		…かつ…（AND, 論理積）
a == b || c < d		…または…（OR, 論理和）
!(a == b)		…でない（NOT, 論理否定）

❏ switch-case に代わる match

多岐選択構造として match 式があります。次の形式において「比較対象」、「式」には任意の式や値を記述できます。「値」には、「比較対象」と同じ型の任意のリテラルが記述できる他、ケースクラスという特別なクラスのオブジェクト生成の式も記述できます。また「if 条件式」といったガード条件を組み合わせることもできます。

38　第 2 章 Scala プログラミングの基礎

さらに、「比較対象」が Any 型などで、いろいろな型の可能性がある場合は、「変数名： 型」で型によるマッチングもできます。最後の「_」はどれにもマッチしなかったときの選択肢となります。これらは C 言語や Java の switch-case よりも、豊富な機能で柔軟な比較処理が記述できます。

```
比較対象 match {
  case 値1              => 式1
  case 値2 | 値3         => 式2
  case 値4 if 条件式      => 式3
  case 変数名: 型         => 式4
  case _                => 式5
}
```

❏ for ループ

for 式は、ループ構造を作ります。以下のようにいくつかの使い方ができます。まず、開始と終了を指定したカウントアップによるループ（繰り返し）です。終了値になるまで繰り返します。このような変数の内容を変化させる「変数名 <- 式」という部分はジェネレータと呼ばれます。なお、[ ]部分は省略できるという意味です。

```
for (変数名 <- 開始値 to 終了値 [by 変化量]) { 式 … }
```

リストや配列などのコレクション（複数のデータから成るデータの集まり）を指定すると、要素の分だけループし、各要素はその都度「変数名」で参照できます。

```
for (変数名 <- コレクション) { 式 … }
```

「;」で区切ってジェネレータを複数与えると、多重ループになります。

```
for (変数名1 <-  …  ; 変数名2 <-  …  ) { 式 … }
```

for の記述に if の条件式によるフィルターを付加することができます。条件が満たされるときのみループ本体が実行されます。

2.3　制御構造　39

```
for (変数名 <- …  if 条件式) { 式 … }
```

if 式のように値を返したいときは、yield を付けます。この場合、ループするたびに
評価された「式」の値がコレクションになって返されます。

```
for (変数名 <- … ) yield 式
```

インタプリタ

```
> val a = for (x <- List("A","B","C")) yield x + "組"   …for式の値をaに代入
  a: List[String] = List(A組, B組, C組)          … Listが作られて代入された
```

❑ while, do-while ループ

while 式は、「条件式」が true の間ループします。また、do-while 式も同様です
が、条件式を判定するタイミングが異なっており、while ではループの最上部で、do-
while ではループの最下部で判定が行われます。while は「条件式」→「式」→「条件
式」→「式」…の順序ですが、do-while は「式」→「条件式」→「式」→「条件式」…の順
序です。

```
while (条件式) { 式 … }
```

```
do { 式 … } while (条件式)
```

❑ 使わなくなった break と continue

Scala では、C 言語や Java にある制御構造の補助的な命令である「break」(ルー
プ脱出)や「continue」(本体処理をとばしてループ継続)は基本的にはありません。
代替案として、continue の代わりは if 式で処理を制御する方法。break の代わりは
フラグ用の変数を設けて、ループの継続条件に追加する方法。再帰関数にする方法。
などが考えられます。あるいは、return でメソッドや関数から脱出させるのも方法です。

40　第 2 章 Scala プログラミングの基礎

❏ try-catch 例外処理

　try-catch 式は、例外（実行時のエラー）の発生を捕捉して、何らかのリカバリ処理を行うための制御構造です。「式 1…」の実行中に例外が発生したら、catch にジャンプします。そこで該当する「例外の型」ごとに処理を記述することができます。そして、例外発生の有無に関わらず、最後は finally の式が実行されますが、省略可能です。

```
try {
   式1
    :
} catch {
   case 変数名: 例外の型 => 式2
    :
} finally {
   式3
    :
}
```

2.4　クラスとオブジェクト

❏ class によるクラス定義

　クラスは、変数（データ）とメソッド（処理手順）を含む処理内容の定義（設計図）のようなものであり、それを実体化したものがオブジェクトやインスタンスと呼ばれます。クラスとオブジェクトの関係は、型と値の関係です。

　クラスは、次のような形式で定義します。クラス名に引数リストを付けると、インスタンス化するときに引数を受け取ることができます。引数に val や var を付けると引数は同時にフィールドにもなります。また、extends や with を付けると親クラスやトレイトから継承させることができます。継承により、親クラスのフィールド宣言やメソッド定義を自動的に受け継ぎます。つまり、親クラスのメソッドなどを、あたかも自分が持っているかのようになります。

　class の直下には、val や var によるフィールド宣言や def によるメソッド定義を含むことができます。それ以外に class の直下に式を記述すると、このクラスがインスタン

2.4　クラスとオブジェクト　41

ス化されるときに実行され、コンストラクタ(構築子)の初期化処理として働きます。

```
class クラス名[([val|var] 引数名:型,…)] [extends 親クラス名 [with トレイト名…]]
{

  [val|var] 変数名: 型 = 値

  def メソッド名(引数名: 型, …):型 = {
    :
  }

  式
   :
}
```

定義したクラスを使うためには、次の形式でコンストラクタを呼び出してインスタンス化します。コンストラクタを呼び出すたびに新たなインスタンス(オブジェクト)が生成されます。引数リストを持つクラスでは生成時に引数を渡すことができます。また、フィールドは、生成されたインスタンス(オブジェクト)ごとに個別に確保されます。

```
val 変数名1 = new クラス名
val 変数名2 = new クラス名(引数)
```

❏ object によるシングルトンオブジェクト作成

class で定義したクラスはコンストラクタによってオブジェクトを生成しますが、object で定義すると自動的にインスタンス化されオブジェクトになります。object で定義したものは、ただ一つのオブジェクトなのでシングルトンオブジェクトと呼ばれます。

```
object オブジェクト名 [extends 親クラス名 [with トレイト名 …]] {

  [val|var] 変数名: 型 = 値

  def メソッド名(引数名: 型, …):型 = {
    :
  }

  式
```

42　第 2 章 Scala プログラミングの基礎

```
          :
}
```

リスト **2-4** は、クラスとオブジェクトの定義、インスタンス化、メソッド呼び出しの例です。

リスト 2-4　クラスとオブジェクトの実験プログラム

```
package ex.basic

object ClassAndObject extends App {
  val s1 = new Syouhin("S001", 1000)     // Syouhinクラスのインスタンス化
  val s2 = new Syouhin("S002", 2980)     //    〃

  s2.price -= 200                 // フィールドの値変更
  s1.disp()                       // Syouhinオブジェクトのdispメソッド呼び出し
  s2.disp()                       //    〃
  println(Calc.kingaku(s1, 10))   // Calcオブジェクトのkingakuメソッド呼び出し
  println(Calc.kingaku(s2, 5))    //    〃
}

// Calcオブジェクト
object Calc {
  def kingaku(s: Syouhin, n: Int) = { // 金額計算用メソッド定義
    (s.price * n * 1.08).toInt        // Syouhinオブジェクトの価格から計算する
  }
}

// Syouhinクラス
class Syouhin(val code: String = "0000", var price: Int = 0) {
  def disp() {                        // 表示用のメソッド定義
    println(code + " " + price + "円")
  }

  disp()                              // コンストラクタの処理内容
}
```

出力結果	
S001 1000円	… Syouhinクラスのコンストラクタ呼び出し（クラスのインスタンス化）
S002 2980円	… 〃
S001 1000円	… Syouhinオブジェクトのdispメソッド呼び出し
S002 2780円	… 〃
10800	… Calcオブジェクトのkingakuメソッド呼び出し
15012	… 〃

2.4　クラスとオブジェクト　43

❏ トレイト

　トレイトは、特殊なクラスと言えます。トレイトの主な目的は、抽象メソッドという処理内容がまだ空のメソッドを宣言することで、将来作成するクラスが持つべきメソッドの仕様をあらかじめ設計しておくことです。クラスは複数のトレイトを継承させること（ミックスイン）ができます。トレイトによって、まだ作成されてないクラスのメソッドを呼び出すことを前提に、システムを構築していくことができます。例えるなら、コンセントのソケット側のメーカーとプラグ側のメーカーがあったとして、たとえ実物がなくても両者が同じ「コンセントの仕様」に準拠していれば、うまく接続できるというわけです。この仕様にあたるのがトレイトです。Javaにもインタフェースという機能があり、同様の役割を持っています。

❏ オブジェクトとしての関数

　Scalaの関数は値を持ちます。「関数の値」と言うと関数呼び出し結果の値を意味することが多いですが、関数型言語においては、関数そのものの値を意味します。紛らわしいので、本書では関数そのものの値を「関数オブジェクト」と呼んでいます。

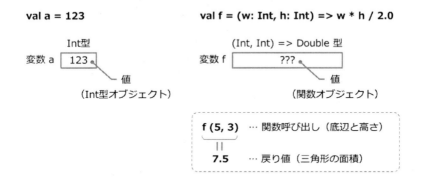

図 2-16　関数の値と関数呼び出し結果の値の違い

　図 2-16 において、変数 a に 123 を格納した場合、a の値は Int 型オブジェクトになります。また、変数 f に関数リテラルを格納すると、f の値は関数の値すなわち関数オブジェクトになります。そして、f は変数ですが f(5,3) というように関数呼び出しがで

きます。この関数呼び出しの戻り値は 7.5 という Double 型オブジェクトになります。

関数オブジェクトは、Function1 トレイトや Function2 トレイトをインスタンス化（厳密には、無名クラスにトレイトをミックスインしてインスタンス化）して作られたオブジェクトです。トレイトはクラスに近いものであり、特殊なクラスとみなすこともできます。

クラスとは、フィールド宣言やメソッド定義を記述した処理の設計図のようなものです。それを実体化（インスタンス化）して、値となったものがオブジェクトです。図 2-17 のように、関数オブジェクトは、変数に格納できるなど、値としての性質を持つことから、クラスでもメソッドでもなく、オブジェクトの一種と考えるのが妥当でしょう。

「(w:Int, h:Int) => w * h / 2.0」は関数リテラルの例です。これが評価されると、関数オブジェクトとなって変数に格納することができます。関数オブジェクトの型であるトレイトは、FunctionX の数字部分 X が引数の数と一致しています。このリテラルの例は、引数が 2 個なので Function2 トレイトになります。

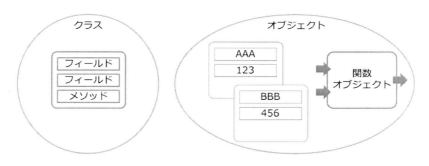

図 2-17　関数オブジェクトの位置付け

FunctionX トレイトには apply という抽象メソッドが宣言されており、apply 本体が関数本体そのものになります。まず、関数リテラルが評価されると、FunctionX によるオブジェクトが作られ、そのときに関数リテラルの「=>」記号の右側が apply の処理内容として実装されます。以後、関数呼び出しをすると apply の内容が実行されます。

関数オブジェクトの呼び出しとは、図 2-18 のように、例えば「fun(123)」と書くと「fun.apply(123)」と等価であり、fun オブジェクトの apply メソッドが引数 123 で呼び出されるわけです。fun はオブジェクトなので値として扱われます。

2.4　クラスとオブジェクト　　45

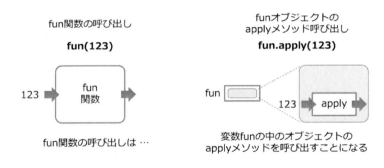

図 2-18　関数型機能をオブジェクト指向型機能で実現する

　ここで apply メソッドの存在理由を考えてみます。Scala はオブジェクト指向型言語 Java がベースとなっている言語です。この「fun.apply(123)」という記述を構成する要素は、fun オブジェクト、apply メソッド、値 123 ですが、すべてオブジェクト指向型言語 Java がもつ要素であり、しかし関数というものはここにありません。そして、Java ではメソッドがなければ処理手続きを行うことができないので、Scala でも何らかの形でメソッドが必要になります。fun は、もともと関数オブジェクトが格納された変数です。実際には fun 関数を呼び出すというのは、格納されているオブジェクトの apply メソッドを呼び出すわけです。

Scala のメリット　Scala は形を変えた Java？

> 　関数呼び出しをオブジェクトの apply メソッドの呼び出しによって行うように、Scala の関数型機能は、Java のオブジェクト指向型機能に置き換えられて実現されています。
> 　このことで Java との相互呼び出しや、オブジェクト指向スタイルによる自然な連携が実現され、さらに Java の持つ厳格な型チェック機能（静的型付け）の恩恵も得られます。
> 　Java も Scala もコンパイルされると、バイトコードという JVM（Java 仮想マシン）用の命令コード（class ファイル）に変換されます。JVM においては、Scala のプログラムも Java と区別なく実行されます。JVM は、実行時の動的なロードやネイティブコードへのコンパイルによって処理性能を高めます。このように Java の実行時の性能などが Scala にも受け継がれています。

第 3 章
コレクション

　コレクションとはデータの集合であり、プログラミングには欠かせない要素です。Scala には様々なコレクションの種類があり、特にリストデータ（線形リスト、ツリー構造）は関数型処理スタイルに適しており代表的なコレクションです。

3.1 コレクションの分類

❏ コレクション階層と分類

　Scala のコレクションは、まず図 3-1 のような基本的なトレイトで設計されています。トレイトはクラスのように親子関係を作ります。図には、各トレイトの主な特徴を記載してあります。

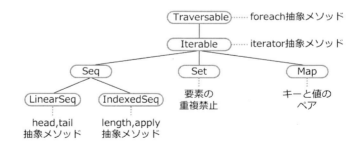

図 3-1　コレクションの主なトレイト階層

トレイトの抽象メソッドは、処理内容のない宣言だけのメソッドであり、継承するクラスが実装しなければならない「仕様」と呼べるものです。`Traversavle` には、`map`, `filter`, `forall` などの数十個のコレクションメソッドが含まれますが、それらは `foreach` メソッドを呼び出してそれぞれの処理を行います。`foreach` はコレクションの「要素」を次々と「関数」に渡す仕組みを提供するものですが、それさえ一つ実装すればあとは `Traversavle` を継承しているだけで多くのメソッドが使えるようになります。

`LinearSeq` はリスト構造の性質を意味し、`head`, `tail` メソッドを用いて一つずつ要素をたどってアクセスします。`IndexedSeq` は配列構造の性質を意味し、添え字でランダムアクセスできます。`a(3)` といった添え字アクセスは `a.apply(3)` と等価です。`Set` は重複する要素を含めない性質、`Map` はキーと、それに対応する値のペアで構成されます。

❏ イミュータブル

不変（immutable, イミュータブル）コレクションは、後から要素の追加、削除、変更といった更新処理ができないデータです。主なイミュータブルなコレクションとして、図 3-2 のように、`List`, `Vector`, `HashSet`, `HashMap` クラスなどがあります。また、`Traversavle` などを直接継承していませんが `Array`（Java の配列）, `String` といった Java 由来のクラスは、配列の構造を持ち、コレクションのように扱え、多くのコレクションメソッドが使えます。なお、`Array` の要素は、値の更新はできますが追加はできません。

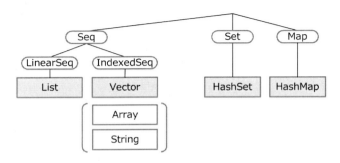

図 3-2　scala.collection.immutable パッケージの主なイミュータブルコレクション階層

❏ ミュータブル

可変(mutable, ミュータブル)コレクションは、後から要素の追加、削除、変更といった更新処理が可能なデータです。主なミュータブルなコレクションとして、図 3-3 のように、ListBuffer, ArrayBuffer, StringBuilder, ミュータブル版の HashSet と HashMap クラスなどがあります。必要に応じて、プログラム先頭にインポート宣言(例: `import scala.collection.mutable.HashMap`)を記述して使用します。

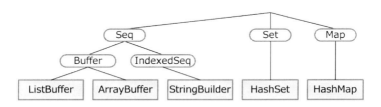

図 3-3　scala.collection.mutable パッケージの主なミュータブルコレクション階層

これらのうち HashSet や HashMap は、ハッシュテーブルの機能によって高速アクセスできます。通常、大量のデータから対象を探すためには、ループ処理で比較しながら探します。ハッシュテーブルでは、キーとなる文字列や数値から特別な計算によって対象の位置を求めることで、ダイレクトにデータアクセスでき、ループで探す必要がありません。

3.2 代表的なコレクション型

❏ List

List クラスは、図 3-4 のようなリスト構造を持ち、終端を Nil で表します。リスト処理は head と tail によって順次アクセスしていくのが基本です。長さ情報や双方向リンクを持たない最もシンプルなリスト構造であり、異なるデータ型の混在、複雑なツリー構造の処理や、再帰処理などに適した操作性と性能が得られます。

特に、リスト先頭への要素の追加は、既存のリスト内容を変更するものではないので、不変（イミュータブル）でもできます。この追加処理はとても効率がよく、先頭に追加するものが一つの値でも、巨大なリスト構造でも、処理コストは変わりません。また、リスト全体のためのメモリ再割り当ての必要もなく、動的データ構造として優れています。

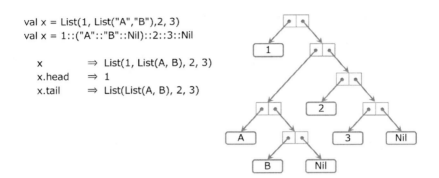

```
val x = List(1, List("A","B"),2, 3)
val x = 1::("A"::"B"::Nil)::2::3::Nil

    x        ⇒ List(1, List(A, B), 2, 3)
    x.head   ⇒ 1
    x.tail   ⇒ List(List(A, B), 2, 3)
```

図 3-4　List のデータ構造

❏ Array

　Array クラスは、図 3-5 のような配列（array）構造を持ち、0 から開始する添え字によって個々の要素を参照します。ループによる順次アクセスでも、計算や if 式を使ったランダムアクセスでも効率よくアクセスでき、ループ構造に適したコレクションです。二次元配列などは、Java と同様に要素をさらに Array にすることで実現できます。

```
val x = Array("A", "B", "C")
val x: Array[String] = Array("A", "B", "C")

    x(0)       ⇒ A
    x.length   ⇒ 3
```

図 3-5　Array のデータ構造

❏ Map

HashMapは、図3-6のようなキーと値の組み合わせ(map)を表すデータ構造です。配列のように連番の整数値である添え字でアクセスするのではなく、キーとなる任意の文字列や数値などでアクセスします。このような方式を連想配列(associative array)と呼びます。

図3-6　HashMap（ミュータブル）のデータ構造

❏ Set

HashSetは、図3-7のような値の集合(set)を表すデータ構造です。配列やマップのようにアクセスするのではなく、値そのものが存在するかしないかを調べるために用います。なお、同じ値は重複して格納されません。

図3-7　HashSet（ミュータブル）のデータ構造

3.2　代表的なコレクション型　51

❏ タプル

　Tuple は、図 3-8 のような複数の異なる型のデータを一つにまとめたものです。記述上は、リストに似ていますが、Traversavle などのトレイトを継承しておらず、よって、map などのコレクションメソッドは使えません。コレクションというより C 言語の構造体や、宣言不要で使えるクラスのようなものです。要素の参照は、リストや配列のようなシーケンシャルあるいはランダムなアクセス方法ではなく、「_1」「_2」といった単純なフィールド参照で行います。

　メソッドや関数では、引数は複数受け取ることができても、戻り値として返せるのは一つまでです。タプルを使えば、複数の結果を括弧でくくるだけでまとめて戻すことができます。

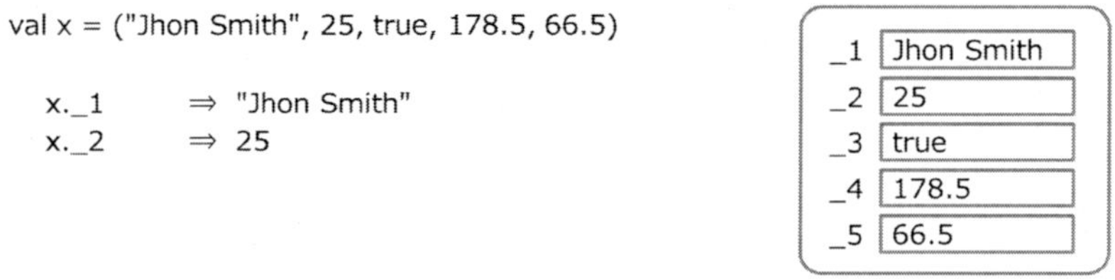

```
val x = ("Jhon Smith", 25, true, 178.5, 66.5)

    x._1      ⇒  "Jhon Smith"
    x._2      ⇒  25
```

_1	Jhon Smith
_2	25
_3	true
_4	178.5
_5	66.5

図 3-8　Tuple5 のデータ構造

3.3　コレクションメソッド

　Traversavle などのトレイトから受け継がれる共通のコレクションメソッドについて、主なものを見ていきましょう。

❏ foreach, map

　foreach は全要素に関数オブジェクトを適用し、値は返しません。map も全要素に関数オブジェクトを適用しますが、その結果をコレクションで返します。返す型はもとのコレクションに合わせます。これらのメソッドが受け取る関数オブジェクトは引数を一つ

受け取るものです。

インタプリタ
```
> List(1,2,3).foreach(x => print(x + "番 "))     … 処理するだけ
  1番 2番 3番

> List(1,2,3).map(x=> x+"番 ")                   … 処理した結果をListで返す
  res: List[String] = List("1番 ", "2番 ", "3番 ")

> Array(1,2,3).map(x=> x+"番 ")                  … 処理した結果をArrayで返す
  res: Array[String] = Array("1番 ", "2番 ", "3番 ")
```

❏ filter, collect

filter は条件式が true になる要素だけのコレクションを返します。collect は match 式のように case にマッチした要素だけ、それが返す値によるコレクションを返します。

インタプリタ
```
> List(1,-2,-5,0,3).filter(x=> x>0)       … 条件を満たすものだけListにして返す
  res: List[Int] = List(1, 3)

> List(1,-2,-5,0,3).collect{case 1 => "A"; case 2 => "B"; case 3 => "C"}
  res: List[String] = List(A, C)          … マッチしたときの値のListを返す
```

❏ forall, exists

forall はすべての要素で条件式が true になる場合に true を返します。exists は一つでも条件式が true になる要素があれば true を返します。これらは論理積 (AND)と論理和(OR)のように機能します。

インタプリタ
```
> List(1,-2,-5,0,3).forall(x=> x>0)       … すべて満たせばtrue
  res: Boolean = false

> List(1,-2,-5,0,3).exists(x=> x>0)       … 一つでも満たせばtrue
  res: Boolean = true
```

3.3 コレクションメソッド　53

❏ head, tail, reverse

headは先頭要素を、tailは先頭以外の残りのコレクションを返します。reverseは
逆順のコレクションを返します。

```
インタプリタ
> List(1,-2,-5,0,3).head              … 先頭を返す
  res: Int = 1

> List(1,-2,-5,0,3).tail              … 残りを返す
  res: List[Int] = List(-2, -5, 0, 3)

> List(1,-2,-5,0,3).reverse           … 逆順
  res: List[Int] = List(3, 0, -5, -2, 1)
```

❏ size, count

sizeはコレクションの全要素数を、countは条件を満たす要素数を返します。

```
インタプリタ
> List(1,-2,-5,0,3).size              … 全要素数
  res: Int = 5

> List(1,-2,-5,0,3).count(x=> x>0)    … 条件を満たす要素数
  res: Int = 2
```

❏ foldLeft, reduceLeft

foldLeft は f(f(f(初期値, 要素 1), 要素 2), 要素 3)という演算を行います。
reduceLeft は f(f(f(要素 1, 要素 2), 要素 3), 要素 4)という演算を行います。こ
の例では、どちらも二乗和を計算しています。

```
インタプリタ
> List(1,2,3,4).foldLeft(0)((x,y) => x + y*y)   … 一つずつ演算（要初期値）
  res: Int = 30

> List(1,2,3,4).reduceLeft((x,y) => x + y*y)    … 一つずつ演算していく
  res: Int = 30
```

54　第 3 章 コレクション

❏ sum, max, min, maxBy, minBy

sum, max, min はそれぞれ合計、最大、最小を求めます。また、maxBy, minBy は最大、最小を求めるための比較の際、関数オブジェクトによって変換した値を用いて比較します。

インタプリタ

```
> List(1,-2,-5,0,3).sum                                    … 合計
  res: Int = -3

> List(1,-2,-5,0,3).max                                    … 最大
  res: Int = 3

> List(1,-2,-5,0,3).min                                    … 最小
  res: Int = -5

> List(1,-2,-5,0,3).maxBy(x => if(x < 0) -x else x)        … 変換後の最大
  res: Int = -5
```

❏ sorted, sortBy, sortWith

sorted, sortBy, sortWith はコレクションを整列します。並べ替えのための比較の際、sortBy は関数オブジェクトによって変換した値を用いて比較し、sortWith は比較関数を自由に与えることができます。

インタプリタ

```
> List(1,-2,-5,0,3).sorted                                 … 並び替え
  res: List[Int] = List(-5, -2, 0, 1, 3)

> List(1,-2,-5,0,3).sortBy(x => if(x < 0) -x else x)       … 変換後で並び替え
  res: List[Int] = List(0, 1, -2, 3, -5)

> List(1,-2,-5,0,3).sortWith((x,y) => x*x < y*y)           … 比較方法を指定
  res: List[Int] = List(0, 1, -2, 3, -5)
```

3.3 コレクションメソッド　55

❑ zip, unzip

zip は二つのコレクションの要素ごとにペアにしたタプルのコレクションを返します。反対に unzip はコレクション内のタプルのペアを二つのコレクションに分け、最終的にタプルにまとめて返します。

```
インタプリタ
> List(1,2,3).zip(List("A","B","C"))          … タプルにしていく
  res: List[(Int, String)] = List((1,A), (2,B), (3,C))

> List((1,"A"),(2,"B"),(3,"C")).unzip          … タプルを分離していく
  res: (List[Int], List[String]) = (List(1, 2, 3),List(A, B, C))
```

❑ mkString

mkString は区切り文字列を使って要素を連結した文字列を返します。また、先頭と末尾に付加する文字列も指定できます。

```
インタプリタ
> List(1,2,3,4).mkString(".")                  … ドット区切りで文字列化
  res: String = 1.2.3.4

> List(1,2,3,4).mkString("¥"",".","¥"")        … 前後に"を付けてドット区切りにする
  res: String = "1.2.3.4"
```

❑ コレクションの変換

toArray, toList, toVector, toMap, toSet などは、他のコレクション型に変換します。先ほどの mkString もコレクションの文字列への変換用と考えていいでしょう。

```
インタプリタ
> List(1,2,3).toArray                          … Arrayに変換
  res: Array[Int] = Array(1, 2, 3)
```

56　第 3 章 コレクション

第4章

関数

　関数型言語における「関数」はとても重要です。関数がどのようなものか基本を理解し、各種関数機能の活用に向けて学習基盤を固めましょう。Scala はオブジェクト指向型＋関数型というマルチパラダイム言語でもあります。それゆえに「関数オブジェクト」という用語を用いますが、それがどんな実体なのかイメージしていきましょう。

4.1　関数の動作

❏ 関数呼び出し

　リスト 4-1 は、関数呼び出しの実験プログラムで、メソッドのみを使用しています。

リスト 4-1　関数呼び出しの実験プログラム

```
package ex.function

object FunctionBasic extends App {

  def hakodate() {
    println("------ 函館 enter")
    println("------ 函館 exit")
  }

  def asahikawa() {
    println("------ 旭川 enter")
    furano()
    println("------ 旭川 exit")
  }
```

4.1　関数の動作　　57

```
def furano() {
    println("------ 富良野 enter")
    println("------ 富良野 exit")
}

def sapporo() {
    println("------ 札幌 enter")
    hakodate()
    asahikawa()
    println("------ 札幌 exit")
}

sapporo()
}
```

出力結果

```
------ 札幌 enter
------ 函館 enter
------ 函館 exit
------ 旭川 enter
------ 富良野 enter
------ 富良野 exit
------ 旭川 exit
------ 札幌 exit
```

def キーワードによって作成されているメソッドは、hakodate, asahikawa, furano, sapporo の四つです。他に sapporo()という記述がありますが、これが関数呼び出し（メソッドの呼び出し）です。プログラム開始後、この記述により最初に sapporo メソッドが呼び出され、その中から、さらに hakodate, asahikawa の順でメソッドが呼び出されます。asahikawa からは、さらに furano メソッドが呼び出されます。

この実験では、関数呼び出しとその戻る部分に注目し、呼び出し状況を出力しています。「------○○○enter」および「------○○○exit」という出力によって、○○○メソッドへ入ったことおよび出たことがわかります。単純な方法ですが状況がはっきり確認できます。

このプログラムを図で表現してみましょう。図 4-1 は、メソッドの呼び出し状況を表したもので、①②③の番号が呼び出される順序です。関数呼び出しを表現したつもりですが、手続き型処理で見られる「ジャンプ（goto 命令）」の動作イメージに近いように感じられます。

58　第 4 章 関数

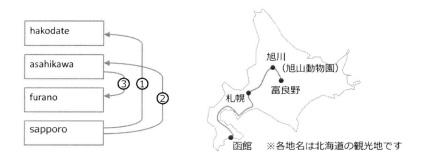

図 4-1　呼び出し方向に着目した図

　図 4-2 はどうでしょうか。今度は呼び出しと戻りの両方向の動作を取り入れ、関数呼び出しの動きを忠実に表現していると言えます。この図のイメージは「行って帰ってくる」という動きですが、この動作パターンが関数呼び出しのポイントでもあります。これを基本として、行った先でさらに他へ行くといった連鎖的な動作にも発展します。

　なお、関数呼び出しの動作に関する用語としては「呼び出す」(call)と「戻る」(return)が一般的です。

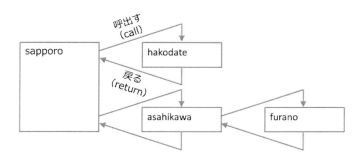

図 4-2　呼び出しと戻りに着目した図

　図 4-3 はプログラムの出力結果をもとにして、関数呼び出し状況を表現したものです。インデント(字下げ、右側に一定量ずらす)することで呼び出し連鎖の深さ(レベル)を表現しています。レベルは、呼び出し先でさらに呼び出すたびに増加し、戻ってくると減少し、最終的に最初のレベル位置に戻ります。

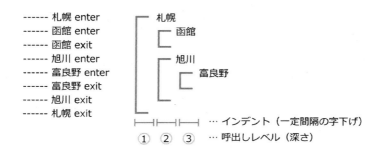

図 4-3　呼び出しのレベルに着目した図

　今日のプログラミングでは、関数呼び出しが必ずといっていいほど使われます。Windows やスマートフォンなどのアプリ開発では、OS などの API（Application Programming Interface）を呼び出して様々な機能を利用します。この API 呼び出しとは、関数呼び出しのことなので、あらゆる開発に共通した仕組みとして使われているわけです。

❏ 引数と戻り値

　プログラミング言語における関数は、数学の関数と似た性質があります。図 4-4 は数学の三角関数です。関数は関数名を持ち、入力と出力を持ったブラックボックスのようなものに例えることができます。大抵の関数は、同じ値を入力に渡すと、いつも同じ出力結果が返ってくるという性質（参照透過性）を持っています。

図 4-4　数学の関数

ここで、「y = sin(x)」という数学方程式に注目してみましょう。yとxは変数であり、任意の値をとることができますが、yは必ずxの値によって決定します。プログラミング言語の世界では、xはsin関数の入力パラメータとして「引数」（argument）と呼び、yは出力結果として「戻り値」（return value）と呼びます。

　次のリスト4-2は、Scalaのsinと自作したfun1の関数呼び出し例です。

リスト4-2　引数と戻り値の確認プログラム

```scala
package ex.function

object FunctionArgValue extends App {

  def fun2(x: Int) = {
    x * 3.14
  }

  def fun1(r: Int) = {
    fun2(r * r)
  }

  def test1() {
    val a = math.sin(3.14)      // 組み込み関数sinの呼び出し
    println(a)

    val b = fun1(2)             // 自分で作ったfun1の呼び出し
    println(b)
  }

  test1()
}
```

出力結果

```
0.0015926529164868282
12.56
```

　「math.sin(3.14)」や「fun1(2)」というように、引数に「3.14」や「2」を与えて呼び出すと戻り値が返され、戻り値を変数「a」や「b」に格納しておき、後で出力しています。

　また、fun1の内部では、さらにfun2を呼び出しています。このように、関数呼び出しを重ねていくと、関数の呼び出しレベルが深くなっていきます。その際、引数や戻り値を受け渡しながら、あたかも流れ作業や下請け作業のように進行していきます。

4.1　関数の動作　61

❏ スタック

　関数の呼び出しと、そこから戻る動作では、スタック（Java VMスタック）と呼ばれるメモリ領域が使用されます。図4-5はスタックの概念図であり、関数呼び出しを繰り返して、呼び出しレベルが深くなっていく状況を表したものです。

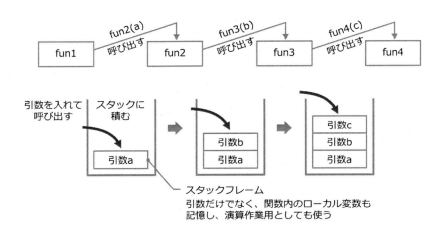

図4-5　関数を呼び出すときのスタック

　実際のスタックには、関数の実行単位ごとにスタックフレームというコンテナのようなものが用意され、その中はローカル変数（メソッド内などで宣言された一時的な変数）を保存する配列や、演算作業用のオペランドスタックといったもので構成されますが、ここでは単純化してとらえています。

　関数内の処理では、スタックを演算の作業場所として使用しています。関数呼び出し時にも、スタックに引数を格納してから呼び出して、呼び出し先ではスタック経由で引数が参照できます。さらなる関数呼び出しでは、さらに「上に積み重ねる」ようにスタックに引数を格納していきます。これによって、どれだけ深い呼び出しレベルに進んでも、戻ってきた際には、スタックに情報が保存されており、演算処理を続けることができます。

　図4-6は、今度は関数から戻ってくるときの状況を表しています。呼び出し先の関数では、処理が終わったら、戻り値をスタックに格納して戻ります。関数内の変数など

は、使い終えたので取り除かれてスタックがもとの状態に戻っていきます。

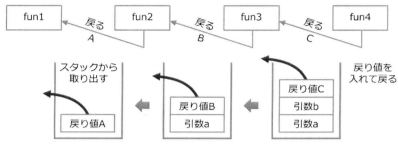

図 4-6　関数から戻るときのスタック

　このように、スタックは後入れ先出し（LIFO: Last In First Out）方式のメモリアクセスによって、情報の保存や受け渡しに活用されます。

4.2　関数と型

❏ 関数呼び出しのデザイン

　関数をどのように作るかを考えることは、関数の機能、引数、戻り値、複数の関数による処理の構成などの設計を意味します。これは関数呼び出しのデザインと言ってもいいでしょう。そして様々な設計内容が考えられます。
　リスト 4-3 は、三角関数を使って、距離と角度から座標を求めるプログラムです。例えば、ゲームにおいて、ある方向へある力で動いた際の、到着点算出にも使えます。

リスト 4-3　距離と角度から座標を求めるプログラム
```
package ex.function

object FunctionBasic2 extends App {
```

```scala
def rad(a: Double) = {
  a * 3.141592 / 180.0
}

def pointX(r: Double, a: Double) = {
  r * math.cos(a)
}

def pointY(r: Double, a: Double) = {
  r * math.sin(a)
}

def display(x: Double, y: Double) {
  println(x + " , " + y)
}

def test() {
  display(pointX(5.5, rad(30.0)), pointY(5.5, rad(30.0)))
}

test()
}
```

出力結果

```
4.7631400203763725 , 2.749999481143399
```

rad メソッドは引数 a に角度を受け取って、ラジアン単位の値を戻り値として返します。Scala には同様の組み込みメソッドがありますが、学習のため rad メソッドを自作します。

pointX および pointY メソッドは、両方とも引数 r に半径を、引数 a にラジアン角度を受け取ります。そして、pointX は x 座標を、pointY は y 座標を戻り値として返します。座標計算にあたり、sin, cos の組み込みメソッドを用いています。

display メソッドは、引数 x, y に座標を受け取って、println メソッドを使用して、それらを画面に出力します。最後に test メソッドでは、距離に 5.5, 角度に 30.0 度を用いて、以上のメソッドを呼び出して結果を出力します。

図 4-7 は、これらのメソッドの引数と戻り値の受け渡しの関係を表したものです。メソッドを呼び出して得られた戻り値を、別のメソッドに渡して計算を進めています。

リスト 4-4 は、距離と角度から座標を求めるプログラムの別バージョンです。出力結果は同じですが、メソッドの処理内容を変更してあります。

64　第 4 章 関数

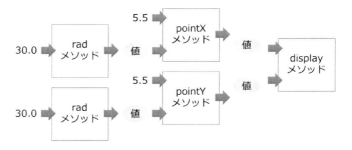

図 4-7　値の受け渡しを連鎖的にしたプログラムデザイン

リスト 4-4　距離と角度から座標を求めるプログラム（バージョン 2）

```
package ex.function

object FunctionBasic3 extends App {

  def rad(a: Double) = {
    a * 3.141592 / 180.0
  }

  def pointX(r: Double, a: Double) = {
    r * math.cos(rad(a))
  }

  def pointY(r: Double, a: Double) = {
    r * math.sin(rad(a))
  }

  def display(d: Double, a: Double) {
    println(pointX(d, a) + " , " + pointY(d, a))
  }

  def test() {
    display(5.5, 30.0)
  }

  test()
}
```

出力結果

```
4.7631400203763725 , 2.749999481143399
```

このバージョンでは、計算方法は変わりませんが、どこで関数呼び出しするか、という

点が変更ポイントとなります。図 4-8 は、呼び出し動作に着目して表したものです。

今度のバージョンは、メソッド内から他のメソッドを呼び出していく、いわば関数呼び出しレベルが深くなっていく連鎖スタイルです。`display, pointX, pointY` の三つのメソッド内からは、他のメソッドを呼び出しています。このスタイルの長所は、呼び出しのトップである `test` メソッド内がシンプルになることです。

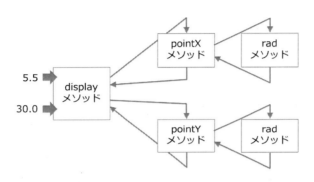

図 4-8　呼び出しを連鎖的にしたプログラムデザイン

❏ 引数と戻り値の型

特に Scala などのコンパイラ型の言語では、変数を作る際はデータ型を宣言します。関数呼び出しの引数と戻り値にもデータ型があります。そして、変数と同様に、型宣言の必要があります。ただし、型推論できるときは省略可能です。

前節の rad メソッドでは、引数 a は Double 型で宣言されています。a の型推論に有効な情報は他にないので型宣言の省略はできません。rad の引数に与えることができるものは Double 型の値および、`Float, Long, Int` 型など Double 型に暗黙変換可能な数値型です。与えられないのは、`String, Boolean, List` 型などです。一方、戻り値は型が省略されています。最後に評価される式の値が Double 型になるので rad の戻り値は Double 型と型推論されます。

```
def rad(a: Double) = {
  a * 3.141592 / 180.0
}
```

66　第 4 章 関数

また、rad の戻り値を他のメソッドに渡したり、変数に代入したりする場合、Double 型の値を受け取れる型でなければなりません。例えば、Float 型の引数に rad の戻り値を直接与えることはできません。「rad(a).asInstanceOf[Float]」といったような型変換処理（キャスト）を行う必要があります。

display メソッドは引数が二つあり、どちらも Double 型です。引数リスト(…)の後には「=」がないので、値を返さないメソッド、つまり戻り値は Unit 型になります。もし「=」を付けた場合は、メソッドの最後の式の値から型推論されますが、最後の println は戻り値が Unit 型なので、はやり display の戻り値も Unit 型になります。

```
def display(d: Double, a: Double) {
   println(pointX(d, a) + " , " + pointY(d, a))
}
```

メソッドには、このように値を返さないものがありますが、その場合でも戻り値の型は Unit 型という型になり、戻り値は必ず何らかのデータ型を持つことになります。

次のメソッド例は、三角形の底辺 w と高さ h から面積を求めるものです。

インタプリタ
```
> def menseki(w: Int, h: Int) = {
>    w * h * 0.5f
> }
 menseki: (w: Int, h: Int)Float
```

menseki メソッドの引数 w と h は Int 型で、戻り値は Float 型と認識されています。メソッド内の式「w * h * 0.5f」は、「Int * Int * Float」の演算における上位の数値型に変換されて Float 型となります。次は menseki メソッドの呼び出しです。

インタプリタ
```
> menseki(3, 5)
 res: Float = 7.5

> menseki(3, 5000000000L)          … エラー（Long型を使っている）

 <console>:9: error: type mismatch;
 found   : Long(5000000000L)
 required: Int
            menseki(3, 5000000000L)
```

4.2 関数と型　67

```
                              ^
> menseki(3, 5.5)                    … エラー（Double型を使っている）
<console>:9: error: type mismatch;
found   : Double(5.5)
required: Int
            menseki(3, 5.5)
                  ^

> menseki(3, 5.5f)                   … エラー（Float型を使っている）
<console>:9: error: type mismatch;
found   : Float(5.5)
required: Int
            menseki(3, 5.5f)
                  ^
```

　最初の menseki(3,5) は問題ありません。menseki(3,5000000000L) は Long 型の値がエラーになります。以下同様に、menseki(3,5.5) は Double 型、menseki(3,5.5f) は Float 型、といったように、Int 型に暗黙変換して渡すことができないものはエラーとなります。また、次の例では引数の数が一致しないためエラーになっています。

インタプリタ

```
> menseki(3)                         … エラー（引数が少ない）
 <console>:9: error: not enough arguments for method menseki: (w: Int,
h: Int)Float.
Unspecified value parameter h.
            menseki(3)
                  ^

> menseki(3, 5, 9)                   … エラー（引数が多い）
 <console>:9: error: too many arguments for method menseki: (w: Int, h:
Int)Float
            menseki(3, 5, 9)
                  ^
```

❏ 関数の型

　次のインタプリタ画面では、変数 a に menseki メソッドを代入しようとしていますが、失敗してエラーになりました。原因は、メソッドには引数と戻り値の型は存在しても、メソ

68　第 4 章 関数

ッドそのものに対する型は存在せず、値としても扱うことができないためです。

```
インタプリタ
> def menseki(w: Int, h: Int) = {
>     w * h * 0.5f
> }
  menseki: (w: Int, h: Int)Float

> val a = menseki                    … エラー（メソッドを変数に代入）
 <console>:8: error: missing arguments for method menseki;
follow this method with `_' if you want to treat it as a partially
applied function
       val a = menseki
               ^
```

　メソッドは、次のように「_」を付けて関数（関数オブジェクト）に変換することができます。この関数オブジェクトは、menseki メソッドの内容を受け継ぎ、同じように計算処理ができるので、menseki(3,5)と同様に fun(3,5)で同じ計算ができます。

```
インタプリタ
> val fun = menseki _
  fun: (Int, Int) => Float = <function2>

> fun(3, 5)
  res: Float = 7.5
```

　関数オブジェクトは、そのものを値として扱うことができます。次の変数 a への代入では、型推論によって a は関数オブジェクトの型「(Int,Int)=>Float」型で宣言されます。

```
インタプリタ
> val a = fun
  a: (Int, Int) => Float = <function2>

> a(3, 5)
  res: Float = 7.5
```

　メソッド定義時の「(w:Int,h:Int)Float」といった情報はメソッドそのものの型ではありませんでした。一方、関数オブジェクトは「(Int,Int)=>Float」型が関数そのもの

4.2 関数と型　69

の型であり、変数に代入できる「型をもった値」として扱えます。(図 4-9)

「(Int,Int)=>Float」型を部分的に見ると、引数が Int 型と Int 型、戻り値が Float 型であることを表しています。

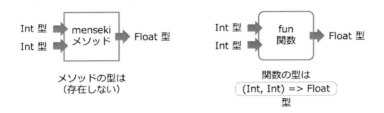

図 4-9　関数の型

Scala のメリット　Scala ＝関数型＋オブジェクト指向型

　Scala は Java をベースとしており、オブジェクト指向型言語の機能と関数型言語の機能の両方を持ちます。それゆえに Java との連携性が高く、ソフトウェア開発において有利と言えます。
　両方の機能を持つということは、オブジェクト指向型に必須機能である「クラス」や「メソッド」と、関数型に必須機能である「関数」の両方が存在し使用可能であることを意味します。メソッドであれば、Java 側から直接呼び出せる利点もあり、一方、関数であれば Scala の持ついろいろな関数型言語機能が活用できます。このように Scala ではメソッドと関数の両方を積極的に活用できるのもメリットです。

4.3　関数オブジェクト

☐ 第一級オブジェクトの性質

　Scala の関数オブジェクトは、第一級オブジェクトとしての性質を持った第一級関数です。ここでは、実際にいくつかの性質をプログラムによって確認してみましょう。

リスト 4-5 は、それらの性質について、strMethod メソッドおよび strFun 関数を作成して比較しています。両者は同じ処理内容であり、与えられた引数が null（オブジェクトがない空のデータを表す）ならば空の文字列「""」を返し、それ以外は文字列化して返すものです。例えば Int 型の「123」、double 型の「123.4」、String 型の「"ABC"」を与えると、それぞれ「"123"」「"123.4"」「"ABC"」を返します。Int でも Double でも受け取れるように、引数は Any 型にしてあります。

リスト 4-5　第一級オブジェクトの性質確認プログラム

```scala
package ex.function

object FirstClassFunction extends App {

  def strMethod(x: Any) = {        // 文字列に変換するメソッド
    if (x == null) "" else x.toString()
  }

  val strFun = (x: Any) => {       // 文字列に変換する関数
    if (x == null) "" else x.toString()
  }

  def test1() {
    println("¥n=== 変数に格納できるか ===¥n")
    //val m = strMethod … エラー
    val f = strFun
    println("f=" + f)
  }

  def test2() {
    println("¥n=== 関数の引数として渡せるか ===¥n")
    val higherOrderFun = (fun: Any => String, arg: Any) => {
      fun(arg)
    }

    val m = higherOrderFun(strMethod, "hello")
    val f = higherOrderFun(strFun, "hello")
    println("m=" + m)
    println("f=" + f)
  }

  def test3() {
    println("¥n=== 関数の戻り値として返せるか ===¥n")
    //val higherOrderFun1 = () => {
    //  strMethod … エラー
```

4.3　関数オブジェクト　71

```
    //}
    val higherOrderFun2 = () => {
      strFun
    }

    val f = higherOrderFun2()
    println("f=" + f)
  }

  def test4() {
    println("¥n=== 値としての比較ができるか ===¥n")
    val strFun2 = (x: Any) => {
      if (x == null) "" else x.toString()
    }

    //println("strMethod == strMethod  ¥t= " + (strMethod == strMethod))
    //                                                              … エラー
    val f = strFun
    println("strFun == strFun   : " + (strFun == strFun))
    println("strFun == strFun2  : " + (strFun == strFun2))
    println("strFun == f        : " + (strFun == f))
  }

  test1()
  test2()
  test3()
  test4()
}
```

❏ 性質(1) 〜 変数への格納

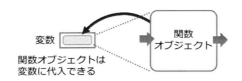

図 4-10　関数オブジェクトの変数への格納

　test1 メソッドは、変数への格納を調べています。メソッドを変数に代入しようとしたところエラーになります。一方、関数オブジェクトは変数 f に格納でき、値を出力すると

\<function1\>型が出力され、変数に関数オブジェクトが代入されたことが確認できます。

```
    println("¥n=== 変数に格納できるか ===¥n")
    //val m = strMethod     … メソッドはエラー
    val f = strFun          … 関数オブジェクトは格納可能
    println("f=" + f)
```

出力結果
```
=== 変数に格納できるか ===

f=<function1>
```

❏ 性質(2) ～ 関数の引数として渡す

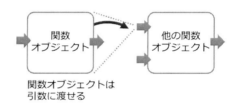

図 4-11　関数オブジェクトを引数に渡す

　test2 メソッドは、関数の引数にできるかを調べています。まず、関数を引数とする higherOrderFun 関数を用意します。「fun: Any=>String」の引数 fun は Any 型引数を受け取り、String 型を返す関数の型です。メソッドも、関数オブジェクトも、関数の引数として渡すことができました。実はメソッドは関数の引数に渡される際に、関数オブジェクトに変換されます。ちょうどメソッドが関数オブジェクトに暗黙に変換される働きがあると言えます。メソッドが直接引数に格納されたわけではありません。

```
    println("¥n=== 関数の引数として渡せるか ===¥n")
    val higherOrderFun = (fun: Any => String, arg: Any) => {
      fun(arg)     … 引数に渡された関数の呼び出し
    }
```

```
        val m = higherOrderFun(strMethod, "hello")
        val f = higherOrderFun(strFun, "hello")
        println("m=" + m)
        println("f=" + f)
```

出力結果
```
=== 関数の引数として渡せるか ===

m=hello
f=hello
```

❑ 性質(3) 〜 関数の戻り値として返す

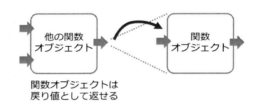

図 4-12　関数オブジェクトを戻り値として返す

　test3 メソッドは、関数の戻り値にできるかを調べています。まずメソッドを関数の戻り値として記述するとエラーになっています。これは、変数に格納しようとしたときと同じで、式の値として評価はできません。一方、関数オブジェクトは戻り値として返すことができ、それを変数 f に格納して出力すると関数オブジェクトであることが確認できます。

```
        println("¥n=== 関数の戻り値として返せるか ===¥n")
        //val higherOrderFun1 = () => {
        //    strMethod     … エラー
        //}

        val higherOrderFun2 = () => {
            strFun         … 関数を戻り値として返せる
        }

        val f = higherOrderFun2()
        println("f=" + f)
```

出力結果
```
=== 関数の戻り値として返せるか ===

f=<function1>
```

❏ 性質(4) 〜 他との等値性

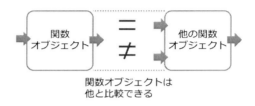

図 4-13　関数オブジェクトの等値性

　tesut4 メソッドは、他のものと等値性の比較ができるかを調べています。メソッドには値はないため、値を比較しようとしてもエラーになります。一方、関数オブジェクトは「strFun == strFun」で自分と比較すると、等しいという結果が得られました。strFun を変数 f に格納して「strFun == f」で比較しても等しくなります。処理内容が全く同じ strFun2 関数を用いて「strFun == strFun2」で比較すると異なる結果になります。これは、内容が同じでも別のオブジェクトなので、等しくないと判断されました。

　通常、オブジェクトはそのまま変数に格納されるのではなく、オブジェクトへの参照（メモリ上のアドレスなど）という場所情報が格納されるだけです。これなら二つの変数が同一のオブジェクトを指し示すことで、見かけ上同じオブジェクトが異なる変数に格納されているように見えます。

```
    println("¥n=== 値としての比較ができるか ===¥n")
    val strFun2 = (x: Any) => {
       if (x == null) "" else x.toString()
    }

    //println("strMethod == strMethod  ¥t= " + (strMethod == strMethod))
    //                                                      ・・・ エラー
    val f = strFun
    println("strFun == strFun   : " + (strFun == strFun))
```

```
println("strFun == strFun2 : " + (strFun == strFun2))
println("strFun == f        : " + (strFun == f))
```

出力結果

```
=== 値としての比較ができるか ===

strFun == strFun   : true
strFun == strFun2 : false
strFun == f        : true
```

Scala のメリット　第一級オブジェクトとしての関数

Scala の関数において、第一級オブジェクトとしての性質が実現できているのは、関数オブジェクトが「値」であるということが根底にあると考えられます。値であれば、変数への格納、値の比較、引数や戻り値としてやりとりすることなど、それらすべてが可能になるからです。

関数オブジェクトや関数の値というものがなぜ必要なのかは、それが Scala による第一級オブジェクト実現方法であるから、と考えることができます。そして、Scala などの関数型言語が持つ、柔軟に記述できるというメリットには、関数が値として扱えることで、多彩な使い方ができるという背景があるわけです。

第 5 章
高階関数

　高階関数は、関数型言語の様々な機能を支える基礎的な仕組みです。Scala では、関数に関数を渡すという柔軟性のある高階関数の仕組みが、いろいろな場面で用いられています。他の章でもよく出てくるので、ここで理解しておきましょう。

5.1　高階関数の基本

❏ 高階関数は関数型言語の基本機能

　高階関数(higher order function)とは、引数に関数を受け取る、あるいは戻り値として関数を返すような関数です。この性質は、第一級オブジェクトとしての性質です。

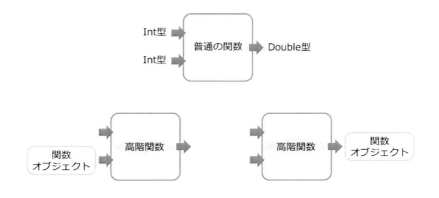

図 5-1　高階関数

図 5-1 のように、引数や戻り値、あるいはその両方に関数オブジェクトを使うものが高階関数（高階メソッド）です。さらに、高階関数がやりとりする引数や戻り値の関数オブジェクトにも高階関数を使うことができます。

❏ 高階関数の例

リスト 5-1 は、簡単な高階関数の例であり、引数に関数を受け取る高階関数（メソッド）を作成しています。sankaku メソッドは三角形の三辺の長さ、および何らかの判定関数を受け取り、判定結果が真ならば「Yes」、偽ならば「No」と出力します。

リスト 5-1　三角形の判定関数を引数として受け取る高階関数

```
package ex.higherorder

object HigherOrder extends App {

  // 引数に関数を受け取る高階関数（メソッド）
  def sankaku(a: Int, b: Int, c: Int, fun: (Int, Int, Int) => Boolean) {
    if (fun(a, b, c)) {
      println("Yes")
    } else {
      println("No")
    }
  }

  println("\n=== 正三角形の判定 ===")
  sankaku(3, 3, 4, (a, b, c) => a == b && b == c)
  sankaku(3, 3, 3, (a, b, c) => a == b && b == c)

  println("\n=== 二等辺三角形の判定 ===")
  sankaku(3, 3, 4, (a, b, c) => a == b || b == c || c == a)
  sankaku(3, 3, 3, (a, b, c) => a == b || b == c || c == a)
}
```

出力結果

```
=== 正三角形の判定 ===
No
Yes

=== 二等辺三角形の判定 ===
Yes
Yes
```

78　第 5 章 高階関数

まず、正三角形の判定用の関数リテラル「(a,b,c) => a==b && b==c」を渡して三辺が等しいことを調べています。二等辺三角形の場合は「(a,b,c) => a==b || b==c || c==a」という関数リテラルによって二辺が等しいかを調べています。

図 5-2 のように、高階関数 sankaku 側では、これらの関数オブジェクトを引数 fun で受け取ります。fun の型は「(Int,Int,Int)=>Boolean」であり、「Int 型引数を三つ受け取って Boolean 型の戻り値を返す」という関数の型で引数宣言しています。引数 fun は一つの変数であり、そこに関数オブジェクトが渡されて格納されます。その後、fun(…)という関数呼び出しによって、呼び出すことができます。

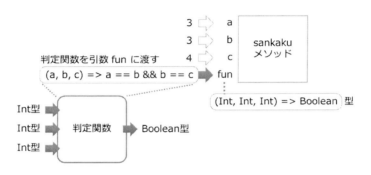

図 5-2　引数に三角形の判定関数を受け取る高階関数

次の例のように、いったん変数に格納された関数オブジェクトを渡すこともできます。

```
val seiSankaku = (a: Int, b: Int, c: Int) => a == b && b == c
sankaku(3, 3, 4, seiSankaku)
sankaku(3, 3, 3, seiSankaku)

val nitouhen = (a: Int, b: Int, c: Int) => a == b || b == c || c == a
sankaku(3, 3, 4, nitouhen)
sankaku(3, 3, 3, nitouhen)
```

「sankaku(…, (a,b,c) => a==b && b==c)」では、渡される先の sankaku の引数宣言情報から a, b, c は型推論可能です。しかしこの例の「val seiSankaku = …」では sankaku の引数に渡されることが確定でないため、a, b, c を明示的に型宣言する必要があります。

5.1 高階関数の基本　79

Scala のメリット　関数型の基盤と簡潔さのカギ　〜　高階関数

関数を引数や戻り値として扱える高階関数は、Scala のような関数型言語において、様々な機能の基盤となるものです。他の言語で同等の働きを記述する際、C 言語では、関数へのポインタを引数に渡せますが、ポインタによるやや複雑な記述になり、Java では、メソッドの引数に直接メソッドを渡せないのでオブジェクトを用いた難解な記述になります。一方、Scala では、高階関数によって、引数に簡潔に関数を記述できるメリットがあります。以下に各言語による商品リストの並べ替えの記述例を示します。

■C 言語
```
int compare(const void *s1, const void *s2)
{
   Syouhin* p1 = (Syouhin*)s1;
   Syouhin* p2 = (Syouhin*)s2;
   return strcmp(p1->syouhinMei, p2->syouhinMei);
}
qsort(syouhinList, n, sizeof(Syouhin*), compare);
```

■Java
```
Collections.sort(syouhinList,
   new Comparator<Syouhin>() {
      public int compare(Syouhin s1, Syouhin s2) {
         return s1.syouhinMei.compareTo(s2. syouhinMei);
      }
   }
);
```

■Scala
```
syouhinList.sortWith((s1, s2) => s1.syouhinMei < s2.syouhinMei)
```

5.2 高階関数によるプログラムデザイン

□ プログラムデザイン(1) 〜 最初のプログラム

高階関数が有効な手段となる例を考えてみましょう。リスト 5-2 は、まず高階関数を使わない成績処理プログラムです。これは、国語と数学のテスト結果に対し、図 5-3 のように、順位が 70%から下位（下から 3 割）の者は点数に 3 点プラスする修正を行うもの

です。

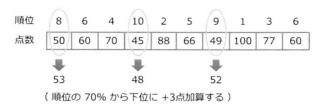

図 5-3　成績修正処理

リスト 5-2　成績修正プログラム（高階関数を使わないバージョン）

```
package ex.higherorder

object HigherOrder2 extends App {

  var koku = Array(50, 60, 70, 45, 88, 66, 49, 100, 77, 60)
  var suu = Array(40, 80, 55, 75, 60, 33, 56, 67, 78, 99)

  def syuusei(d: Array[Int], rate: Float, plusAlpha: Int) {
    val n = d.length
    val juni = new Array[Int](n)

    // 順位付け処理
    for (i <- 0 to n - 1) {
      juni(i) = 1
    }
    for (i <- 0 to n - 1) {
      for (j <- 0 to n - 1) {
        if (d(j) < d(i)) juni(j) += 1
      }
    }

    // 点数修正処理
    for (i <- 0 to n - 1) {
      if (juni(i) > n * rate) {
        d(i) += plusAlpha
      }
    }

    // 結果出力処理
    for (i <- 0 to n - 1) {
```

```
        println(juni(i) + "¥t" + d(i))
    }
}

println("¥n=== 国語の点数修正 ===¥n")
syuusei(koku, 0.7f, 3)

println("¥n=== 数学の点数修正 ===¥n")
syuusei(suu, 0.7f, 3)
}
```

syuusei メソッドでは、特定順位以降への点数加算を行うために、まず順位を求める必要があります。順位用の配列変数 juni は、点数と同じ要素数で各要素は Int 型です。順位付け処理はオーソドックスなアルゴリズムを用いて、最初に全員を 1 位にしておき、他と比較して他が大きければ他の順位を 1 加算するというものです。

点数修正処理は、得られた順位を参照し、順位が全体数のある割合以降ならば点数にプラスアルファするといった処理を行っています。引数 rate が 0.7 であれば、10 人×0.7＝7 位より大きい 8, 9, 10 位が加算対象です。

□ プログラムデザイン(2) 〜 プログラムの発展検討

次に、このプログラムが以下のようなニーズに対応し、後に発展していくことを考えてみます。

- 国語の点数修正は、このままの加算ルールとする
- 数学の点数修正は、加算点をもとの点数の 15%としたい

まず、第一のアプローチは、単純に syuusei メソッドのコードをコピーし、syuusei2 メソッドとして追加します。そして点数加算の記述を以下のように書き換えます。

```
d(i) += plusAlpha
```

⬇

```
d(i) += Math.round(d(i) * plusAlpha)
```

この記述では、点数の plusAlpha 倍を Math.round メソッドによって四捨五入して加算しています。また、plusAlpha には率を渡すため、次のように Float 型引数にしておきます。呼び出し側で 0.15f を与えれば、15%の加算処理となります。

```
def syuusei(d: Array[Int], rate: Float, plusAlpha: Int)
```

⬇

```
def syuusei(d: Array[Int], rate: Float, plusAlpha: Float)
```

　この方法は単純なので、間違いやバグも発生しにくく迅速にプログラミングできます。もしプログラムがこれ以上発展しないのなら、この方法は良いものでしょう。

　第二のアプローチは、処理の汎用化です。syuusei と syuusei2 に分けるのではなく、以下のように両方の処理に対応可能な syuusei メソッドを考え出す方法となります。ここでは二つの「処理モード」に分けた設計をしています。一つのメソッドで二通りの処理方法に対応可能であり、syuusei メソッドは機能が増えて汎用性が高まります。

```
d(i) += plusAlpha
```

⬇

```
if (mode == 1) {              // モード1の加算処理
  d(i) += plusAlpha.toInt
} else if (mode == 2) {       // モード2の加算処理
  d(i) += Math.round(d(i) * plusAlpha)
}
```

　syuusei メソッドの引数は、次のように新たに処理モード用の mode を追加し、呼び出す際も 1 か 2 のモードを与えて呼び出します。

```
def syuusei(d: Array[Int], rate: Float, plusAlpha: Int)
```

⬇

```
def syuusei(d: Array[Int], mode: Int, rate: Float, plusAlpha: Float)
```

```
syuusei(koku, 1, 0.7f, 3)          … 国語はモード1で呼び出す
```

5.2 高階関数によるプログラムデザイン　83

```
syuusei(suu,  2, 0.7f, 0.15f)  … 数学はモード2で呼び出す
```

　以上のアプローチの欠点を見てみます。第一のアプローチでは、処理本体のメソッドが syuusei と syuusei2 に分かれ、ソースコード量が倍化します。このような状態において、さらに様々な点数修正方法、対象者を判断する条件が追加され、あるいはデータの読み込み方法、および出力方法などが変更されていくと、プログラムのメンテナンスすべき部分が広範囲となり作業が冗長化していくことが想像されます。

　第二のアプローチについては、メソッドを汎用化する場合、傾向として引数が増えていき、メソッド内の条件処理が複雑になっていきます。汎用性の高いプログラムは優れていますが、それにはプログラマの思考力と動作テストなどの作業量が要求され、また、バグ発生のリスク増加を伴う可能性があります。汎用化されたプログラムをさらに発展させる場合は、さらなる思考の負担とリスクがあると考えられます。

❑ プログラムデザイン(3) ～ 高階関数の導入

　これらの懸念をすべて解消するのは一見難しいと思われますが、理想的な方向性としては、以下のような開発指針が導けます。ではこれらを Scala で実現してみましょう。

- ・ 今後さらなる変更や発展を想定しつつ
- ・ より簡潔なコードの分量を維持し
- ・ より単純な処理内容に保ち
- ・ 汎用性の高い処理にする

　第三のアプローチとして、リスト 5-3 では syuusei メソッドを高階関数にしています。

リスト 5-3　成績修正プログラム（高階関数バージョン）

```
package ex.higherorder

object HigherOrder3 extends App {

  var koku = Array(50, 60, 70, 45, 88, 66, 49, 100, 77, 60)
  var suu = Array(40, 80, 55, 75, 60, 33, 56, 67, 78, 99)

  // 引数に関数を受け取る高階関数(メソッド)
```

```
def syuusei(d: Array[Int], fun: (Int, Int) => Unit) {
  val n = d.length
  val juni = new Array[Int](n)

  // 順位付け処理
  for (i <- 0 to n - 1) {
    juni(i) = 1
  }
  for (i <- 0 to n - 1) {
    for (j <- 0 to n - 1) {
      if (d(j) < d(i)) juni(j) += 1
    }
  }

  // 点数修正処理
  for (i <- 0 to n - 1) {
    fun(i, juni(i))        // ここがシンプルになった（引数で渡された関数呼び出し）
  }

  // 結果出力処理
  println("¥n === データ修正結果 ===¥n")
  for (i <- 0 to n - 1) {
    println(juni(i) + "¥t" + d(i))
  }
}

println("¥n=== 国語の点数修正 ===¥n")
syuusei(koku, (i, jun) => if (jun > koku.length * 0.7) koku(i) += 3)

println("¥n=== 数学の点数修正 ===¥n")
syuusei(suu, (i, jun) => if (jun > suu.length * 0.7)
                            suu(i) += Math.round(suu(i) * 0.15f))
}
```

　高階関数 syuusei の引数宣言部分は、引数 fun に(Int,Int)=>Unit 型の関数
オブジェクトを受け取ります。引数の数だけなら最初のプログラムより減っています。

```
def syuusei(d: Array[Int], fun: (Int, Int) => Unit) {
```

　そして、次のように syuusei 内の点数修正処理は、if 式の条件判断や加算処理が
なくなり最初のプログラムよりもシンプルになりました。

5.2　高階関数によるプログラムデザイン　85

```
fun(i, juni(i))
```

高階関数の呼び出し側では、第二引数に国語と数学で異なる関数オブジェクトを与えています。各関数オブジェクトは、点数加算対象の判定処理と加算処理を含みます。

```
syuusei(koku, (i, jun) => if (jun > koku.length * 0.7) koku(i) += 3)
syuusei(suu, (i, jun) => if (jun > suu.length * 0.7)
                                    suu(i) += Math.round(suu(i) * 0.15f))
```

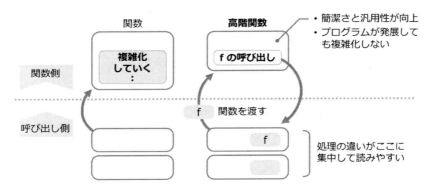

図 5-4　高階関数によるプログラムデザイン

本プログラムでは、図 5-4 のようにちょうど高階関数側（syuusei メソッド）の複雑さを、呼び出し側に分散させたとみることができます。また、高階関数側をシンプルに保ったまま汎用性を高めています。もう一つは、呼び出し側を見ると、国語の処理方法と数学の処理方法の違いを読み取ることができ、プログラミングにおける思考対象を局所的にできる、つまりソースコードを何度もスクロールさせなくて済みます。

Scala のメリット　高階関数で簡潔さと汎用性の両立

> 高階関数を利用することで、以下のようなニーズに応えることができます。
>
> ・今後さらなる変更や発展を想定しつつ
> ・より簡潔なコードの分量を維持し

・より単純な処理内容に保ち

・汎用性の高い処理にする

　処理の汎用性を高めると、引数の数や条件判断などの複雑さが増すのが一般的で、バグの発生や思考時間の増加にもつながります。簡潔さと汎用性の両立というプログラミングの理想形は、実践できればソフトウェア開発においてとても有効です。

　Scala で高階関数が簡単に活用できることは、簡潔なコードによって数種の処理内容が記述でき、高階関数内部では、関数呼び出しするだけの処理に単純化され、そして汎用性も向上します。これは、ソフトウェア開発の生産性と保守性おいてメリットになります。

5.3　いろいろな高階関数

❏ 関数を組み合わせた高階関数の利用

　高階関数は、引数に様々な関数を受け取ることができます。リスト 5-4 は、判定処理用と表示処理用の二つの関数を受け取るスタイルです。成績データは番号、中間点、期末点、レポート点で構成されるリスト構造です。

リスト 5-4　関数を組み合わせて高階関数を呼び出すプログラム

```scala
package ex.higherorder

object HigherOrder4 extends App {

  // 成績データ(番号、中間、期末、レポート)
  val seiseki = List(
        List(101, 80, 58, 75),
        List(102, 70, 85, 87),
        List(103, 45, 79, 60),
        List(104, 50, 55, 68)
  )

  // 引数が関数の高階関数
  val f = (data: List[List[Int]],  hantei: (Int, Int, Int) => Any,
                                   hyouji: (Int, Any) => Unit) => {
    data.foreach(x => hyouji(x(0), hantei(x(1), x(2), x(3))))
  }
```

```
val hanteiFun = (x: Int, y: Int, z: Int) => {
  (x + y) / 2 >= 60 && z >= 80 || (x >= 80 || y >= 80 || z >= 80)
}

val rankFun = (x: Int, y: Int, z: Int) => {
  val p = (x + y + z) / 3
  if     (p >= 80)   "A"
  else if(p >= 70)   "B"
  else if(p >= 60)   "C"
  else               "D"
}

val styleFun1 = (id: Int, result: Any) => {
  println(id + "¥t" + result)
}

val styleFun2 = (id: Int, result: Any) => {
  println(id + "¥t" + (if (result == true) "合格" else "不合格"))
}

def test1() {
  println("¥n=== 平均が60以上で合格 ===¥n")
  f(seiseki, (x, y, z) => (x + y + z) / 3 >= 60, styleFun1)
}

def test2() {
  println("¥n=== 複合条件による判定 ===¥n")
  f(seiseki, hanteiFun, styleFun2)
}

def test3() {
  println("¥n=== 成績ランクでの評価 ===¥n")
  f(seiseki, rankFun, styleFun1)
}

test1()
test2()
test3()
}
```

　処理対象となる成績データ seiseki は、一人分の成績（内側の List）×複数人数
分のリスト（外側の List）になっています。そして高階関数 f は、引数 data が成績デー
タの構造に合わせた List 型の入れ子の型です。引数 hantei と hyouji には、判
定関数と表示関数が渡されます。この高階関数 f の処理内容は、foreach メソッドを

使って、data 内の各人の成績に対し、次のような処理を行います。

　　hyouji(番号, hantei(中間点, 期末点, レポート点))

　括弧の内側では、hantei 関数によって三つの点数から何らかの判定処理を行います。hantei 関数の戻り値は Any 型なので、成績の判定結果は数値でも文字列でも使えます。外側の hyouji 関数は、番号と今の判定結果をもとに何らかの表示処理を行います。表示処理は値を返さない仕様とし、戻り値を Unit 型としています。

　判定処理用の関数オブジェクトは、hanteiFun と rankFun です。haiteiFun は、三つの点数を条件式によって判断し、合否を Boolean 型で返します。また、rankFun のほうは、三つの点数の平均点によって、"A", "B", "C", "D"の成績ランクを String 型で返します。

　表示処理用の関数オブジェクトは、styleFun1 と styleFun2 です。両方とも、引数 id に番号を受け取り、引数 result に何らかの判定結果を受け取ります。例えば、先ほどの判定処理関数が返す true, false の真理値や、"A", "B", "C", "D"の文字列です。

　高階関数の呼び出しは、test1, test2, test3 メソッドで行われます。test1 メソッドは独自の関数リテラルとstyleFun1、test2 メソッドは、hanteiFun と styleFun2、test3 メソッドは、rankFun と styleFun1 といった組み合わせで呼び出しています。出力結果では、それぞれの判定方法と表示方法の組み合わせで処理されています。

```
出力結果
=== 平均が60以上で合格  ===

101  true
102  true
103  true
104  false

=== 複合条件による判定  ===

101  合格
102  合格
103  不合格
104  不合格
```

```
=== 成績ランクでの評価 ===

101  B
102  A
103  C
104  D
```

❑ 高階関数を利用した情報構造の構築

XML や HTML などの表現は構造化された情報であり、ある構造の中にさらに別の構造が入った入れ子の構造によって、柔軟な情報表現ができます。この構造は一般に「木構造」(ツリー構造)と呼ばれ、最上位の根から出発して枝葉に分岐し、様々な形を作ります。

構造の中にさらに構造が入っているものをプログラムで処理する場合、外側の構造に対する処理の中に、さらに内側の構造に対する処理が入っているような、二重、三重の処理が想像されます。この状況に対して、高階関数が持つ関数の中から関数を呼ぶという構造に着目してプログラミングしてみましょう。

リスト5-5 は、気象データをもとにそれを HTML 化して出力するプログラムです。気象データは、地域、最高気温、最低気温、降水日数で構成され、いくつかの地域のデータが与えられています。まず、先にこのプログラムの出力結果を見てみましょう。

リスト 5-5　HTML ソースを生成するプログラム

```
package ex.higherorder

object HigherOrder5 extends App {

  // 気象データ
  val midasi = List(
      List("地域", "最高気温", "最低気温", "降水日数")
  )

  val kisyou = List(
      List("札幌",   12.3,    10.6,    3),
      List("東京",   18.6,    11.3,    18),
      List("大阪",   23.0,    14.5,    12),
      List("福岡",   20.1,    15.2,    15)
  )

  def test1() {
```

90　第 5 章 高階関数

```scala
      val funTD = (record: List[Any]) => {
        record.mkString("  <td>", "</td>\n  <td>", "</td>\n")
      }

      val funTH = (record: List[Any]) => {
        record.mkString("  <th>", "</th>\n  <th>", "</th>\n")
      }

      // 引数が関数の高階関数
      val funTR = (fun: List[Any] => String, data: List[List[Any]]) => {
        data.map(fun).mkString(" <tr>\n", " </tr>\n <tr>\n", " </tr>\n")
      }

      val funTABLE = (midasi: List[List[Any]], data: List[List[Any]]) => {
        "<table border=\"1\">\n" +
          funTR(funTH, midasi) +
          funTR(funTD, data) +
        "</table>\n"
      }

      println(funTABLE(midasi, kisyou))
  }

  def test2() {
      val funLI = (record: List[Any]) => {
        record.mkString("  <li>", "  ", "</li>\n")
      }

      // 引数が関数の高階関数
      val funUL = (fun: List[Any] => String, data: List[List[Any]]) => {
        data.map(fun).mkString("<ul>\n", "", "</ul>\n")
      }

      // 引数が関数の高階関数
      val funOL = (fun: List[Any] => String, data: List[List[Any]]) => {
        data.map(fun).mkString("<ol>\n", "", "</ol>\n")
      }

      println(funUL(funLI, kisyou))
      println(funOL(funLI, kisyou))
  }

  test1()
  test2()
}
```

5.3 いろいろな高階関数　91

出力結果

```
<table border="1">
 <tr>
  <th>地域</th>
  <th>最高気温</th>
  <th>最低気温</th>
  <th>降水日数</th>
 </tr>
 <tr>
  <td>札幌</td>
  <td>12.3</td>
  <td>10.6</td>
  <td>3</td>
 </tr>
 <tr>
  <td>東京</td>
  <td>18.6</td>
  <td>11.3</td>
  <td>18</td>
 </tr>
 <tr>
  <td>大阪</td>
  <td>23.0</td>
  <td>14.5</td>
  <td>12</td>
 </tr>
 <tr>
  <td>福岡</td>
  <td>20.1</td>
  <td>15.2</td>
  <td>15</td>
 </tr>
</table>

<ul>
  <li>札幌　12.3　10.6　3</li>
  <li>東京　18.6　11.3　18</li>
  <li>大阪　23.0　14.5　12</li>
  <li>福岡　20.1　15.2　15</li>
</ul>

<ol>
  <li>札幌　12.3　10.6　3</li>
  <li>東京　18.6　11.3　18</li>
  <li>大阪　23.0　14.5　12</li>
  <li>福岡　20.1　15.2　15</li>
```

```
</ol>
```

　出力結果では、HTML タグを用いて、テーブル（表）、箇条書き、段落番号付きの箇条書きといった三つのパターンで気象データを出力しています。テーブルは table, tr, th, td による三重構造で、箇条書きと段落番号付きは、ul, li または ol, li による二重構造です。

　図5-5, 5-6, 5-7 は、出力された HTML コードを使い、試しにホームページを作成してみた結果です。線や間隔などの細部はスタイルを追加していますが、HTML ソースの body タグの内容である情報の本体部分は、このプログラムの出力結果をそのまま用いています。

地域	最高気温	最低気温	降水日数
札幌	12.3	10.6	7
東京	18.6	11.3	18
大阪	23.0	14.5	12
福岡	20.1	15.2	10

図 5-5　出力された HTML をもとにしたホームページ（TABLE タグ）

- 札幌 12.3 10.6 7
- 東京 18.6 11.3 18
- 大阪 23.0 14.5 12
- 福岡 20.1 15.2 10

図 5-6　出力された HTML をもとにしたホームページ（UL タグ）

1. 札幌 12.3 10.6 7
2. 東京 18.6 11.3 18
3. 大阪 23.0 14.5 12
4. 福岡 20.1 15.2 10

図 5-7　出力された HTML をもとにしたホームページ（OL タグ）

　test1 メソッドでは、テーブル構造は table タグを使った次のようなパターンになっており、一段目が table、二段目が tr、三段目が th あるいは td の三段構造です。

5.3　いろいろな高階関数　　93

```
<table>
  <tr>
    <th> </th>
     :
  </tr>
  <tr>
    <td> </td>
     :
  </tr>
  <tr>
    <td> </td>
     :
  </tr>
</table>
```

この処理の末端ともいえるのが、td および th タグ部分を作成する funTD 関数と funTH 関数です。これらは、mkString(開始文字列, 区切り文字列, 終了文字列) メソッドを用いて、引数 record のリストに対し、開始、終了、区切り文字によって連結した文字列を作成します。例えば次の処理のように文字列が作成されます。

式: List(1,2,3). mkString("<td>", "</td>¥n<td>", "</td>")

結果: "<td>1</td>¥n<td>2</td>¥n<td>3</td>"

```
val funTD = (record: List[Any]) => {
  record.mkString("  <td>", "</td>¥n  <td>", "</td>¥n")
}

val funTH = (record: List[Any]) => {
  record.mkString("  <th>", "</th>¥n  <th>", "</th>¥n")
}
```

次の処理は、tr タグを作成する funTR 関数です。これは高階関数であり、引数 fun は、先ほどの funTD や funTH 関数を受け取ります。引数 data は、気象データを受け取ります。

最後は table タグを作成する funTABLE 関数です。この中から funTR を二回呼び出しています。一回目が引数 midashi の見出しリストを渡して見出し行を作成し、二回目が引数 data の気象データを渡してテーブルのデータ行を作成します。funTR 関数

94 第 5 章 高階関数

の呼び出しで**tr**タグを構築しますが、その見出し行とデータ行の中身は、それぞれ**th**タグと**td**タグによって構築するので、**funTH**関数と**funTD**関数を使い分けて渡しています。つまり、どのデータをどの関数で処理するかを、高階関数の引数に渡すことで指示しています。

```
val funTR = (fun: List[Any] => String, data: List[List[Any]]) => {
  data.map(fun).mkString(" <tr>¥n", " </tr>¥n <tr>¥n", " </tr>¥n")
}

val funTABLE = (midasi: List[List[Any]], data: List[List[Any]]) => {
  "<table border=¥"1¥">¥n" +
    funTR(funTH, midasi) +
    funTR(funTD, data) +
  "</table>¥n"
}

println(funTABLE(midasi, kisyou))
```

test2 メソッドでも、同様のやり方をしています。今度は二段構造なのでテーブルよりも簡単です。まず末端の **li** タグを **funLI** によって構築します。

```
val funLI = (record: List[Any]) => {
  record.mkString("  <li>", " ", "</li>¥n")
}
```

箇条書きの **ul** タグ、段落番号付きの **ol** タグは **funUL**, **funOL** 関数で構築します。**ul** も **ol** もその中は **li** タグなので、**funLI** を両方の高階関数で共用しています。

```
val funUL = (fun: List[Any] => String, data: List[List[Any]]) => {
  data.map(fun).mkString("<ul>¥n", "", "</ul>¥n")
}

val funOL = (fun: List[Any] => String, data: List[List[Any]]) => {
  data.map(fun).mkString("<ol>¥n", "", "</ol>¥n")
}

println(funUL(funLI, kisyou))
println(funOL(funLI, kisyou))
```

5.3 いろいろな高階関数　95

❏ 関数を戻り値として返す高階関数

　今度は、反対に戻り値として関数を返すような高階関数を見てみましょう。リスト 5-6 は、西暦や和暦など様々な日付フォーマットで表示する関数を生成するプログラムです。

　日付フォーマットの機能は、Java のライブラリから SimpleDateFormat クラスを利用します。このクラスは、まず書式文字列を渡してオブジェクトを作成します。そのオブジェクトに対して format メソッドを呼び出すと、日付データを書式文字列に従ってフォーマッティングします。なお、日付データには Date クラスを用います。さらに、西暦と和暦を使い分けるために、Locale クラスのオブジェクトを用意しておきます。

　日付処理は、このように手順が煩雑なため、それらを簡潔に使用できるような仕組みを用意すれば、プログラミングが容易になります。

リスト 5-6　日付フォーマット関数を作成する高階関数

```scala
package ex.higherorder

import java.util.Locale
import java.util.Date
import java.text.SimpleDateFormat

object HigherOrder6 extends App {

  val warekiLoc = new Locale("ja", "JP", "JP")
  val seirekiLoc = new Locale("us", "EN")

  // 戻り値が関数の高階関数
  def f(fmt: String, wareki: Boolean) = {
    val df = new SimpleDateFormat(fmt, if (wareki) warekiLoc
                                       else seirekiLoc)
    // 以下の関数リテラルを返す
    (dat: Date) => df.format(dat)
  }

  val fmtS       = f("yy/M/d", false)             // 短い西暦
  val fmtL       = f("yyyy/MM/dd", false)         // 長い西暦
  val fmtDot     = f("yyyy.MM.dd", false)         // ドット区切りの西暦
  val fmtDash    = f("yyyy-MM-dd", false)         // ダッシュ区切り西暦
  val fmtTime    = f("yyyy/MM/dd HH:mm:ss", false) // 西暦と時刻
  val fmtWarekiS = f("Gy/M/d", true)              // 和暦(英字)
  val fmtWarekiL = f("GGGGyy年M月d日(E)", true)     // 和暦(漢字)
```

96　第 5 章 高階関数

```
    val fmtSeirekiL  = f("yyyy年M月d日", false)          // 西暦（漢字）
    val fmtWeek      = f("Gyy/M/d(E)", true)            // 和暦・曜日付き

    val d = new Date()

    println(fmtS(d))
    println(fmtL(d))
    println(fmtDot(d))
    println(fmtDash(d))
    println(fmtTime(d))
    println(fmtWarekiS(d))
    println(fmtWarekiL(d))
    println(fmtSeirekiL(d))
    println(fmtWeek(d))
}
```

出力結果
```
15/2/23
2015/02/23
2015.02.23
2015-02-23
2015/02/23 14:40:58
H27/2/23
平成27年2月23日(月)
2015年2月23日
H27/2/23(月)
```

　このプログラムの目的は、日付フォーマット機能を簡潔にかつ効率よく使用することです。煩雑な処理や、異なるフォーマットで共通する処理は、できるだけ高階関数側であらかじめ処理しておきます。高階関数 f は、引数 fmt の書式文字列と、wareki の和暦西暦フラグから SimpleDateFormat オブジェクトを初期化して df に格納します。

| fmt の内容 | "GGGGyy 年 M 月 d 日(E)" |
| wareki の内容 | true （「平成 27 年」なら true、「2015 年」なら false） |

これらで初期化処理した df を作成しておく

　この df を使って処理する関数オブジェクト「(dat:Date)=>df.format(dat)」が、高階関数 f の戻り値となり、fmtWarekiL に格納されます。これを次のような日付 d で

呼び出すと、

```
d の内容              Mon Feb 23 14:40:58 JST 2015
fmtWarekiL(d)の結果   平成 27 年 2 月 23 日(月)
```

となり、日付フォーマットされた文字列「"平成 27 年 2 月 23 日(月)"」が得られます。今回の高階関数では、図 5-8 のように特定の書式(引数 `fmt, wareki`)を与えると、高階関数はその書式で日付文字列を作るための「専用の」関数オブジェクトを生成します。

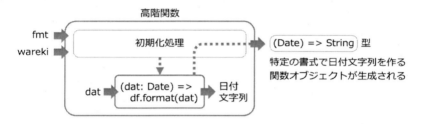

図 5-8　高階関数が特定の処理を行う関数を返す

生成された関数オブジェクトは、図 5-9 のように、すでに日付処理に関わる必要な初期化を終えており `df.format(dat)` という最小限の処理内容です。呼び出す際は `fmtWarekiL(d)` というように、日付データの引数を渡すだけで、特定の書式による日付文字列を得ることができます。

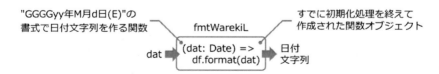

図 5-9　生成された日付フォーマット関数

以上の処理方法は、複数の日付データをループの中で毎回フォーマット化するよう

な処理に活用できます。例えば、何らかのスケジュール一覧表示などです。あるいは個人の予定表管理システム、自動録画システムの予約一覧、ログ情報の集計や表示システム、商品販売における売上集計や統計システム、カレンダーソフトなど、いろいろ考えられます。そういった処理で `fmtWarekiL` 関数を使う場合、日付フォーマットに要する初期化はすでに処理済みであり、ループの中で用いる `fmtWarekiL(d)` の呼び出しでは、必要最低限の処理 `df.format()` だけが実行されるので、簡潔かつ冗長な処理を避けた効率の良い処理になります。

Scala のメリット　関数の生成

　高階関数が関数オブジェクトを戻り値として返せるという性質を利用し、あらかじめ初期化処理を済ませておき、必要最低限の引数と処理内容の関数を生成することができます。
　Scala ではこの機能を用いて、引数や処理効率を最適化した関数をあらかじめ生成しておき、例えばそれを繰り返し構造の中で使用すれば、効率よく処理できます。このように高階関数を活用して、処理効率で戦略性のあるプログラムデザインができます。なお、関数オブジェクトを返す高階関数の発展形として、次章の「クロージャ」があります。

5.3　いろいろな高階関数　99

第6章
クロージャ

　クロージャは、関数型言語の代表的な機能です。クロージャは形がとらえにくいものですが、高階関数と同様に関数型の基盤要素です。プログラムで作った関数の中からあたりまえのように自由に変数が参照できるのは、このクロージャが実現されているからでもあります。「関数オブジェクト」、「変数」の実体に注目しながら理解していきましょう。

6.1 クロージャと環境

☐ 変数スコープ

　クロージャ（closure）は、関数オブジェクトに外部の変数を付加したような状態を指します。クロージャの理解では変数のスコープと存続がポイントとなります。
　リスト 6-1 は、何らかの予定を表す日付データを、任意の日付フォーマットに加工して出力するプログラムです。出力結果には一件ずつ連番（1, 2, 3, …）を付加します。なお、hyouji メソッドが呼び出されたことがわかるように println で出力を行っています。

リスト6-1　日付データ処理プログラム

```
package ex.closure

import java.util.Locale
import java.text.SimpleDateFormat

object Closure extends App {

  val yotei = List("2016/01/23", "2016/01/27", "2016/02/02",
```

100　第 6 章 クロージャ

```
                     "2016/02/14", "2016/02/18")
  var count = 0

  def hyouji(s: String, fmt: String, wareki: Boolean) {
     println("------ hyoujiの呼び出し")
     val inFmt = new SimpleDateFormat("yyyy/MM/dd")
     val outFmt = new SimpleDateFormat(fmt,
         if (wareki) new Locale("ja", "JP", "JP") else Locale.ENGLISH)
     count += 1
     println(count + " " + outFmt.format(inFmt.parse(s)))
  }

  def test1() {
     println("¥n=== 予定の表示1 ===¥n")
     yotei.map(s => hyouji(s, "yyyy.M.d(E)", false))
  }

  def test2() {
     println("¥n=== 予定の表示2 ===¥n")
     count = 0                                    //  カウンタをリセット
     yotei.map(s => hyouji(s, "Gyy.M.d(E)", true))
  }

  test1()
  test2()
}
```

出力結果

```
=== 予定の表示1 ===

------ hyoujiの呼び出し
1 2016.1.23(Sat)
------ hyoujiの呼び出し
2 2016.1.27(Wed)
------ hyoujiの呼び出し
3 2016.2.2(Tue)
------ hyoujiの呼び出し
4 2016.2.14(Sun)
------ hyoujiの呼び出し
5 2016.2.18(Thu)

=== 予定の表示2 ===

------ hyoujiの呼び出し
1 H28.1.23(土)
------ hyoujiの呼び出し
```

6.1 クロージャと環境　101

```
2 H28.1.27(水)
------ hyoujiの呼び出し
3 H28.2.2(火)
------ hyoujiの呼び出し
4 H28.2.14(日)
------ hyoujiの呼び出し
5 H28.2.18(木)
```

　予定の出力は二通りの日付フォーマットで行います。「"yyyy.M.d(E)",西暦」と「"Gyy.M.d(E)",和暦」です。まず「"2016/01/23"」といった文字列データ(String型オブジェクト)を、日付型データ(Date型オブジェクト)に変換する必要があります。この変換処理では、図 6-1 のように、文字列を日付として読み込むために、入力フォーマット「"yyyy/MM/dd"」が格納された変数 inFmt を用いて読み取り(parse)ます。

図 6-1　日付データの変換処理

　日付型データに変換されれば、日付情報(年月日時分秒曜日)として様々に扱うことができます。これを、出力フォーマットが格納された変数 outFmt を用いて出力(format)します。
　ここで、変数スコープについて注目してみましょう。スコープとは、変数が参照できる(見える)範囲であり、変数宣言の場所と、どこから参照するかによって決定します。つまり、見える場所と見えない場所が存在します。
　図 6-2 は、本プログラムにおける変数スコープを表したものです。変数 yotei および count は、object(あるいは class)の直下で宣言されたフィールド(変数)であり、オブジェクト内のすべての場所から参照できます。

一方、hyouji メソッド内で宣言された inFmt および outFmt は、ローカル変数と呼び、メソッド内（厳密には宣言されたブロック{}内）でのみ参照できます。このように、ローカル変数はスコープの範囲が限られており、スコープの外からは参照できません。

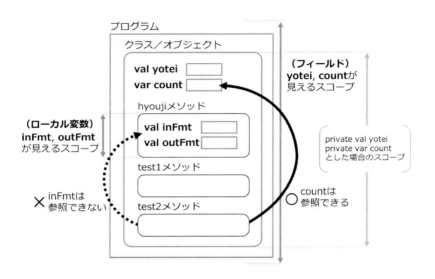

図 6-2　変数のスコープ

　例えば test2 メソッドからは、変数 count は参照できますが、hyouji メソッド内の inFmt は参照できずエラーになります。変数以外でも、メソッドやクラス／オブジェクトにもスコープがあります。

　ある変数スコープの外では、その変数は存在しないのと同じです。もしスコープ外の変数を参照すると、「Not found（見つからない）」という文法エラーになります。もしその変数を使いたければ、クラス／オブジェクトの直下にフィールドとして宣言すれば、複数のメソッドからも参照でき、共有可能になります。

　メソッド内のローカル変数は、メソッドの処理が終了すると（あるいは宣言されたブロック{}から抜け出すと）もはや参照できなくなります。つまり、その変数は消滅したことになります。このように、変数には存在寿命のようなものがあります。処理をするときだけ一時的に存在し、終わったら消えるというのは、実はとてもプログラミングしやすく、また、

バグを発生させない効果があります。どこからでもいつでも値が変更可能な変数のほうが、デバッグ時のチェックが大変になります。

このプログラムの出力結果では、予定が一件ずつ出力されるたびに連番が付けられていますが、これはフィールド count の値です。もし hyouji 内に count を宣言しておくと、hyouji の一回の呼び出し後に count は消滅してしまうので、1, 2, 3 というように値の記憶によって成立する更新処理ができません。そこで、フィールドとして宣言します。なお test1 で count を使用した後、test2 では、連番を付け直すために、ゼロにリセットしています。

❏ クロージャによるプログラミング

リスト 6-2 は、クロージャの機能を用いたバージョンです。出力結果をみると、「------- hyouji の呼び出し」が出力されていた部分が、「------ クロージャの呼び出し」に代わっています。もう一つ大きな違いが、変数 count がローカル変数になっていることです。

リスト 6-2　日付データ処理プログラム（クロージャバージョン）

```scala
package ex.closure

import java.util.Locale
import java.text.SimpleDateFormat

object Closure2 extends App {

  val yotei = List("2016/01/23", "2016/01/27",
                   "2016/02/02", "2016/02/14", "2016/02/18")

  def hyouji(fmt: String, wareki: Boolean) = {
    println("------ hyoujiの呼び出し")
    val inFmt = new SimpleDateFormat("yyyy/MM/dd")
    val outFmt = new SimpleDateFormat(fmt,
        if (wareki) new Locale("ja", "JP", "JP") else Locale.ENGLISH)
    var count = 0
    // 以下のクロージャを返す
    (s: String) => {
      println("------ クロージャの呼び出し")
      count += 1
      println(count + " " + outFmt.format(inFmt.parse(s)))
    }
```

104　第 6 章　クロージャ

```
  }

  val hyouji1 = hyouji("yyyy.M.d(E)", false)
  val hyouji2 = hyouji("Gyy.M.d(E)", true)

  def test1() {
    println("¥n=== 予定の表示1 ===¥n")
    yotei.map(s => hyouji1(s))
  }

  def test2() {
    println("¥n=== 予定の表示2 ===¥n")
    yotei.map(s => hyouji2(s))
  }

  test1()
  test2()
}
```

出力結果

```
------ hyoujiの呼び出し
------ hyoujiの呼び出し

=== 予定の表示1 ===

------ クロージャの呼び出し
1 2016.1.23(Sat)
------ クロージャの呼び出し
2 2016.1.27(Wed)
------ クロージャの呼び出し
3 2016.2.2(Tue)
------ クロージャの呼び出し
4 2016.2.14(Sun)
------ クロージャの呼び出し
5 2016.2.18(Thu)

=== 予定の表示2 ===

------ クロージャの呼び出し
1 H28.1.23(土)
------ クロージャの呼び出し
2 H28.1.27(水)
------ クロージャの呼び出し
3 H28.2.2(火)
------ クロージャの呼び出し
4 H28.2.14(日)
```

6.1 クロージャと環境　105

```
------ クロージャの呼び出し
5 H28.2.18(木)
```

hyoujiメソッドを見てみると、最後の式が「(…) => {…}」という関数リテラルです。これは、図6-3のように、関数オブジェクトを返す高階関数の機能です。

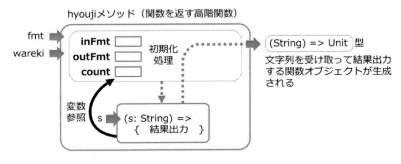

図6-3　関数オブジェクトを返すhyoujiメソッド

高階関数hyoujiから返される関数オブジェクトを、変数hyouji1とhyouji2に格納しています。hyoujiメソッドの引数は、日付書式文字列fmtと和暦フラグwarekiの二つです。hyoujiの引数リストからは、予定データを与えていた引数sがなくなっています。

```
val hyouji1 = hyouji("yyyy.M.d(E)", false)
val hyouji2 = hyouji("Gyy.M.d(E)", true)
```

hyoujiメソッドが呼ばれるときは、inFmt, outFmtなどの日付フォーマットデータの構築と、countのゼロによる初期化が行われます。最後は関数オブジェクトが生成され返されますが、生成された関数内容はまだ実行されません。hyoujiメソッドの呼び出しが終了すると、ローカル変数inFmt, outFmt, countは、スコープから抜けたので消滅します。そして、hyoujiメソッドの役目は終わったので、もう呼び出しません。

今度は、生成された関数オブジェクトhyouji1, hyouji2について見てみましょう。これらの変数に格納されているものがクロージャです。test1, test2では、

hyouji1(s)というように、変数 yotei から map によって参照する個々のリスト要素「s」のみを引数に渡しています。また、test2 メソッドでは count をゼロに初期化し直す必要がありません。

```
yotei.map(s => hyouji1(s))
yotei.map(s => hyouji2(s))
```

hyouji メソッドを呼び出し終えたとき、そのローカル変数である inFmt, outFmt, count は消滅しているはずです。しかしながら、それらの情報を用いた処理を行っています。

この状況は図 6-4 のように説明できます。hyouji1, hyouji2 はそれぞれ関数オブジェクトであり、変数 inFmt, outFmt, count は、それぞれ異なる実体として、各関数オブジェクトから参照できるところにまだ生存しており、ちょうど、関数オブジェクトに変数がくっついている様子と考えてもいいでしょう。また、hyouji1, hyouji2 は map によって何度か呼び出されていますが、その間 count の値は保持し続けています。つまり、これらの変数は関数オブジェクトの呼び出しが終了しても、存在し続けています。

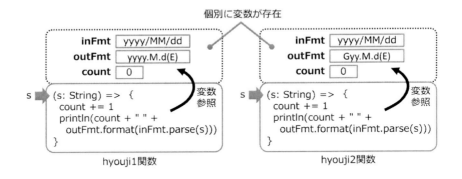

図 6-4　関数オブジェクトごとに存在する変数

これらの特殊な変数の性質をまとめると、以下のようになります。

- 生成したクロージャごとに独立して存在している変数である。

- スコープから外れても存在し続ける。
- 関数呼び出しが終わっても存在し続ける。

❏ 関数オブジェクト ＋ 環境 ＝ クロージャ

　クロージャの使用によって、値の存続が特別な変数が出現しましたが、もともとこれらの変数は、関数オブジェクト内で宣言された変数や引数ではなく、関数の外の変数です。このように関数外部の変数のことを自由変数（`free variable`）と呼び、関数内で型宣言されている変数や引数のほうを束縛変数（`bound variable`）と呼びます。

　自由変数を含む関数リテラルを「開いた項」といい、関数の外の変数に依存している状態を意味します。この状態に対し、自由変数にそのときの値を設定（束縛）して関数リテラルに付加すると、「閉じた項」となり、外の変数に依存しない独立した状態になります。この状態がクロージャです。クロージャは自分が定義（生成）された時点のスコープ（静的スコープ、レキシカルスコープ）の変数内容を参照して処理します。

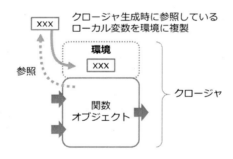

図 6-5　クロージャの生成状態

　値を束縛した自由変数を「環境」と呼びます。本書では環境のことを、中に変数が存在する領域とみなします。`hyouji1` と `hyouji2` とでは、異なる環境が個別に生成されます。つまり、クロージャは個別の環境を加えた関数オブジェクトです（図 6-5）。

　クロージャを使ったプログラム例をもう一つ見てみましょう。リスト 6-3 は、円の面積を計算するプログラムです。半径を受け取って面積計算を行うクロージャを生成し、それを呼び出して計算します。

リスト6-3　円の面積計算（クロージャ使用）

```
package ex.closure

object Closure3 extends App {

  def menseki(v: Double) = {
    val pi = v
    (r: Double) => {
      r * r * pi
    }
  }

  def test1() {
    println("¥n=== 円の面積(πの精度:3) ===¥n")
    val f1 = menseki(3)
    println(f1(2))
    println(f1(3))
    println(f1(4))
  }

  def test2() {
    println("¥n=== 円の面積(πの精度:3.141592) ===¥n")
    val f2 = menseki(3.141592)
    println(f2(2))
    println(f2(3))
    println(f2(4))
  }

  test1()
  test2()
}
```

出力結果

```
=== 円の面積(πの精度:3) ===

12.0
27.0
48.0

=== 円の面積(πの精度:3.141592) ===

12.566368
28.274328
50.265472
```

　test1 で menseki メソッドの引数に円周率「3」を与えると、その値を用いて円の面

6.1　クロージャと環境　　109

積計算を行うクロージャが生成され、これを変数 `f1` に格納します。このクロージャを呼び出して半径が 2, 3, 4 の円の面積をそれぞれ求めます。このとき円周率は「3」で計算されます。

`test2` では、円周率の精度を高めて「3.141592」でクロージャを生成します。`test1` と同じ半径ですが、円周率は「3.141592」で計算されており、精度の高い結果が得られます。

クロージャ `f1`, `f2` の環境内にある変数は `pi` です。`f1` と `f2` では異なる環境を持っているので、それぞれ「3」と「3.141592」が保存されており、同じ処理内容の関数オブジェクトでも、異なる計算ができるのです。この変数 `pi` のゆくえを、図 6-6 に表します。

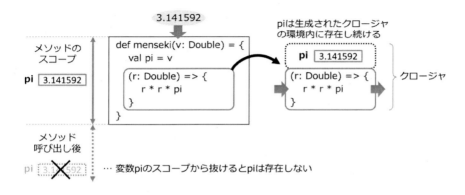

図 6-6　クロージャの生成と環境への変数保存

例えば「`f2 = menseki(3.141592)`」を実行すると、`menseki` メソッドが呼び出されている間だけローカル変数 `pi` は存在しています。次に「`f2(2)`」でクロージャ関数が呼び出されると、その環境内に保存されている `pi` のコピーである `3.141592` が使用されます。

また、この `f2` の関数オブジェクトがなくならない限り、`f2` は何度も呼び出すことができ、環境内の `pi` が使用できます。つまり、クロージャでは、関数オブジェクトが存在する限り、環境も存在し続ける一心同体の仕組みというわけです。

クロージャによって、関数オブジェクトへの状態保存が可能になります。別の考え方をするならば、環境とは、追加された特殊な隠れた引数であり、引数に値が渡されると

きは、関数呼び出し時ではなく、クロージャ生成時であるような仕組みと考えることもできます。環境は静的スコープ（実行時でなく生成時のスコープ）での変数です。

　また、クラス／オブジェクトの直下で宣言されたフィールドは、関数オブジェクト内の束縛変数ではなく、クロージャの環境としての領域に保存されるものでもありません。自由変数とみなすことはできますが、単なるフィールドとして、クラス／オブジェクト内のメソッドから参照できる普通の変数と考えたほうが自然です。

　フィールド以外の変数、つまりローカル変数や引数であり、かつ、クロージャのもととなる関数リテラルから参照している変数が、環境内にコピーされます。環境の実体はクロージャ生成時に関数オブジェクト内に作られ、オブジェクトのフィールドとして存続します。

　もし、環境にコピーされるものがフィールドを含むような（AnyRef を継承する）オブジェクトだった場合、変数が環境にコピーされるというのは、オブジェクトへの「参照」だけが環境の変数にコピーされることを指します。よって、両者の変数が指し示すオブジェクト本体は同一のオブジェクトなので、片方のオブジェクトのフィールド内容を変更すると、他方でも変わります。なお、ローカル変数はスコープ外に出るとともに消滅しますが、変数内容のオブジェクトは、それが他の変数によっても参照されていれば消滅（ガベージコレクタによる回収）しません。クロージャの場合、環境内の変数から参照されているので消滅しません。

Scala のメリット　状態保存ができるクロージャ

　Scala のクロージャによって、関数オブジェクトに状態を保存することができます。クロージャは、「関数オブジェクト」＋「環境」であり、環境には、クロージャが生成されたときのローカル変数がそのときの状態で保存されます。そして、クロージャの呼び出しでは、情報を引数として与えなくても環境内の変数を参照できるので、シンプルな呼び出しとなり、簡潔な記述につながります。さらに、クロージャ呼び出しを終えた後も、環境に状態を保存し続けることが可能です。

　また、オブジェクト指向型プログラミングにおいて、状態を保存しようとするとフィールド（メンバ変数）を作る必要がありますが、クロージャでは今回のように余計なフィールドを増やす必要がなくなり、プログラムのデバッグなどでもメリットがあります。

6.1　クロージャと環境　　111

6.2 クロージャの効果

❏ 題材とするプログラム

ここでは、クロージャ機能でどのようにプログラムが改善できるのか見ていきます。そこで、図 6-7 のような、男女の血液型のデータ処理を考えます。

データから血液型別の人数構成比および男女比を集計します。出力結果は、データファイルとして保存することを想定しており、いくつかの出力フォーマットによって結果が生成できます。出力フォーマットは三種類用意し、プログラム中でモード 1, 2, 3 というように呼んでいます。これらに共通することは、血液型名、男女合計人数、構成比、男性比、女性比を出力項目としています。モードの違いは、出力項目の区切り文字(スペース、タブ、カンマ)の違いになります。タブ区切りやカンマ区切りならば、保存するファイル名に拡張子「.csv」を付けると、Excel で直接読み込むこともできます。

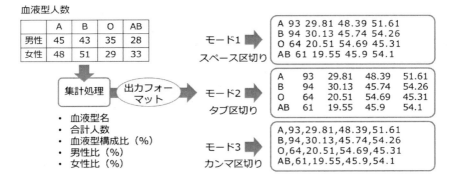

図 6-7　血液型集計プログラム

❏ バージョン(1) 〜 オーソドックスなプログラミング

リスト 6-4 は、オーソドックスな手続き型処理であり、クロージャは使用していません。

リスト6-4　血液型集計プログラム

```scala
package ex.closure

object Closure4 extends App {

  val btp   = Array("A", "B", "O", "AB")     // 血液型
  val ma    = Array(45, 43, 35, 28)          // 男性人数
  val fe    = Array(48, 51, 29, 33)          // 女性人数
  val sum   = new Array[Int](4)              // 合計人数
  val r     = new Array[Double](4)           // 血液型構成比(%)
  val mr    = new Array[Double](4)           // 男女比(%)

  def total() = {
    var t = 0
    for (i <- 0 to 3) {
      sum(i) = ma(i) + fe(i)
      t += sum(i)
    }
    t
  }

  def calc() {
    val n = total()
    val percent = (x:Double) => BigDecimal(x * 100)
                  .setScale(2, BigDecimal.RoundingMode.HALF_UP).toDouble
    for (j <- 0 to 3) {
      r(j) = percent(sum(j).toDouble / n)
      mr(j) = percent(ma(j).toDouble / sum(j))
    }
  }

  def output(sw: Int) = {
    var s = ""
    for (k <- 0 to 3) {
      if (sw == 1)
        s += btp(k)+" "+sum(k)+" "+r(k)+" "+mr(k)+" "+(100-mr(k))+"\n"
      else if (sw == 2)
        s += btp(k)+"\t"+sum(k)+"\t"+r(k)+"\t"+mr(k)+"\t"+(100-
mr(k))+"\n"
      else
        s += btp(k)+","+sum(k)+","+r(k)+","+mr(k)+","+(100-mr(k))+"\n"
    }
    s
  }

  calc()
  println(output(1))     // モード1: スペース区切り
```

6.2　クロージャの効果　113

```
  println(output(2))     // モード2：タブ区切り（Excel直接読み込み可）
  println(output(3))     // モード3：カンマ区切り（Excel直接読み込み可）
}
```

出力結果

```
A 93 29.81 48.39 51.61
B 94 30.13 45.74 54.26
O 64 20.51 54.69 45.31
AB 61 19.55 45.9 54.1

A      93      29.81   48.39   51.61
B      94      30.13   45.74   54.26
O      64      20.51   54.69   45.31
AB     61      19.55   45.9    54.1

A,93,29.81,48.39,51.61
B,94,30.13,45.74,54.26
O,64,20.51,54.69,45.31
AB,61,19.55,45.9,54.1
```

　　三つの出力結果は、スペース区切り、タブ区切り、カンマ区切り（CSV 形式）によるものです。各データ行は、血液型名、男女合計人数、構成比、男性比、女性比です。これらの比はパーセント値の小数点以下 2 桁の精度に四捨五入されています。

　　フィールドとして、入力データ用の btp（血液型）、ma（男性人数）、fe（女性人数）などは配列であり、各要素が各血液型に対応（要素 0 は A 型、要素 1 は B 型…）しています。なお、実際には入力データはファイルなどから読み込むのが一般的です。配列変数 sum（合計人数）、r（血液型構成比%）、mr（男女比%、男性の比）は、作業用の変数ですが、複数のメソッドから参照するために、ローカル変数にできずフィールドで宣言してあります。

　　total メソッドは、血液型ごとの sum（合計人数）を計算し、全人数を返します。calc メソッドは、全人数と sum を用いて r（血液型構成比%）を計算します。同時に sum と ma（男性人数）をもとに、mr（男女比%、男性の比）も計算します。整数どうしの割り算では結果が切り捨てられるので、toDouble によって片方を実数にしてから割り算をしています。また、percent 関数は小数点以下 2 桁で四捨五入します。

　　output メソッドは、引数に出力モードの 1～3 を受け取り、出力テキストを生成します。文字列を+演算子によって結合していますが、Javaでは、+による大量の文字列連結は非効率です。その際は StringBuilder クラスを用いるのが速いとされています

114　第 6 章 クロージャ

が、本プログラムをコンパイルすると、実際には+連結は、自動的にStringBuilderクラスのappendメソッドに置き換えられていました。これはScalaの優れた最適化機能です。

❏ バージョン(2) ～ プログラムコードの削減を重視

リスト6-5も、クロージャは使用していませんが、ソースコードの行数を少なくするように書き直しています。大きなポイントは、total, calc, output の三つのメソッドを一つに合わせ、ループ処理を統合するなどして、行数を減らしています。

リスト6-5　血液型集計プログラム（コード削減バージョン）

```scala
package ex.closure

object Closure5 extends App {

  val btp   = Array("A", "B", "O", "AB")   // 血液型
  val ma    = Array(45, 43, 35, 28)        // 男性人数
  val fe    = Array(48, 51, 29, 33)        // 女性人数

  def output(sw: Int) = {
    val sum   = new Array[Int](4)          // 合計人数
    val r     = new Array[Double](4)       // 血液型構成比(%)
    val mr    = new Array[Double](4)       // 男女比(%)
    var n = 0
    for (i <- 0 to 3) {
      sum(i) = ma(i) + fe(i)
      n += sum(i)
    }
    var s = ""
    for (k <- 0 to 3) {
      val percent = (x:Double) => BigDecimal(x * 100)
                .setScale(2, BigDecimal.RoundingMode.HALF_UP).toDouble
      r(k) = percent(sum(k).toDouble / n)
      mr(k) = percent(ma(k).toDouble / sum(k))
      if (sw == 1)
        s += btp(k)+" "+sum(k)+" "+r(k)+" "+mr(k)+" "+(100-mr(k))+"¥n"
      else if (sw == 2)
        s += btp(k)+"¥t"+sum(k)+"¥t"+r(k)+"¥t"+mr(k)+"¥t"+
                                              (100-mr(k))+"¥n"
      else
        s += btp(k)+","+sum(k)+","+r(k)+","+mr(k)+","+(100-mr(k))+"¥n"
    }
```

6.2 クロージャの効果　115

```
    s
  }

  println(output(1))    // 画面表示用
  println(output(2))    // ファイル出力用(スペース区切り)
  println(output(3))    // ファイル出力用(カンマ区切り、Excel読み込み可)
}
```

出力結果

```
A 93 29.81 48.39 51.61
B 94 30.13 45.74 54.26
O 64 20.51 54.69 45.31
AB 61 19.55 45.9 54.1

A     93     29.81     48.39     51.61
B     94     30.13     45.74     54.26
O     64     20.51     54.69     45.31
AB    61     19.55     45.9      54.1

A,93,29.81,48.39,51.61
B,94,30.13,45.74,54.26
O,64,20.51,54.69,45.31
AB,61,19.55,45.9,54.1
```

　メソッドは output 一つに集約され、その効果として作業変数 sum(合計人数)、r(血液型構成比%)、mr(男女比%、男性の比)をフィールドから除き、output のローカル変数にできたので、デバッグの観点からも望ましいスタイルになりました。

　ただし、メソッド集約のデメリットとして、計算処理と出力処理を切り離せないため、余計な計算が生じることがあります。画面表示とさらにファイル出力というように、集計結果を異なるフォーマットで出力するようなケースだと、計算処理は一回、出力処理は複数回となるので、処理の分離が望ましいのですが、計算処理と出力処理を分離すると、使い勝手はよくてもフィールドが増えてしまいます。

❑ バージョン(3) 〜 クロージャを用いたバージョン

　リスト 6-6 は、出力処理部分をクロージャとして分離したバージョンです。

リスト 6-6　血液型集計プログラム(クロージャバージョン)

```
package ex.closure
```

116　第 6 章 クロージャ

```
object Closure6 extends App {

  val btp   = Array("A", "B", "O", "AB")    // 血液型
  val ma    = Array(45, 43, 35, 28)         // 男性人数
  val fe    = Array(48, 51, 29, 33)         // 女性人数

  def output() = {
    val sum   = new Array[Int](4)           // 合計人数
    val r     = new Array[Double](4)        // 血液型構成比(%)
    val mr    = new Array[Double](4)        // 男女比(%)
    var n = 0
    for (i <- 0 to 3) {
      sum(i) = ma(i) + fe(i)
      n += sum(i)
    }
    for (j <- 0 to 3) {
      val percent = (x:Double) => BigDecimal(x * 100)
              .setScale(2, BigDecimal.RoundingMode.HALF_UP).toDouble
      r(j) = percent(sum(j).toDouble / n)
      mr(j) = percent(ma(j).toDouble / sum(j))
    }
    (sw: Int) => {                          // クロージャの生成
      var s = ""
      for (k <- 0 to 3) {
        if (sw == 1)
          s += btp(k)+" "+sum(k)+" "+r(k)+" "+mr(k)+" "+(100-mr(k))+"¥n"
        else if (sw == 2)
          s += btp(k)+"¥t"+sum(k)+"¥t"+r(k)+"¥t"+mr(k)+"¥t"+
                                       (100-mr(k))+"¥n"
        else
          s += btp(k)+","+sum(k)+","+r(k)+","+mr(k)+","+(100-mr(k))+"¥n"
      }
      s
    }
  }

  val f = output()
  println(f(1))     // 画面表示用
  println(f(2))     // ファイル出力用（スペース区切り）
  println(f(3))     // ファイル出力用（カンマ区切り、Excel読み込み可）
}
```

出力結果

```
A 93 29.81 48.39 51.61
B 94 30.13 45.74 54.26
```

6.2 クロージャの効果　117

```
O 64 20.51 54.69 45.31
AB 61 19.55 45.9 54.1

A    93    29.81    48.39    51.61
B    94    30.13    45.74    54.26
O    64    20.51    54.69    45.31
AB   61    19.55    45.9     54.1

A,93,29.81,48.39,51.61
B,94,30.13,45.74,54.26
O,64,20.51,54.69,45.31
AB,61,19.55,45.9,54.1
```

　output メソッド内の最後の関数リテラル式「(sw:Int) => {…}」がクロージャの生成です。このクロージャの引数 sw には、出力モードを指定する 1,2,3 が渡されます。関数リテラル内の束縛変数は sw, s, k であり、それらとフィールドの btp を除き、残りの自由変数 sum, r, mr はクロージャの環境に保存されるため、ローカル変数のままで済みます。

　output の呼び出しで生成されたクロージャは変数 f に格納され、f(1), f(2), f(3)のクロージャ呼び出しによって、それぞれの出力フォーマット処理が実行されます。

❏ 記述と処理効率の比較

　以上の三つを比較してみましょう。バージョン(1)のオーソドックス版は、シンプルかつ機能的にメソッドが作り分けられていますが、やや余計なフィールドがあります。バージョン(2)のコード削減重視版は、メソッドを集約して行数を少なくしフィールドも削減していますが、処理形態によって計算の重複が生じます。バージョン(3)のクロージャ版は、集約したメソッドでも、計算の重複を避け、かつフィールドも削減できました。

　比較のため、以下の記述をそれぞれのプログラムに追加して処理時間を測定します。

オーソドックス版
```
my.Util.stopWatchToLog("log.txt") {
   calc()
   output(1)
   output(2)
   output(3)
}
```

```
コード削減重視版
my.Util.stopWatchToLog("log.txt") {
    output(1)
    output(2)
    output(3)
}
```

```
クロージャ版
my.Util.stopWatchToLog("log.txt") {
    val f = output()
    f(1)
    f(2)
    f(3)
}
```

　`my.Util.stopWatchToLog("log.txt")`は、用意したユーティリティの制御構造で、`{ }`内の処理時間を測定して、ログファイル「`log.txt`」に記録します。このログファイルは、`Eclipse` のワークスペースフォルダの下のプロジェクトフォルダの直下に保存されます。

　各バージョンの測定にあたり、プログラムを 10 回実行し、記録された処理時間の平均値を求めました。この測定用制御構造の`{ }`内では、計算処理と出力フォーマット処理のみを測定するために、`println` メソッドの呼び出しを外してあります。

　表 6-1 は、これら三つのバージョンにおける処理時間、（実質的な）プログラム行数、フィールド変数の数を比較したものです。

表 6-1　クロージャによるプログラムの改善効果

	オーソドックス版	コード削減重視版	クロージャ版
処理時間 [μ 秒]（比率）	447.358 (1.00)	887.772 (1.98)	425.925 (0.95)
プログラム行数 [行]（比率）	44 (1.00)	33 (0.75)	38 (0.76)
フィールド変数 [個]（増減数）	6 (±0)	3 (-3)	3 (-3)

　まず処理時間では、コード削減重視版における重複処理の影響が見られます。これ

6.2 クロージャの効果　119

はプログラムの運用方式に左右され、場合によっては他と同程度になる可能性もあります。オーソドックス版とクロージャ版では、コンパイルされたコードでは、処理時間に影響する構造的な違いは見られず、ほぼ同じ性能とみていいと思われます。両者は、計算処理と出力処理を分けた構造なので、様々な運用形式であっても適切な処理効率が得られます。

　プログラム行数が最も少ないのは、ループ統合などを行ったコード削減重視版です。次がクロージャ版です。行数だけでなくソースコードの性質を考えると、コード削減重視版は、計算処理と出力処理が密接に結合した構造のため、重複処理の発生やプログラムの発展およびメンテナンスにおいて不利である可能性があります。一方、クロージャ版では、計算処理と出力処理は分離され、メンテナンス性も比較的良好と思われます。

　フィールドについては、オーソドックス版では、複数のメソッドから共有する変数が必要なため、余計なフィールドが増加しました。コード削減重視版とクロージャ版では、メソッド内に作業変数を置くことで増加を抑えています。作業変数は、作業ごとに異なる状態になるものなので、クロージャが状態を保存できるという機能を活用できます。

Scala のメリット　クロージャでプログラムを改善

　Scala のクロージャをうまく活用すれば、処理効率を最適に保ちつつ、プログラム量を減らせるメリットがあります。プログラムのメソッドやフィールドの数が増加傾向にある場合、一つのメソッドに処理をまとめることでフィールドを減らし、処理内容を初期化処理とクロージャに分離することで、処理効率とメンテナンス性が損なわれずに済みます。

　ところで、メソッド内で生成されるクロージャは、その関数オブジェクト内で親メソッドのローカル変数をあたりまえに参照できますが、実は親メソッドとクロージャは別々に呼ばれる関数単位であり、同じところに記述されていても、実行されるのは全く無関係なタイミングになります。よって、クロージャが親メソッドの変数を参照できるはずがないのですが、「環境」の仕組みによってそれが実現され、思考を妨げることなく柔軟に記述できるのは隠れたメリットです。

第 7 章
部分適用とカリー化

　部分適用とカリー化は、関数型機能としてどちらも「引数」に関する機能です。本章では、書き方、使用例、仕組みについて、さらに両者の動作の比較や実験を通じて実践的に解説していきます。これらの機能がプログラム開発においてどう役立つか、またプログラムに生ずる問題解決などについて、取り上げていきます。

7.1 部分適用

❏ 部分適用とは

　関数の部分適用（partially applied function）とは、図 7-1 のように、関数に一部の引数だけ渡しておくことで、それらを除いた引数を持つ関数を得ることです。

図 7-1　関数の部分適用

　次の fun メソッドは三辺から三角形の面積を求めるものです。「　_」を付けることでメソッドが関数オブジェクトに変換され、f に引数を三つ与えて関数呼び出しができます。

```
インタプリタ
> def fun(a: Int, b: Int, c: Int) = {
>   val s = (a + b + c) / 2.0
>   math.sqrt(s * (s - a) * (s - b) * (s - c))
> }
  fun: (a: Int, b: Int, c: Int)Double          … 普通のメソッドが作られた

> val f = fun _                                 … メソッドを関数に変換
  f: (Int, Int, Int) => Double = <function3>   … 普通の関数が作られた

> val m = f(3, 4, 5)                            … 普通の関数呼び出し
  m: Double = 6.0                               … 計算結果が返された
```

　次は、部分適用された関数の作成です。fun メソッドに対して、引数 b だけに「4」を
渡し、引数 a と c には値を与えずに「_: Int」という引数宣言を記述します。すると、引
数 b だけが部分適用された f 関数が作られます。そして、f 関数の呼び出しは、残りの
引数 a と c の二つを与えるだけで呼び出すことができます。「_」は、プレースホルダー
と呼ばれ、引数名を書く代わりに省略形として使えます。

```
インタプリタ
> val f = fun(_: Int, 4, _: Int)               … 部分適用された関数を作成
  f: (Int, Int) => Double = <function2>

> val m = f(3, 5)                               … 部分適用された関数の呼び出し
  m: Double = 6.0
```

❑ 部分適用の比較プログラム

　リスト 7-1 は、普通の関数と部分適用された関数を比較するプログラムです。部分適
用の対象となる kingaku メソッドは、単価、数量、消費税率、値引き率の四つの引数を
受け取り、販売金額を計算して toInt メソッドによって整数値に切り捨てて返します。

リスト 7-1　部分適用の比較プログラム

```
package ex.partiallyappliedfunction

object PartiallyAppliedFunction extends App {

  // 単価，数量，消費税率，値引き率から販売金額を計算する
  def kingaku(tanka:Int, suuryou:Int, syouhizei:Double, nebiki:Double)={
```

122　第 7 章 部分適用とカリー化

```
    (tanka * (1.0 - nebiki) * suuryou * (1.0 + syouhizei)).toInt
}

def test1() {
  println("¥n=== 普通の関数呼び出しによる計算 ======¥n")
  val k1 = kingaku(1000, 6, 0.08, 0.0)
  val k2 = kingaku(1300, 5, 0.08, 0.2)
  printf("金額1 = %5d円¥n", k1)
  printf("金額2 = %5d円¥n", k2)
}

def test2() {
  println("¥n=== 部分適用された関数による計算(1) ===¥n")
  val f = kingaku(_: Int, _: Int, 0.08, _: Double)
  val k1 = f(1000, 6, 0.0)
  val k2 = f(1300, 5, 0.2)
  printf("金額1 = %5d円¥n", k1)
  printf("金額2 = %5d円¥n", k2)
}

def test3() {
  println("¥n=== 部分適用された関数による計算(2) ===¥n")
  val f08 = kingaku(_: Int, _: Int, 0.08, _: Double)
  val f10 = kingaku(_: Int, _: Int, 0.10, _: Double)
  val k1 = f08(1000, 6, 0.0)
  val k2 = f08(1300, 5, 0.2)
  val k3 = f10(1000, 6, 0.0)
  val k4 = f10(1300, 5, 0.2)
  printf("金額1 = %5d円 (消費税 8%%)¥n", k1)
  printf("金額2 = %5d円 (消費税 8%%)¥n", k2)
  printf("金額3 = %5d円 (消費税 10%%)¥n", k3)
  printf("金額4 = %5d円 (消費税 10%%)¥n", k4)
}

def test4() {
  println("¥n=== 部分適用された関数による計算(3) ===¥n")
  val f = kingaku(_: Int, _: Int, 0.08, _: Double)
  val g00 = f(_: Int, _: Int, 0.0)
  val g20 = f(_: Int, _: Int, 0.2)
  val k1 = g00(1000, 6)
  val k2 = g00(1300, 5)
  val k3 = g20(1000, 6)
  val k4 = g20(1300, 5)
  printf("金額1 = %5d円 (値引きなし)¥n", k1)
  printf("金額2 = %5d円 (値引きなし)¥n", k2)
  printf("金額3 = %5d円 (2割引き)¥n", k3)
  printf("金額4 = %5d円 (2割引き)¥n", k4)
```

```
  }

  test1()
  test2()
  test3()
  test4()
}
```

まず **test1** メソッドでは、変数 **k1**, **k2** への代入は通常の関数呼び出し式です。よって右辺が評価されると **kingaku** メソッドが呼び出され、金額計算の結果が得られます。

```
    val k1 = kingaku(1000, 6, 0.08, 0.0)          … 関数呼び出し
    val k2 = kingaku(1300, 5, 0.08, 0.2)          … 関数呼び出し
```

出力結果
```
=== 普通の関数呼び出しによる計算 ======

金額1 =   6480円
金額2 =   5616円
```

□ 部分適用された関数を作る

次に **test2** メソッドですが、計算は 2 段階で行っています。まず変数 **f** への代入は、消費税率の「**0.08**」だけを与えて、他の引数にはプレースホルダー「**_**」と型指定だけで、実際の値を与えていません。これで部分適用になり、**f** には部分適用された関数オブジェクトが代入されます。

部分適用された関数は「**(Int,Int,Double)=>Int**」型であり、引数が三つに減っています。つまり「**0.08**」だけ適用され、残り引数だけからなる関数が変数 **f** へ代入されます。**kingaku** メソッドでの金額計算はまだ実行されません。

次の変数 **k1**, **k2** への代入式では、右辺の関数が呼び出されて金額計算が実行されます。このとき、消費税率の **0.08** は、部分適用によって事前に適用済みなので **f** の引数に与える必要がありません。このように、部分適用は共通する値を事前に適用した状態の関数オブジェクトを作り出し、その後の処理の記述を簡潔にすることができます。

```
    val f = kingaku(_: Int, _: Int, 0.08, _: Double)  … 部分適用
    val k1 = f(1000, 6, 0.0)                           … 関数呼び出し
```

```
    val k2 = f(1300, 5, 0.2)                    … 関数呼び出し
```

出力結果
```
=== 部分適用された関数による計算(1) ===

金額1 =   6480円
金額2 =   5616円
```

□ 部分適用された関数の利用

今度は部分適用された関数を複数作ってみましょう。**test3** メソッドでは、消費税率 **8%** で計算される関数 **f08** と **10%** で計算される **f10** を作り、計算しています。

```
    val f08 = kingaku(_: Int, _: Int, 0.08, _: Double)   … 部分適用
    val f10 = kingaku(_: Int, _: Int, 0.10, _: Double)   … 部分適用
    val k1 = f08(1000, 6, 0.0)                           … 関数呼び出し
    val k2 = f08(1300, 5, 0.2)                           … 関数呼び出し
    val k3 = f10(1000, 6, 0.0)                           … 関数呼び出し
    val k4 = f10(1300, 5, 0.2)                           … 関数呼び出し
```

出力結果
```
=== 部分適用された関数による計算(2) ===

金額1 =   6480円 (消費税  8%)
金額2 =   5616円 (消費税  8%)
金額3 =   6600円 (消費税 10%)
金額4 =   5720円 (消費税 10%)
```

また、**test4** メソッドでは、消費税率 **8%** で部分適用された関数 **f** を作り、それをもとに、さらに値引き率 **0%**, **20%** で部分適用された関数 **g00**, **g20** を作って計算しています。このように、部分適用済みの関数オブジェクトに対しても、さらに部分適用が可能です。変数 **k1**～**k4** への代入式では、引数が二個の関数呼び出しになっています。

```
    val f = kingaku(_: Int, _: Int, 0.08, _: Double)   … 部分適用
    val g00 = f(_: Int, _: Int, 0.0)                   … さらに部分適用
    val g20 = f(_: Int, _: Int, 0.2)                   … さらに部分適用
    val k1 = g00(1000, 6)                              … 関数呼び出し
```

7.1 部分適用　125

```
    val k2 = g00(1300, 5)                          … 関数呼び出し
    val k3 = g20(1000, 6)                          … 関数呼び出し
    val k4 = g20(1300, 5)                          … 関数呼び出し
```

出力結果

```
=== 部分適用された関数による計算(3) ===

金額1 =   6480円 (値引きなし)
金額2 =   7020円 (値引きなし)
金額3 =   5184円 (2割引き)
金額4 =   5616円 (2割引き)
```

❏ 部分適用での引数の評価

部分適用の過程について、インタプリタで確認してみましょう。まず kingaku メソッド
の宣言は四つの引数を受け取るメソッドとして解釈されています。次に変数 f への代入
では、三つの引数を受け取る「(Int,Int,Double)=>Int」型の関数オブジェクト
(<function3>トレイト)として評価されました。さらに、変数 g00, g20 の場合は、二つ
の引数を受け取る「(Int,Int)=>Int」型(<function2>トレイト)の関数です。

インタプリタ

```
> def kingaku(tanka:Int, suuryou:Int, syouhizei:Double, nebiki:Double)={
>    (tanka * (1.0 - nebiki) * suuryou * (1.0 + syouhizei)).toInt
> }
  kingaku: (tanka:Int, suuryou:Int, syouhizei:Double, nebiki:Double)Int

> val f = kingaku(_: Int, _: Int, 0.08, _: Double)
  f: (Int, Int, Double) => Int = <function3>

> val g00 = f(_: Int, _: Int, 0.0)
  g00: (Int, Int) => Int = <function2>

> val g20 = f(_: Int, _: Int, 0.2)
  g20: (Int, Int) => Int = <function2>
```

これらの過程では、部分適用によって作られた関数は、f, g00, g20 です。それらを
図 7-2 に示します。部分適用済みの引数の評価はいったん保留され、最終的に
kingaku メソッドが実行されるとき、つまり関数呼び出し式が評価されるときに保留とな

っていた引数も評価されます。例えば g20(1000,6)が評価されると、g20 の内部で
f(1000,6,0.0)が呼び出され、f の内部で最終的な kingaku(1000,6,0.8,0.2)
が呼び出されます。

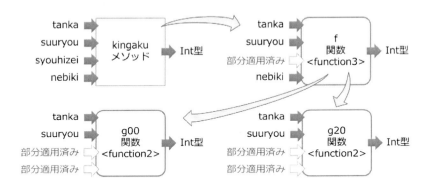

図 7-2　メソッドをもとに作成した部分適用された関数

　リスト 7-2 は、引数の評価順序を追跡するためのプログラムです。引数は数値リテラ
ルの代わりに、メソッド呼び出し式で置き換えてあり、引数が評価されると、それらメソッ
ドにより「"------ tankaFun"」というように出力される仕掛けです。

リスト 7-2　部分適用の引数評価順を調べるプログラム
```
package ex.partiallyappliedfunction

object PartiallyAppliedFunction2 extends App {

  def kingaku(tanka:Int, suuryou:Int, syouhizei:Double, nebiki:Double)={
    (tanka * (1.0 - nebiki) * suuryou * (1.0 + syouhizei)).toInt
  }

  def tankaFun() = {
    println("------ tankaFun")
    1000
  }
  def suuryouFun() = {
    println("------ suuryouFun")
    6
  }
```

```
  def syouhizeiFun() = {
    println("------ syouhizeiFun")
    0.08
  }
  def nebikiFun() = {
    println("------ nebikiFun")
    0.2
  }

  println("--- fへの代入開始")
  val f = kingaku(_: Int, _: Int, syouhizeiFun(), _: Double)

  println("--- g20への代入開始")
  val g20 = f(_: Int, _: Int, nebikiFun())

  println("--- kへの代入開始")
  val k = g20(tankaFun(), suuryouFun())

  printf("金額 = %5d円¥n", k)
}
```

出力結果

```
--- fへの代入開始        … 部分適用
--- g20への代入開始      … 部分適用
--- kへの代入開始        … ここがg20(…, …)の関数呼び出し
------ tankaFun
------ suuryouFun
------ nebikiFun
------ syouhizeiFun
金額 =  5184円
```

　出力結果を時系列に見ると、**g20** 関数の呼び出し式の評価時に、①**tanka**, ②**suuryou**, ③**nebiki**, ④**syouhizei** の順で引数が評価されています。部分適用の過程を図 7-3 に、部分適用された引数が実際に評価されるタイミングを図 7-4 に示します。

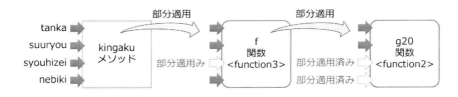

図 7-3　部分適用の過程

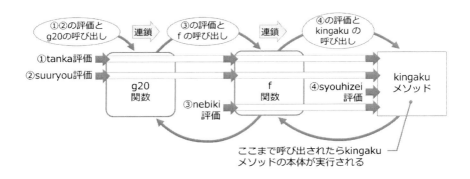

図 7-4　部分適用された関数の呼び出しチェーン

　g20 関数が呼び出されると、続いて引数 nebiki の評価、f 関数の呼び出し、引数 syouhizei の評価、kingaku メソッドの呼び出しと続きます。結論として、部分適用された最終形の呼び出し時に、連鎖的な関数呼び出しと共に引数がすべて評価されていきます。

　引数を部分適用しておくことは、引数に与えた式をまだ評価せずに関数の入口直前に待機させておき、その関数の実行とともに評価して関数の入口に入れるようなイメージです。

Scala のメリット　柔軟性の基盤 〜 部分適用

> 　Scala の部分適用では、一部の引数を適用することで関数呼び出しを分割することができます。分割して適用したすべての引数は、部分適用のときにはまだ評価されず、最終的な関数呼び出しのタイミングで評価されるという性質を持ちます。このことは、最終目的である

関数側から見ると、普通に呼ばれるのも部分適用して呼ばれるのも結果的に同じことですが、呼び出すときの引数の数が自由に調整できる柔軟な機能となります。

ソフトウェア開発においてプログラムを変更していく際、呼び出し側の都合で呼ばれる関数側を修正するのではなく、部分適用によって呼び出し方法を工夫することで他の関数を修正しなくて済むようなメリットにもなります。

7.2 カリー化

❏ カリー化とは

関数のカリー化（currying）は、複数の引数を持つ関数を、引数が一つである関数のチェーンに変換することです。図 7-5 のように、最初の引数を一つ与えると、残りの引数を受け取る関数を返し、さらにその関数に一つ引数を与えると、また残りの引数を受け取る関数を返す、といったことをすべての引数がなくなるまで行うものです。

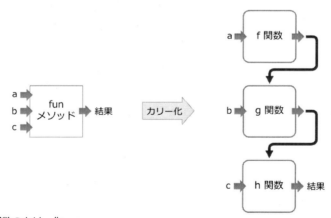

図7-5　関数のカリー化

具体的に見てみましょう。まず普通の関数の場合です。次のインタプリタ画面でのfun メソッドは三辺から三角形の面積を求めます。「 _ 」を付けることでメソッドが関数オ

ブジェクトに変換され、f を使って関数呼び出しができます。

```
インタプリタ
> def fun(a: Int, b: Int, c: Int) = {
>    val s = (a + b + c) / 2.0
>    math.sqrt(s * (s - a) * (s - b) * (s - c))
> }
  fun: (a: Int, b: Int, c: Int)Double          … 普通のメソッドが作られた

> val f = fun _                                 … メソッドを関数に変換
  f: (Int, Int, Int) => Double = <function3> … 普通の関数が作られた

> val m = f(3, 4, 5)                            … 普通の関数呼び出し
  m: Double = 6.0                               … 計算結果が返された
```

　次は、カリー化の場合です。メソッドを作るとき引数リストを分離しておいてから関数
オブジェクトに変換します。すると、カリー化されて引数一つの関数の連鎖状態が作ら
れます。関数呼び出しは、カリー化関数三回の呼び出しに分けて行うことができます。

```
インタプリタ
> def fun(a: Int)(b: Int)(c: Int) = {          … 引数リストを分離して作る
>    val s = (a + b + c) / 2.0
>    math.sqrt(s * (s - a) * (s - b) * (s - c))
> }
  fun: (a: Int)(b: Int)(c: Int)Double           … 引数リストを複数持つメソッドができた

> val f = fun _                                 … メソッドを関数に変換
  f: Int => (Int => (Int => Double)) = <function1>    … カリー化された関数

> val g = f(3)                                  … カリー化関数の呼び出し
  g: Int => (Int => Double) = <function1>     … さらにカリー化関数が返された

> val h = g(4)                                  … カリー化関数の呼び出し
  h: Int => Double = <function1>              … さらにカリー化関数が返された

> val m = h(5)                                  … 最後のカリー化関数の呼び出し
  m: Double = 6.0                               … 計算結果が返された
```

　また、カリー化関数の呼び出しは、次のようにまとめることもできます。

7.2 カリー化　131

```
インタプリタ
> val f = fun _
  f: Int => (Int => (Int => Double)) = <function1>

> val m = f(3)(4)(5)                    … カリー化関数をまとめて呼び出し
  m: Double = 6.0
```

f(3)(4)(5)は、((f(3))(4))(5)と書いても等価であり、次の連続した三回分の
関数呼び出し動作を意味しています。

- f に(3)を与えて呼び出し → 関数 α が返される
- α に(4) を与えて呼び出し → 関数 β が返される
- β に(5) を与えて呼び出し → 計算結果が返される

❏ カリー化の比較プログラム

リスト 7-3 は、カリー化の使い方を比較するプログラムです。kingakuCurried メソ
ッドは、もともと三つの引数から成る一つの引数リストを、一つの引数から成る三つの引
数リストに分離することで、カリー化に対応できるようにしています。

リスト 7-3　カリー化の比較プログラム

```
package ex.currying

object Currying extends App {

  // 複数の引数リストを持つメソッド
  def kingakuCurried(syouhizei: Double)(tanka: Int)(suuryou: Int) = {
    (tanka * suuryou * (1.0 + syouhizei)).toInt
  }

  def test1() {
    println("¥n=== 複数の引数リストを持つメソッド呼び出しによる計算 ===¥n")
    val k1 = kingakuCurried(0.08)(1000)(6)
    val k2 = kingakuCurried(0.08)(1300)(5)
    printf("金額1 = %5d円¥n", k1)
    printf("金額2 = %5d円¥n", k2)
  }

  def test2() {
```

132　第 7 章 部分適用とカリー化

```
    println("¥n=== カリー化関数呼び出しによる計算(1) ===¥n")
    val f = kingakuCurried(0.08)_
    val k1 = f(1000)(6)
    val k2 = f(1300)(5)
    printf("金額1 = %5d円¥n", k1)
    printf("金額2 = %5d円¥n", k2)
  }

  def test3() {
    println("¥n=== カリー化関数呼び出しによる計算(2) ===¥n")
    val f08 = kingakuCurried(0.08)_
    val f10 = kingakuCurried(0.10)_
    val syouhin1_08 = f08(1000)
    val syouhin2_08 = f08(1300)
    val syouhin1_10 = f10(1000)
    val syouhin2_10 = f10(1300)
    val k1 = syouhin1_08(6)
    val k2 = syouhin2_08(5)
    val k3 = syouhin1_10(6)
    val k4 = syouhin2_10(5)
    printf("金額1 = %5d円 (消費税8%%)¥n", k1)
    printf("金額2 = %5d円 (消費税8%%)¥n", k2)
    printf("金額3 = %5d円 (消費税10%%)¥n", k3)
    printf("金額4 = %5d円 (消費税10%%)¥n", k4)
  }

  test1()
  test2()
  test3()
}
```

　まず test1 メソッドですが、複数の引数リストを持つ kingakuCurried メソッドは、呼び出す際も同様に引数リストを複数与えます。この処理では、試しにすべての引数を与えています。結果は、kingakuCurried によって計算されたものが得られます。

```
    val k1 = kingakuCurried(0.08)(1000)(6)        … 関数呼び出し
    val k2 = kingakuCurried(0.08)(1300)(5)        … 関数呼び出し
```

出力結果

```
=== 複数の引数リストを持つメソッド呼び出しによる計算 ===

金額1 =  6480円
金額2 =  7020円
```

7.2 カリー化　133

しかし、この処理はカリー化として機能せず、コンパイルしたコードでは、一つの引数リストによる普通のメソッドの呼び出し「kingakuCurried(0.08, 1000, 6)」の場合と、処理の構造は変わりません。カリー化は「最初の引数を与えると、残りの引数を受け取る関数が作られる」ものですから、test1 内ではカリー化は行われていないことになります。

厳密には、kingakuCurried メソッドを作成した時点は、まだカリー化ではなく複数の引数リストに分割したメソッド定義にすぎません。関数リテラルの記述でそのような引数リスト分割ができないので、まずメソッドを用意し、それを関数オブジェクトに変換して使うわけです。

❑ カリー化した関数を作る

test2 メソッドではカリー化を行っています。kingakuCurried(0.08)は引数を一つだけ与えた式であり、これを評価すると、カリー化された最初の関数呼び出しと同時に、カリー化された残りの関数オブジェクトが作られます。末尾の「_」(引数リストの後に付ける_は空白不要)は、メソッドを関数に変換するものです。

f(1000)(6)は、残りのカリー化関数の連鎖的な呼び出しです。すでに関数化してあるので「_」は不要です。このとき、関数 f にはすでに消費税率 0.08 が与えられており、k1 への代入式では残りの単価と数量を与えるだけで済みます。

```
val f = kingakuCurried(0.08)_
val k1 = f(1000)(6)
val k2 = f(1300)(5)
```

出力結果
```
=== カリー化関数呼び出しによる計算(1) ===

金額1 =   6480円
金額2 =   7020円
```

134   第 7 章 部分適用とカリー化

❏ カリー化された関数の利用

　test3 メソッドは、すべての引数を一つずつ与えて、カリー化関数を最大限に分けて呼び出す例です。kingakuCurried メソッドは引数が三つですが、kingakuCurried(引数)→f08(引数)→syouhin1_08(引数)というように、引数一個の関数連鎖にカリー化されています。最終段階の「k1 = syouhin1_08(6)」の評価により、kingakuCurried メソッド内部の金額計算が実行されます。

```
    val f08 = kingakuCurried(0.08)_
    val f10 = kingakuCurried(0.10)_
    val syouhin1_08 = f08(1000)
    val syouhin2_08 = f08(1300)
    val syouhin1_10 = f10(1000)
    val syouhin2_10 = f10(1300)
    val k1 = syouhin1_08(6)
    val k2 = syouhin2_08(5)
    val k3 = syouhin1_10(6)
    val k4 = syouhin2_10(5)
```

出力結果

```
=== カリー化関数呼び出しによる計算(2) ===

金額1 =  6480円 (消費税8%)
金額2 =  7020円 (消費税8%)
金額3 =  6600円 (消費税10%)
金額4 =  7150円 (消費税10%)
```

❏ カリー化関数での引数の評価

　カリー化関数の呼び出し過程で、それぞれの式の型をインタプリタで確認してみましょう。まず kingakuCurried メソッドの宣言は、三つの引数リストを受け取るメソッドとして解釈されています。変数 f08 への代入では、引数を一つだけ受け取る関数オブジェクトである<function1>トレイトとして評価されました。さらに、変数 syouhin1_08 も、同様に引数を一つだけ受け取る関数オブジェクトとして評価されています。最後にsyouhin1_08(6)の評価ではカリー化は行われず、単純な式の値として評価されています。

7.2 カリー化　135

```
インタプリタ
> def kingakuCurried(syouhizei: Double)(tanka: Int)(suuryou: Int) = {
>     (tanka * suuryou * (1.0 + syouhizei)).toInt
> }
 kingakuCurried: (syouhizei: Double)(tanka: Int)(suuryou: Int)Int

> val f08 = kingakuCurried(0.08)_
 f08: Int => (Int => Int) = <function1>

> val syouhin1_08 = f08(1000)
 syouhin1_08: Int => Int = <function1>

> val k1 = syouhin1_08(6)
 k1: Int = 6480
```

　カリー化における一引数関数によるチェーンの様子をさらに見てみましょう。今度は
金額計算に値引き率も含めてみます。引数が四つなので、カリー化によって作ることの
できる関数オブジェクトは、残り引数が三つ、二つ、一つですから、全部で三つ（最初
を含めると四つ）の関数チェーンができるはずです。

　インタプリタの出力結果では、変数 f, g, h に、それらの関数オブジェクトが代入され
ています。どれも型が<function1>トレイトであり、引数を一つ受け取る関数です。な
お、引数を与える順序はもとのメソッドの引数リストと同じ順序通りである必要があります。
これは部分適用と大きく異なるところです。

```
インタプリタ
> def kingakuCurried(syouhizei:Double)(nebiki:Double)(ta:Int)(suu:Int)={
>     (ta * (1.0 - nebiki) * suu * (1.0 + syouhizei)).toInt
> }
 kingakuCurried: (syouhizei:Double)(nebiki:Double)(ta:Int)(suu:Int) Int

> val f = kingakuCurried(0.08)_
 f: Double => (Int => (Int => Int)) = <function1>

> val g = f(0.2)
 g: Int => (Int => Int) = <function1>

> val h = g(1000)
 h: Int => Int = <function1>

> val k =  h(6)
 k: Int = 5184
```

136　第 7 章 部分適用とカリー化

図7-6は、これらのカリー化関数の呼び出し過程です。引数を一つ与えては関数オブジェクトを生成していきます。引数は①②③④の順序で各関数オブジェクトを呼び出すときに評価されていきます。部分適用のときとは、呼び出し順序が逆になっています。そして、引数の評価は、部分適用のように最終段階の関数呼び出し時に自動連鎖的に行われるのではなく、カリー化関数をプログラマが一つ呼び出すごとに一つずつ評価されていきます。

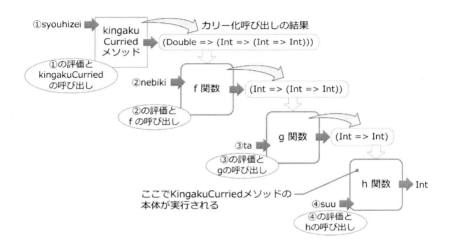

図7-6　カリー化関数呼び出しの過程

　まとめると、部分適用の引数は評価の保留、カリー化の引数は先行評価と言っていいと思います。Scalaでは別に「遅延評価」という用語がありますが、これは、式の評価をその値をはじめて参照するときまで遅延させる機能で、lazyキーワードで変数宣言します。
　リスト7-4では、カリー化による引数の評価タイミングを調べています。出力結果の引数の評価順序だけを見ると、違和感のない順序（引数リストの並び順）で処理されているのがわかります。カリー化は、同じ関数を複数箇所で使用する際、引数の値が共通する場合は、それをまとめて先行評価しておく柔軟な処理が実現できます。

リスト7-4　カリー化の引数評価順を調べるプログラム

```scala
package ex.currying

object Currying2 extends App {

  def kingaku(syouhizei: Double)(nebiki: Double)(ta: Int)(suu: Int) = {
    (ta * (1.0 - nebiki) * suu * (1.0 + syouhizei)).toInt
  }

  def tankaFun() = {
    println("------ tankaFun")
    1000
  }
  def suuryouFun() = {
    println("------ suuryouFun")
    6
  }
  def syouhizeiFun() = {
    println("------ syouhizeiFun")
    0.08
  }
  def nebikiFun() = {
    println("------ nebikiFun")
    0.2
  }

  println("--- fへの代入開始")
  val f = kingaku(syouhizeiFun())_

  println("--- g20への代入開始")
  val g20 = f(nebikiFun())

  println("--- syouhin1nebikiへの代入開始")
  val syouhin1nebiki = g20(tankaFun())

  println("--- kへの代入開始")
  val k = syouhin1nebiki(suuryouFun())

  printf("金額1 = %5d円¥n", k)
}
```

出力結果

```
--- fへの代入開始
------ syouhizeiFun
--- g20への代入開始
------ nebikiFun
```

138　第 7 章 部分適用とカリー化

```
--- syouhin1nebikiへの代入開始
------ tankaFun
--- kへの代入開始
------ suuryouFun
金額1 =  5184円
```

Scala のメリット　柔軟性の基盤 〜 カリー化

> 　Scala のカリー化では、部分適用と同様に、引数の共通部分と異なる部分に着目して、引数を一つずつ渡すことができ、冗長性のない簡潔な関数呼び出しができるメリットがあります。
>
> 　引数評価のタイミングは部分適用とは異なっており、各引数は最後にまとめて評価されるのではなく、それを渡すときに即時評価される性質を持ちます。つまり、部分適用では引数の評価保留、カリー化では引数を先行評価といった違いになります。なお、引数を与える（適用する）順序は部分適用では任意でしたが、カリー化では引数リストの並び順に一つずつ与えます。
>
> 　カリー化の仕組みは、この後の独自制御構造の作成でも活用します。

7.3 部分適用とカリー化の比較

❏ 処理のシナリオ

　以下のシナリオで、部分適用とカリー化での特性や利点をさらに調べてみましょう。

　これはある試験の結果を採点するものであり、図 7-7 のようなデータ表現によるものとします。試験問題は択一式で、受験者は選択肢の番号で回答し、一人分の答案が答案リストで表されます。各問題は正解と配点が決められており、そこから点数が算出されます。

　リスト 7-5 は、各データ読み込み処理を模倣したメソッド群です。一般にはデータベースやファイルから読み込みますが、ここではリストを直接返すダミー処理にしました。

7.3 部分適用とカリー化の比較　　139

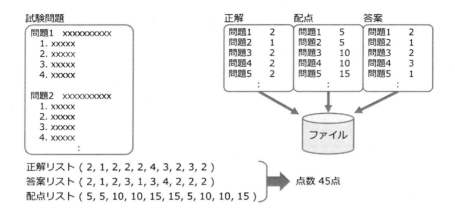

図 7-7　試験採点処理のデータ

リスト 7-5　採点処理用のデータ用意

```
package ex.currying

object Data {

  // データを読み込む仮のメソッド群（実際にはデータベースやファイルから読み込む）

  // 正解リストを読み込む
  def loadRight() = {
    println("------ loadRight")
    List(2, 1, 2, 2, 2, 4, 3, 2, 3, 2)
  }

  // 配点リストを読み込む
  def loadPoint() = {
    println("------ loadPoint")
    List(5, 5, 10, 10, 15, 15, 5, 10, 10, 15)
  }

  // 個人受験の答案リストを読み込む
  def loadAnswer() = {
    println("------ loadAnswer")
    List(2, 1, 2, 3, 1, 3, 4, 2, 2, 2)
  }

  // 団体受験の答案リストのリストを読み込む
  def loadAnswers() = {
    println("------ loadAnswers")
```

```
  List(
    List(2, 1, 2, 3, 1, 3, 4, 2, 2, 2),
    List(2, 2, 4, 3, 2, 4, 3, 2, 3, 2),
    List(2, 1, 2, 2, 2, 4, 3, 2, 3, 2),
    List(2, 1, 2, 3, 1, 4, 3, 1, 2, 1),
    List(1, 2, 3, 2, 2, 3, 3, 2, 3, 1))
  }
}
```

❏ 基本的プログラムの確認

　リスト 7-6 は、受験者一人分の採点処理を作り、さらに、それをもとに複数受験者の
採点に応用します。

リスト 7-6　基本的な採点処理プログラム

```
package ex.currying

object Currying extends App {

  // 正解リストと答案リストから，答え合わせをして正誤リストを作る
  def judge(right: List[Int], ans: List[Int]) = {
    println("------ judge")
    right.zip(ans).map(pair => pair._1 == pair._2)
  }

  // 配点リストと正誤リストから，点数を計算する
  def calc(point: List[Int], right: List[Int], ans: List[Int]) = {
    println("------ calc")
    judge(right, ans).zip(point)
      .map(pair => if (pair._1) pair._2 else 0).sum
  }

  def test1() {
    println("\n=== 各メソッドが返すリストの確認 ====\n")
    println("正解= " + Data.loadRight())
    println("答案= " + Data.loadAnswer())
    println("配点= " + Data.loadPoint())
    println("判定= " + judge(Data.loadRight(), Data.loadAnswer()))
  }

  def test2() {
    println("\n=== 個人採点処理 ===========\n")
    val pt = calc(Data.loadPoint(), Data.loadRight(), Data.loadAnswer())
    println("点数= " + pt)
```

7.3　部分適用とカリー化の比較　　141

```
  }

  def test3() {
    println("¥n=== 団体採点処理 ===========¥n")
    val ptAll = Data.loadAnswers().map(
      answer => calc(Data.loadPoint(), Data.loadRight(), answer))
    println("点数= " + ptAll)
  }

  def test4() {
    println("¥n=== 団体採点処理（変数を多用） ===¥n")
    val answers = Data.loadAnswers()
    val point = Data.loadPoint()
    val right = Data.loadRight()
    val ptAll = answers.map(answer => calc(point, right, answer))
    println("点数= " + ptAll)
  }

  test1()
  test2()
  test3()
  test4()
}
```

judge メソッドは、正解リスト right=List(2,1,2,2, …) に対し、答案リスト
ans=List(2,1,2,3, …)を突き合わせ、List((2,2),(1,1),(2,2),(2,3), …)と
いうタプルのリストを zip メソッドで生成します。次に map メソッドによって各タプルの二
つの要素が等しいか調べて判定リスト List(true,true,true,false, …)を生成し
ます。

```
def judge(right: List[Int], ans: List[Int]) = {
  right.zip(ans).map(pair => pair._1 == pair._2)
}
```

calc メソッドは、judge メソッドで得た判定リスト List(true,true,true,false,
…)に対して、配点リスト point=List(5,5,10,10, …)を zip メソッドで突き合わせ、
List((true,5),(true,5),(true,10),(false,10), …)というタプルのリストを生
成します。次に map メソッドによって各タプルの要素 1 が true なら要素 2、false な
らゼロを返す関数式で、得点リスト List(5,5,10,0, …)を生成し、sum メソッドで合計
点を得ます。

142   第 7 章 部分適用とカリー化

```
def calc(point: List[Int], right: List[Int], ans: List[Int]) = {
  judge(right, ans).zip(point)
    .map(pair => if (pair._1) pair._2 else 0).sum
}
```

次の test1() の出力結果は、各メソッドが返すリストを確認するためのものです。

出力結果

```
=== 各メソッドが返すリストの確認 ====

------ loadRight
正解= List(2, 1, 2, 2, 2, 4, 3, 2, 3, 2)
------ loadAnswer
答案= List(2, 1, 2, 3, 1, 3, 4, 2, 2, 2)
------ loadPoint
配点= List(5, 5, 10, 10, 15, 15, 5, 10, 10, 15)
------ loadRight
------ loadAnswer
------ judge
判定= List(true, true, true, false, false, false, false, true, false,
true)
```

次の test2() の出力結果は、個人採点処理の結果です。loadPoint,
loadRight, loadAnswer, calc, judge の各メソッドが 1 回ずつ呼び出されます。

出力結果

```
=== 個人採点処理 ============

------ loadPoint
------ loadRight
------ loadAnswer
------ calc
------ judge
点数= 45
```

次の test3() の出力結果は、個人採点処理を団体採点処理に応用したものです。
judge や calc メソッドを変更することなく団体採点処理に適用することができます。

7.3 部分適用とカリー化の比較　143

出力結果

```
=== 団体採点処理 ============

------ loadAnswers
------ loadPoint
------ loadRight
------ calc
------ judge
------ loadPoint
------ loadRight
------ calc
------ judge
------ loadPoint
------ loadRight
------ calc
------ judge
------ loadPoint
------ loadRight
------ calc
------ judge
------ loadPoint
------ loadRight
------ calc
------ judge
点数= List(45, 75, 100, 40, 50)
```

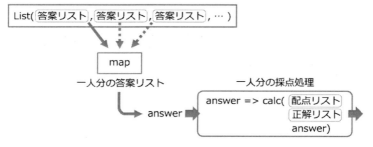

図 7-8　一人分の採点処理の適用

　団体採点への適用方法は、次のように Data.loadAnswers メソッドが返す複数受験者の答案データである List(答案リスト, 答案リスト, 答案リスト, …)に対して、map メソッドを活用します。図 7-8 のように各答案リストに対して、一人分の採点処理をする関

数式を用いて、ループ処理のように一人一人の受験者の採点処理を行います。

```
val ptAll = Data.loadAnswers().map(
  answer => calc(Data.loadPoint(), Data.loadRight(), answer))
```

Scala のメリット　連鎖的な関数処理スタイル

Scala では、データ構造一つ分に対する処理を、複数分の処理に簡単に適用できます。非関数型言語では、一つ分の処理を複数分の処理に変える場合、ループ構造や変数処理など複数行の処理構造になりがちですが、map メソッドなどのコレクションメソッドを活用して、ほぼ一行（一つの式）で実現できます。

Scala では、一つの式の中で、関数処理を次々と連鎖させるスタイルが使えます。Java8 でもこれとよく似たコレクションメソッドが導入され注目を受けています。関数処理がオブジェクト指向型の機能を活用して連鎖的に記述できるので、一般的な関数のネスティング（入れ子）よりも、処理と引数の順序性が見やすくなり簡潔さも向上します。また、括弧の数を確認することとも無縁になります。

■一般的な関数スタイル

```
fun5(fun4(fun3(fun2(fun1(x),y),z),w))
```

■Scala などオブジェクト指向系の連鎖スタイル

```
fun1(x).fun2(y).fun3(z).fun4(w).fun5
```

このようなスタイルは、繰り返し構造や変数処理、新たなメソッドなどを作らずに済むので、その分バグ発生の危険性も抑えられます。連鎖的なスタイルによって、複雑な処理であっても、簡潔に記述できるメリットがあります。

❏ 重大な問題点の検討

ところで、test3()の出力結果にはおかしい点が見られます。受験者の人数（5 人）分だけ judge と calc が呼び出されていますが、他のメソッドはどうでしょうか。

```
  出力結果
=== 団体採点処理 ============

------ loadAnswers      … 1回目の呼び出し
------ loadPoint        … 1回目の呼び出し
------ loadRight        … 1回目の呼び出し
------ calc
------ judge
------ loadPoint        … 2回目の呼び出し（必要ない？）
------ loadRight        … 2回目の呼び出し（必要ない？）
------ calc
------ judge
------ loadPoint        … 3回目の呼び出し（必要ない？）
------ loadRight        … 3回目の呼び出し（必要ない？）
        :
```

loadAnswers は複数受験者の答案リストであり 1 回だけ呼び出されています。しか
し、loadPoint, loadRight は人数分呼び出されています。これらは、配点リストと正
解リストなので、受験者数に関わらず、1 回だけ呼び出されるべきなのです。

この症状は、map が繰り返し関数オブジェクトを呼び出すのが原因です。一般的に、
関数に引数を与えて呼び出す際、各引数に与えた式は呼び出しの直前に評価され、
その値が関数側に渡されます。まず map メソッドに渡される引数は次のような関数リテ
ラルです。

```
answer => calc(Data.loadPoint(), Data.loadRight(), answer)
```

関数リテラルを評価すると、関数オブジェクトとしての値になりますが、関数式内のも
のがすべて評価されるわけではありません。関数オブジェクトが map に渡されるとき、そ
の関数式内部の calc, loadPoint, loadRight の呼び出し式は、まだ評価されま
せん。

渡された後、リスト要素の数だけ calc メソッドが繰り返し呼び出されます。calc が複
数回実行されるのは必要なことですが、その引数にある loadPoint, loadRight メソ
ッドまで毎回呼び出されるのは無駄です。これらがデータベースやファイルをアクセス
するメソッドなら、何十人もの採点処理の場合処理時間が増大します。それ以前に不
要なデータアクセスはバグではないものの、設計ミスと言えるような明らかな誤りだと思
われます。

146   第 7 章 部分適用とカリー化

この状況は、不要なアクセスログを記録し、ストレージの可用性を低下させます。さらに、今回のような処理の運用では問題にならないかもしれませんが、複数回のデータアクセスで得られるデータ内容が、毎回同じという保証はありません。よってデータ整合性が保障されないまま処理するシステムということになってしまいます。

　次の test4() の出力結果は、この問題を解決するために変数を利用します。map に渡す前に、loadPoint, loadRight を一回だけ呼び出し、結果を point, right の変数に格納しておくことで、無駄なメソッド呼び出しを回避します。

```
val answers = Data.loadAnswers()
val point = Data.loadPoint()
val right = Data.loadRight()
val ptAll = answers.map(answer => calc(point, right, answer))
```

出力結果

```
=== 団体採点処理（変数を多用）===

------ loadAnswers
------ loadPoint          … 今度は呼び出しが1回のみで済んでいる
------ loadRight          … 今度は呼び出しが1回のみで済んでいる
------ calc
------ judge
------ calc
------ judge
------ calc
------ judge
------ calc
------ judge
------ calc
------ judge
点数= List(45, 75, 100, 40, 50)
```

　一般的に、関数型言語には記述量が少なくて済むという利点があり、変数を宣言しなくても連鎖的な関数式の記述で簡潔に表現できますが、今回のようなケースを見ると、必ずしも変数宣言はなくしたほうがいいとは言い切れません。常に純粋な関数型スタイルを追求するのではなく、実践に応じて上手に活用できれば Scala の利用価値は高まります。

7.3　部分適用とカリー化の比較　147

❏ 部分適用とカリー化の比較プログラム

では、部分適用とカリー化を用いて比較してみましょう。リスト7-7において、test1, test2, test3 メソッドは、どれも同じ計算結果が得られますが、処理方式が異なります。それぞれ普通の関数オブジェクト、部分適用、カリー化の機能を利用しています。

リスト 7-7　部分適用とカリー化バージョン

```
package ex.currying

object Currying2 extends App {
  // 正解リストと答案リストから，答え合わせをして正誤リストを作る
  def judge(right: List[Int], ans: List[Int]) = {
    println("------ judge")
    right.zip(ans).map(pair => pair._1 == pair._2)
  }

  // 配点リストと正誤リストから，点数を計算する
  def calc(point: List[Int], right: List[Int], ans: List[Int]) = {
    println("------ calc")
    judge(right, ans).zip(point)
      .map(pair => if (pair._1) pair._2 else 0).sum
  }

  // calcのカリー化バージョン
  def calcCurried(point: List[Int])(right: List[Int])(ans: List[Int])={
    println("------calcCurried")
    judge(right, ans).zip(point)
      .map(pair => if (pair._1) pair._2 else 0).sum
  }

  def test1() {
    println("\n=== 団体採点処理（関数オブジェクト） ===\n")
    val f = (answer: List[Int]) =>
                  calc(Data.loadPoint(), Data.loadRight(), answer)
    val ptAll = Data.loadAnswers().map(f)
    println("点数= " + ptAll)
  }

  def test2() {
    println("\n=== 団体採点処理（部分適用） =======\n")
    val f = calc(Data.loadPoint(), Data.loadRight(), _: List[Int])
    val ptAll = Data.loadAnswers().map(f)
    println("点数= " + ptAll)
  }
```

148　第 7 章 部分適用とカリー化

```
  def test3() {
    println("¥n=== 団体採点処理(カリー化) =======¥n")
    val f = calcCurried(Data.loadPoint())(Data.loadRight())_
    val ptAll = Data.loadAnswers().map(f)
    println("点数= " + ptAll)
  }

  test1()
  test2()
  test3()
}
```

❏ バージョン(1) 〜 普通の関数オブジェクトバージョン

まず、test1 メソッドですが、普通の関数オブジェクトを使用しています。参考として以下の三つはどれもほぼ等価です。この場合の map の引数は「List[Int]=>Int」型であり、図 7-9 のように一つの引数を受け取り一つの戻り値を返す関数です。この引数と戻り値は一人分の答案リストと採点結果のことです。

map 引数に関数リテラルを記述
```
val ptAll = Data.loadAnswers().map(
   answer => calc(Data.loadPoint(), Data.loadRight(), answer))
```

map 引数に型宣言を省略せずに関数リテラルを記述
```
val ptAll = Data.loadAnswers().map(
   (answer: List[Int]) =>
              calc(Data.loadPoint(), Data.loadRight(), answer))
```

関数オブジェクトを変数に代入しておき map 引数に渡す
```
val f = (answer: List[Int]) =>
              calc(Data.loadPoint(), Data.loadRight(), answer)
val ptAll = Data.loadAnswers().map(f)
```

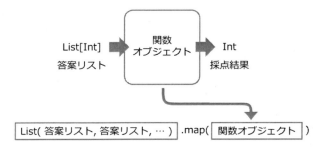

図 7-9　今回 map の引数に渡される関数オブジェクト

　そして test1() の出力結果ですが、これは先ほどの基本的プログラムと同じ処理内容なので、無駄な loadPoint，loadRight メソッドの呼び出しが発生しています。

出力結果
```
=== 団体採点処理(関数オブジェクト) ===

------ loadAnswers
------ loadPoint
------ loadRight
------ calc
------ judge
------ loadPoint      … 無駄な呼び出し
------ loadRight      … 無駄な呼び出し
------ calc
------ judge
------ loadPoint      … 無駄な呼び出し
------ loadRight      … 無駄な呼び出し
------ calc
------ judge
------ loadPoint      … 無駄な呼び出し
------ loadRight      … 無駄な呼び出し
------ calc
------ judge
------ loadPoint      … 無駄な呼び出し
------ loadRight      … 無駄な呼び出し
------ calc
------ judge
点数= List(45, 75, 100, 40, 50)
```

❑ バージョン(2) 〜 部分適用バージョン

次の test2 メソッドは、部分適用バージョンです。引数を二つ適用しておき、「_」を用いて残り一つの引数が与えられていない状態、すなわち部分適用された関数ができます。f は図 7-10 のように引数が一つになったことにより map に渡すことができます。

```
val f = calc(Data.loadPoint(), Data.loadRight(), _: List[Int])
val ptAll = Data.loadAnswers().map(f)
```

出力結果

```
=== 団体採点処理（部分適用） =======

------ loadAnswers
------ loadPoint
------ loadRight
------ calc
------ judge
------ loadPoint      … 無駄な呼び出し
------ loadRight      … 無駄な呼び出し
------ calc
------ judge
------ loadPoint      … 無駄な呼び出し
------ loadRight      … 無駄な呼び出し
------ calc
------ judge
------ loadPoint      … 無駄な呼び出し
------ loadRight      … 無駄な呼び出し
------ calc
------ judge
------ loadPoint      … 無駄な呼び出し
------ loadRight      … 無駄な呼び出し
------ calc
------ judge
点数= List(45, 75, 100, 40, 50)
```

test2()の出力結果は、test1()と同様に無駄な loadPoint，loadRight メソッドの呼び出しが発生しています。これは、部分適用された引数が、適用時にはまだ評価されずに、map 内で関数オブジェクトが呼び出されるときに、三つの引数がまとめて評価されるからであり、部分適用の引数評価の性質によるものです。

7.3 部分適用とカリー化の比較　151

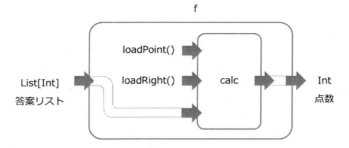

図 7-10　部分適用によって得られた関数オブジェクト

❏ バージョン(3) ～ カリー化バージョン

　最後の test3 メソッドは、カリー化バージョンです。カリー化を行うために、三つの引数リストに分離させた calcCurried メソッドを用意します。

　次に calcCurried に引数を与えてカリー化します。この場合の calcCurried(引数 1)(引数 2)は、引数が二つあるのではなく、引数一つの関数の連続した関数呼び出しです。ちょうど(calcCurried(引数 1))(引数 2)と書くのと同じです。

　これで引数を二つ評価したわけですが、もとの calcCurried は三引数なので、残り引数は一つです。こうして f に代入されるのは図 7-11 のように引数一つのカリー化関数として、map メソッドに渡せるようになります。

```
def calcCurried(point: List[Int])(right: List[Int])(ans: List[Int])={
   println("------calcCurried")
   judge(right, ans).zip(point)
     .map(pair => if (pair._1) pair._2 else 0).sum
}
```

```
val f = calcCurried(Data.loadPoint())(Data.loadRight())_
val ptAll = Data.loadAnswers().map(f)
```

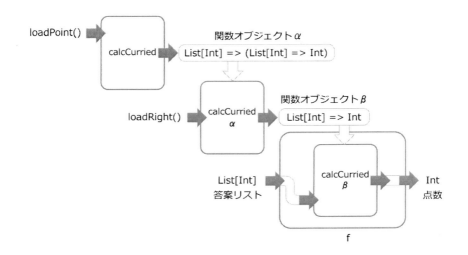

図 7-11　カリー化関数によって得られた関数オブジェクト

　test3()の出力結果は、無駄な loadPoint, loadRight メソッドの呼び出しがなく、望ましい結果になりました。これらのメソッドが呼び出されるタイミングは、変数 f に代入される右辺の関数呼び出し式「calcCurried(引数1)(引数2)_」が評価されるときなので、map に渡されるよりも前に一回だけ呼び出されるわけです。これは、カリー化の引数評価の性質であり、map の内部から複数回呼び出される部分適用とは異なります。

```
出力結果
=== 団体採点処理(カリー化) ========

------ loadRight
------ loadPoint
------ loadAnswers
------ calcCurried
------ judge
------ calcCurried
------ judge
------ calcCurried
------ judge
------ calcCurried
------ judge
------ calcCurried
------ judge
点数= List(45, 75, 100, 40, 50)
```

7.3　部分適用とカリー化の比較　153

カリー化における引数の評価について見てみましょう。次の二つの記述はほぼ等価です。二つ目の記述は、処理を段階的に分けてみたものです。最初の変数 calcFun への代入は、「 _ 」を付加することで calcCurried メソッドが関数に変換されます。厳密には、calcCurried メソッドの呼び出しを内包した関数オブジェクトが作られます。

```
val f = calcCurried(Data.loadPoint())(Data.loadRight())_
val ptAll = Data.loadAnswers().map(f)
```

```
val calcFun = calcCurried _
val alpha = calcFun(Data.loadPoint())
val beta  = alpha(Data.loadRight())
val ptAll = Data.loadAnswers().map(beta)
```

変数 alpha, beta への代入では、カリー化によって引数を一つずつ与えながら関数オブジェクトを得ています。まず、alpha にはリストを受け取り、関数オブジェクトを返す「List[Int]=>(List[Int]=>Int)」型の関数オブジェクトが格納され、beta にはリストを受け取り、Int 値を返す「List[Int]=>Int」型の関数オブジェクトが格納されます。

この処理をインタプリタで動作確認してみましょう。インタプリタには事前に Data オブジェクトのインポート、judge, calcCurried メソッド定義を入力してあります。

変数 alpha への代入について見ると、calcFun の引数である loadPoint() が評価されて呼び出されているのが「------ loadPoint」の出力で確認できます。同様に、beta への代入時には、関数オブジェクトとしての alpha の引数である loadRight() が評価されて呼び出されています。すなわち alpha, beta への代入式の右辺は、関数呼び出し式として引数が即時評価されます。

インタプリタ
```
> val calcFun = calcCurried _
  calcFun: List[Int] => (List[Int] => (List[Int] => Int)) = <function1>

> val alpha = calcFun(Data.loadPoint())
  ------ loadPoint
  alpha: List[Int] => (List[Int] => Int) = <function1>
```

154　第 7 章 部分適用とカリー化

```
> val beta = alpha(Data.loadRight())
  ------ loadRight
  beta: List[Int] => Int = <function1>

> val ptAll = Data.loadAnswers().map(beta)

  ------ loadAnswers
  ------ calcCurried
  ------ judge
  ------ calcCurried
  ------ judge
  ------ calcCurried
  ------ judge
  ------ calcCurried
  ------ judge
  ------ calcCurried
  ------ judge
  ptAll: List[Int] = List(45, 75, 100, 40, 50)
```

　そして、最終的なカリー化関数 beta が map に渡される前には、二つの引数が評価済みであり、loadPoint, loadRight の余計な呼び出しはもう起きないことがわかります。

　カリー化では、部分適用時のような引数評価のタイミングを遅延させない効果が得られました。また、先ほどの基本的プログラムにおける対策のように変数に格納しておく必要もなく、コードの簡潔性と処理効率が両立したことになります。

❏ カリー化バージョンの処理速度

　今度は性能評価の観点でプログラムを調べてみましょう。リスト 7-8 は、普通の関数オブジェクト、部分適用、カリー化の各バージョンのベンチマークプログラムです。

リスト 7-8　カリー化のベンチマーク比較プログラム

```
package ex.currying

object Data2 {

  var a: List[Int] = Nil
  var b: List[Int] = Nil
  var c: List[List[Int]] = Nil
```

7.3 部分適用とカリー化の比較　155

```scala
  def init() {
    for (i <- 1 to 10) a = a ::: List(2, 1, 2, 2, 2, 4, 3, 2, 3, 2)
    for (i <- 1 to 10) b = b ::: List(5, 5, 10, 10, 15, 15, 5, 10, 10,
15)
    var d: List[Int] = Nil
    for (i <- 1 to 10) d = d ::: List(2, 1, 2, 3, 1, 3, 4, 2, 2, 2)
    for (i <- 1 to 100) c = d :: c
  }

  def loadRight(): List[Int] = {
    val start = System.nanoTime()
    while ((System.nanoTime()-start)/1000000 < 1) {}   // 1ミリ秒までループ
    a
  }

  def loadPoint() = {
    val start = System.nanoTime()
    while ((System.nanoTime()-start)/1000000 < 1) {}   // 1ミリ秒までループ
    b
  }

  def loadAnswers(): List[List[Int]] = {
    val start = System.nanoTime()
    while ((System.nanoTime()-start)/1000000 < 10) {} // 10ミリ秒までループ
    c
  }
}

object CurryingBench extends App {

  def judge(right: List[Int], ans: List[Int]) = {
    right.zip(ans).map(pair => pair._1 == pair._2)
  }

  def calc(point: List[Int], right: List[Int], ans: List[Int]) = {
    judge(right, ans).zip(point).map(
      pair => if(pair._1) pair._2 else 0).sum
  }

  def calcCurrying(point: List[Int])(right: List[Int])(ans: List[Int])={
    judge(right, ans).zip(point).map(
      pair => if(pair._1) pair._2 else 0).sum
  }

  // ---普通バージョン
  def test1() {
    my.Util.stopWatchMsecToLog("log.txt") {
```

156   第 7 章 部分適用とカリー化

```
      val f1 = (answer: List[Int]) =>
                    calc(Data2.loadPoint(), Data2.loadRight(), answer)
      val ptAll1 = Data2.loadAnswers().map(f1)
    }
  }

  // --- 部分関数バージョン
  def test2() {
    my.Util.stopWatchMsecToLog("log.txt") {
      val f2 = calc(Data2.loadPoint(), Data2.loadRight(), _: List[Int])
      val ptAll2 = Data2.loadAnswers().map(f2)
    }
  }

  // --- カリー化バージョン
  def test3() {
    my.Util.stopWatchMsecToLog("log.txt") {
      val f3 = calcCurrying(Data2.loadPoint())(Data2.loadRight())_
      val ptAll3 = Data2.loadAnswers().map(f3)
    }
  }

  Data2.init()   // データを生成しておく

  // 以下のtest1,test2,test3を個々に測定すること(一括してやると正確でなくなる)
  test1()        // 普通バージョンの測定
  //test2()      // 部分関数バージョンの測定
  //test3()      // カリー化バージョンの測定
}
```

　データアクセス処理を行う Data2 オブジェクトでは、自動生成したダミーデータを用いています。今回は、問題数を 100 問に、受験者数を 100 人にしてあります。データ読み込み処理は、実際だとデータベースやファイルあるいはネットワークアクセスによる場合もあります。ここでは一定の時間を消費するようにしてデータアクセス処理を模倣します。設定所要時間は、正解読み込みの loadRight および配点読み込みの loadPoint は各 1 ミリ秒、答案読み込みの loadAnswers は 10 ミリ秒かかるように調整してあります。

　測定作業は、プログラムを各バージョンの動作ごとに 10 回実行(合計 3×10＝30 回実行)し、バージョンごとの平均処理時間を求めました。測定にはユーティリティの my.Util.stopWatchMsecToLog メソッドを活用し、測定時間をファイル「log.txt」に記録していく方式をとっています。以下が記録された log.txt の内容です。

7.3　部分適用とカリー化の比較　　157

```
log.txt（プログラムを 10 回実行）
222.244   [msec]
222.387   [msec]
227.902   [msec]
222.178   [msec]
221.931   [msec]
223.676   [msec]
221.846   [msec]
222.563   [msec]
223.592   [msec]
222.137   [msec]
221.822   [msec]
222.417   [msec]
221.922   [msec]
221.983   [msec]
222.261   [msec]
221.818   [msec]
222.726   [msec]
222.763   [msec]
222.833   [msec]
222.190   [msec]
 25.209   [msec]
 25.193   [msec]
 25.114   [msec]
 25.306   [msec]
 24.923   [msec]
 24.730   [msec]
 25.176   [msec]
 25.533   [msec]
 25.608   [msec]
 24.895   [msec]
```

　表 7-1 の測定結果において、処理時間①はプログラムを 10 回実行した平均値、処理時間②はプログラム内でループ処理によって 10 回繰り返した平均値です。また、各データ読み込み処理が何回呼び出されたかも示してあります。

　処理時間①では、カリー化によって無駄な式評価は回避されています。引数評価を理解して関数型機能を使わないと、この例に限って言えば 10 倍近い速度差になります。

　処理時間②では、どのバージョンも時間短縮されており、バージョン間の比率ではカリー化バージョンはさらに向上しています。処理時間①は手動で 10 回プログラムを実行しましたが、処理時間②は次のように、1 回のプログラム実行の中で、ループ処理によって 10 回連続で測定と記録をしています。

158　第 7 章 部分適用とカリー化

```
test1()              …  1回分の測定

   ⬇

var i = 0
while (i < 10) {
  test1()            …  10回連続測定
  i += 1
}
```

表 7-1　各バージョンの処理時間

	普通バージョン	部分適用 バージョン	カリー化 バージョン
処理時間① [ミリ秒]（比率）	223.046 (100.0%)	222.274 (99.7%)	25.169 (11.3%)
処理時間② [ミリ秒]（比率）	212.483 (100.0%)	212.455 (100.0%)	14.739 (6.9%)
loadRight 呼び出し[回]	100	100	1
loadPoint 呼び出し[回]	100	100	1
loadAnswers 呼び出し[回]	1	1	1

　次の処理時間②におけるログファイルを見てみると、10 回ループのうち、初回に時間がかかり、あとは短縮される傾向があります。これは、コンパイルされた Scala コードが JVM（Java 仮想マシン）上で実行されるわけですが、クラスはメソッドなどの初回使用時に動的にロードされ、その初期化処理などによって、時間がかかるためです。

log.txt（プログラム内で 10 回繰り返し）

```
222.104  [msec]     ← 初回は時間がかかっている
212.985  [msec]
212.743  [msec]
211.633  [msec]
211.161  [msec]
211.440  [msec]
210.739  [msec]
210.681  [msec]
```

```
210.677  [msec]
210.667  [msec]
222.226  [msec]    ← 初回は時間がかかっている
212.530  [msec]
212.440  [msec]
211.739  [msec]
211.221  [msec]
211.465  [msec]
210.730  [msec]
210.722  [msec]
210.696  [msec]
210.776  [msec]
 26.147  [msec]    ← 初回は時間がかかっている
 15.019  [msec]
 14.103  [msec]
 14.286  [msec]
 13.188  [msec]
 13.139  [msec]
 13.311  [msec]
 12.754  [msec]
 12.764  [msec]
 12.683  [msec]
```

　何度も同じメソッドを呼び出すと、2回目以降は処理時間が短縮され、連続稼働型の
サーバプログラムなどに効果的です。処理時間①はPC上のデスクトップアプリケーショ
ンに、また、処理時間②はサーバ上のWebアプリケーションなどに合った測定方法と言
えます。

　カリー化バージョンにおいて、データの読み込みに要する時間は、以下のようになっ
ています。処理時間②の場合の 10 回目で 12.683 ミリ秒ですから、データ読み込み
以外の処理は、約 0.683 ミリ秒ということになります。このプログラムの場合、Web アプリ
ケーションなどのサーバプログラム形態で運用するとしたら、データ読み込み部分の速
度がパフォーマンスに影響する重要な要因になっていると言えるでしょう。

```
loadRight      ≒ 1ミリ秒×1回
loadPoin       ≒ 1ミリ秒×1回
loadAnswers    ≒ 10ミリ秒×1回
合計所要時間    ≒ 12ミリ秒        … データ読み込み合計所要時間
```

160　第 7 章 部分適用とカリー化

今回の比較において、カリー化は簡潔な記述で処理効率の良いプログラミングに役立つことがわかりました。

Scala のメリット　引数評価のタイミング選択

> Scala の関数型機能に注意点があります。記述を簡潔にするために、変数の使用を極力避けようとする場合、内部では処理が重複実行される危険性があります。引数の評価および関数呼び出しが、いつ行われるかに着目して理解しておく必要があります。
> カリー化は、部分適用と引数の評価タイミングが異なり、引数を与えて呼び出すときにすぐ評価されますが、この性質を活用して、データアクセス処理などの関数呼び出し式を引数に直接与えても、後から何度も呼び出されることいった危険性もなく、処理効率を下げずに簡潔な記述ができるメリットがあります。

7.4　部分適用とカリー化でプログラム量の削減

❑ 部分適用による関数の汎用化

高階関数の章における気象データを HTML 化する処理では、各タグの種類ごとに関数処理を記述していましたが、似たような記述があるので、それらを統合し汎用化した関数に置き換えることで全体のプログラム量の縮小を試みます。

リスト 7-9 は、tr, th, td タグ用の三つの関数を funEach 関数一つにまとめています。引数 s1, s2 が増えていますが、インデントの空白と閉じるタグの前で改行するかなどの差異に対応するためです。funTABLE 関数内で funEach を呼び出す部分が複数ありますが、それらのうち、引数に「_」を与えているのが部分適用になります。また、ul, ol, li 用の三つの関数も fun 関数一つにまとめています。これは div, p, span など他の HTML タグにも活用できます。

リスト 7-9　部分適用による気象データの HTML 処理

```
package ex.partiallyappliedfunction

object PartiallyAppliedFunction3 extends App {
```

7.4　部分適用とカリー化でプログラム量の削減　161

```
// 気象データ
val midasi = List(
    List("地域", "最高気温", "最低気温", "降水日数")
)
val kisyou = List(
    List("札幌",  12.3,    10.6,    3),
    List("東京",  18.6,    11.3,    18),
    List("大阪",  23.0,    14.5,    12),
    List("福岡",  20.1,    15.2,    15)
)

def test1() {
    val funEach = (tag:String, s1:String, s2:String, r:List[Any]) => {
        r.mkString("¥n" +s1+ "<" +tag+ ">" ,
          s2+ "</" +tag+ ">¥n" +s1+ "<" +tag+ ">", s2+ "</" +tag+ ">")
    }

    val funTABLE = (midasi: List[List[Any]], data: List[List[Any]]) => {
        "<table border=¥"1¥">" +
          funEach("tr"," ","¥n ", midasi.map(funEach("th","   ","", _))) +
          funEach("tr"," ","¥n ", data.map(funEach("td","   ","", _))) +
          "¥n</table>"
    }
    println(funTABLE(midasi, kisyou))
}

def test2() {
    val fun = (tag: String, s1: String, s2: String, r: List[Any]) => {
        r.mkString("¥n" +s1+ "<" +tag+ ">", "   ", s2+ "</" +tag+ ">")
    }
    println(fun("ul", "", "¥n", kisyou.map(fun("li", " ", "", _))))
    println(fun("ol", "", "¥n", kisyou.map(fun("li", " ", "", _))))
}

test1()
test2()
}
```

funEach 関数は、部分適用を用いて tr, th, td タグの処理に使用しています。ま
た、fun 関数も同様にして、ul, ol, li タグの処理で三つあった関数を一つにまとめ
ています。部分適用によって、このような処理の統合による汎用化、および map メソッド
が活用できて簡潔さが向上しました。

Scala のメリット　部分適用で汎用性を高める

> 　関数を汎用化して一つの関数に統合する際、引数が増加することがあります。これに対して、部分適用することで呼び出し時の引数を減らすことができます。これにより map メソッドに渡すことのできる引数が一つの関数オブジェクトにすることが可能です。そうすれば汎用化した場合でも、簡潔に記述できるので、全体のプログラム量の削減も狙うことができます。Scala の部分適用は、このような簡潔さと汎用性を両立させるメリットがあります。

❑ カリー化による関数の汎用化

　気象データを HTML 化する処理を、カリー化でも汎用化してみましょう。リスト 7-10 は、前節の部分適用のカリー化バージョンです。funEach，fun 関数は、「val f =(…).curried」という記述によってカリー化しています。メソッドと異なり関数リテラルでは引数リストを「(…)(…)(…)」と複数に分離して記述できないため、いったん通常の関数を作り、curried メソッドによってカリー化します。また、カリー化関数の呼び出し側では、引数を減らして map メソッドに渡しています。カリー化関数呼び出し時の複数の引数の与え方は、それぞれ一つずつの引数による引数リストに分離して「(…)(…)(…)」と記述します。

リスト 7-10　カリー化による気象データの HTML 処理

```
package ex.currying

object Currying3 extends App {

  // 気象データ
  val midasi = List(
      List("地域", "最高気温", "最低気温", "降水日数")
  )
  val kisyou = List(
      List("札幌",   12.3,    10.6,    3),
      List("東京",   18.6,    11.3,    18),
      List("大阪",   23.0,    14.5,    12),
      List("福岡",   20.1,    15.2,    15)
  )

  def test1() {
    val funEach = ((tag:String, s1:String, s2:String, r:List[Any]) => {
```

7.4　部分適用とカリー化でプログラム量の削減　163

```
        r.mkString("¥n" + s1 + "<" + tag + ">" ,
          s2+ "</" +tag+ ">¥n" +s1+ "<" +tag+ ">", s2+ "</" +tag+ ">")
    }).curried

    val funTABLE = (midasi: List[List[Any]], data: List[List[Any]]) => {
      "<table border=¥"1¥">" +
       funEach("tr")(" ")("¥n ")(midasi.map(funEach("th")("  ")(""))) +
         funEach("tr")(" ")("¥n ")(data.map(funEach("td")("  ")(""))) +
      "¥n</table>"
    }
    println(funTABLE(midasi, kisyou))
  }

  def test2() {
    val fun = ((tag: String, s1: String, s2: String, r: List[Any]) => {
      r.mkString("¥n" + s1 + "<" + tag + ">","  ",s2 + "</" + tag + ">")
    }).curried
    println(fun("ul")("")("¥n")(kisyou.map(fun("li")(" ")(""))))
    println(fun("ol")("")("¥n")(kisyou.map(fun("li")(" ")(""))))
  }

  test1()
  test2()
}
```

　関数汎用化の影響による引数の増加が生じても、カリー化によって map メソッドに渡すことのできる関数オブジェクトにでき、総合的にプログラムの記述量を削減できる効果が得られました。部分適用とカリー化では引数評価のタイミングに違いがありますが、この例では引数はどれも文字列定数なので、処理データの整合性への心配や入出力の重複呼び出しといったことはなく、処理速度に大きな違いもありあません。

Scala のメリット　カリー化で汎用性を高める

　関数を汎用化して一つの関数に統合する際、その汎用化による引数の増加に対して、カリー化することで引数を減らすことができます。こうして引数が一つの関数オブジェクトにすれば、map メソッドに渡すことができるメリットがあります。

　部分適用とカリー化では、引数の評価タイミングが異なるので、それを理解したうえで、いずれかの動作スタイルを選択することができます。部分適用の引数評価は最終段階まで保留され、カリー化の引数評価はその都度先行して評価されるといった違いがあります。

□ 引数機能による簡潔さのメリットを考える

　部分適用とカリー化といった引数関連の機能を使ったプログラミングを見てきました。それらのメリットを「簡潔にできる」と一言で表すと、それ自体確かにメリットですが、少々文字量が少なくなったくらいでは、利益向上には貢献しないという場面も想像できます。ですが、例えば関数仕様をバージョンアップして引数が増えたとしても、それを利用するときに引数を増やさないままで呼び出せるのであれば、既存の関数やメソッドとのインタフェースへの適合性が良いということになり、これは大きなメリットです。

　既存のシステムを改良していく際、メソッドの引数を一か所変えただけで、他も変えたり新たなインタフェースを作ったりする必要があるかもしれません。それらを繰り返すうちに、処理効率を考慮して広範囲に作り直すことも起こり得ます。そのような場面において、Scala の部分適用とカリー化は、簡潔な記述で柔軟に対応できます

　例を見てみましょう。リスト **7-11** は、社員の健康判定プログラムです。このプログラムの設計とメンテナンスについて、シナリオを想定して説明していきます。

リスト 7-11　社員の健康判定プログラム

```
package ex.partiallyappliedfunction

object PartiallyAppliedFunction4 extends App {

  val data = List(
      "S01,25,165.0,54.1",
      "S02,23,173.5,55.5",
      "S03,30,169.2,75.0",
      "S04,41,172.6,79.5"
  )

  // 文字列データから、各データ型のタプルとして返す
  def parseData(s: String) = {
    val t = s.split(",")
    (t(0), t(1).toInt, t(2).toDouble, t(3).toDouble)
  }

  // BMI判定を行う
  def bmi(t: Double, w: Double) = {
    val base = Array(18.5, 25.0, 30.0)
    val t1 = t * 0.01
    val x = w / (t1 * t1)
    if (x < base(0)) {
```

7.4　部分適用とカリー化でプログラム量の削減　165

```
        "やせ形"
     } else if (x < base(1)) {
        "普通"
     } else if (x < base(2)) {
        "肥満"
     } else {
        "高度肥満"
     }
  }

  // 出力メソッド
  def hyouji(code: String, a: Int, t: Double, w: Double,
                          fun: (Double, Double) => String) = {
      printf("-------------------¥n")
      printf("社員コード:%s¥n", code)
      printf(" 年齢¥t= %2d 才¥n", a)
      printf(" 身長¥t= %4.1f cm¥n", t)
      printf(" 体重¥t= %4.1f kg¥n", w)
      printf(" 判定¥t= %s¥n", fun(t, w))
  }

  def test() {
     for (s <- data) {
        val d = parseData(s)
        hyouji(d._1, d._2, d._3, d._4, bmi)
     }
  }

  test()
}
```

出力結果

```
-------------------
社員コード:S01
 年齢  = 25 才
 身長  = 165.0 cm
 体重  = 54.1 kg
 判定  = 普通
-------------------
社員コード:S02
 年齢  = 23 才
 身長  = 173.5 cm
 体重  = 55.5 kg
 判定  = やせ形
-------------------
```

```
社員コード:S03
 年齢  = 30 才
 身長  = 169.2 cm
 体重  = 75.0 kg
 判定  = 肥満
------------------
社員コード:S04
 年齢  = 41 才
 身長  = 172.6 cm
 体重  = 79.5 kg
 判定  = 肥満        ← BMI判定は「肥満」になっている
```

このプログラムを作成した際のポイントは次のようなことです。

- 社員の身体情報が、ファイルなどに文字列データとして記録されている。
- それらの情報に加えて健康判定も出力するプログラムを作る。
- 判定は身長と体重を用いた計算方法を用いる。
- 計算方法は BMI 法を使うが、将来的に計算方法や判定基準などの変更も考慮し、この部分を独立した関数（bmi メソッド）にする。

しばらくしてプログラムを仕様変更する機会がやってきました。以下が変更点です。

- BMI 法による計算方法をそのまま用いるが、年齢によって判定基準を調整することで、より妥当な判定を行う。
- 独立設計しておいた bmi メソッド内を変更する。必然的に年齢を引数に追加することが確定した。（フィールドの追加は避けた）
- 他の関数は極力変更したくない。特に、hyouji メソッドを全く変更せずにできないか、それが重要検討事項になった。
- （今回のプログラムで hyouji メソッドは短い内容であるが、実際の開発では、グラフィック表示やファイル、データベース出力などを含む複雑化したメソッドを想定。変更すると単体テストやデバッグの必要も出てくるし、なるべく変更したくない。）

　hyouji メソッドでは、bmi メソッドが二引数であることを前提として作られています。しかし、bmi メソッドは三引数にすることが確定しています。では、いったいどうするので

7.4　部分適用とカリー化でプログラム量の削減　167

しょうか？

　次のプログラム部分は、以上の変更ニーズに応えた変更内容です。太字斜体部分が変更箇所であり、bmi メソッドは予定通り三引数にして、判定基準を修正しています。そして、hyouji メソッドを呼び出す部分では、bmi メソッドに年齢の引数のみを部分適用した関数オブジェクト bmiFun を作成して hyouji メソッドに渡します。これだけの変更です。もちろん hyouji メソッドは変更することなく、目的のバージョンアップができました。

年齢を考慮した BMI 判定による変更箇所

```
def bmi(t: Double, w: Double, a: Int) = {          … 引数に年齢を追加
   val base = if (a < 40) Array(18.5, 25.0, 30.0)
                     else Array(23.0, 27.0, 30.0)    … 40才以上用の基準
   val t1 = t * 0.01
   val x = w / (t1 * t1)
   if (x < base(0)) {
      "やせ形"
   } else if (x < base(1)) {
      "普通"
   } else if (x < base(2)) {
      "肥満"
   } else {
      "高度肥満"
   }
}
```

```
def test() {
   for (s <- data) {
      val d = parseData(s)
      val bmiFun = bmi(_: Double, _: Double, d._2)   … 年齢を部分適用
      hyouji(d._1, d._2, d._3, d._4, bmiFun)         … 部分適用した関数を渡す
   }                                                  （hyouji内は変更なし）
}
```

出力結果

```
-------------------
社員コード:S01
 年齢  = 25 才
 身長  = 165.0 cm
 体重  = 54.1 kg
```

168　第 7 章 部分適用とカリー化

```
 判定   = 普通
- - - - - - - - - - - - - - - - - -
社員コード:S02
 年齢   = 23 才
 身長   = 173.5 cm
 体重   = 55.5 kg
 判定   = やせ形
- - - - - - - - - - - - - - - - - -
社員コード:S03
 年齢   = 30 才
 身長   = 169.2 cm
 体重   = 75.0 kg
 判定   = 肥満
- - - - - - - - - - - - - - - - - -
社員コード:S04
 年齢   = 41 才
 身長   = 172.6 cm
 体重   = 79.5 kg
 判定   = 普通        ← 年齢補正によって今度は「普通」
```

　これらの変更について、図 7-12, 7-13 に表現します。bmi メソッドは内部処理と共に引数が増えて仕様変更となりましたが、部分適用を活用することで、hyouji メソッドから全く同じに扱える関数が用意でき、結果的に他の仕様を変更せずに済みました。

　簡潔性について考えたとき、文字量を短縮して記述できるような文法仕様というだけでなく、他を大きく変更しなくて済むことの結果が、簡潔さとして現れているとも考えられます。今回の健康判定プログラムのバージョンアップ作業では、もちろん簡潔な記述によってプログラミングできたわけですが、他のインタフェース仕様を変更せずに修正できたということは、仕様変更に強いシステムであると言えます。

7.4 部分適用とカリー化でプログラム量の削減 　169

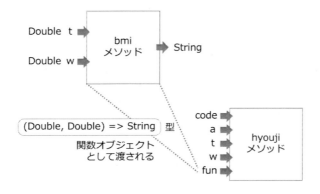

図 7-12　変更前の状況

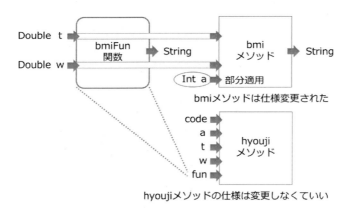

図 7-13　部分適用による仕様変更の抑止

Scala のメリット　仕様変更に強い関数型プログラミング

　ソフトウェア開発において、関数仕様を一か所変えると他も変える必要が生じる場面は多々あり、一か所の変更では済まなくなります。また、追加変更による複雑化や処理効率低下を考慮して、根本的に作り直す必要もありえます。
　Scala の部分適用やカリー化などの、引数関連の機能が持つ記述法と評価タイミングの特性は、それらの有効な対応手段となります。部分的な機能の追加や変更をしたとしても、部

分適用やカリー化の機能で引数を調整することで、既存の関数呼び出しに適合させることができるため、他の仕様をあまり変えなくても済む「仕様変更に強い」ソフトウェア開発が、Scala では実現できるメリットがあります。

第 8 章
名前渡し

　関数呼び出しにおける通常の引数の渡し方である「値渡し」に対し、特別な動作を
するのが「名前渡し」です。名前渡しの活用法として、独自の制御構造をいくつか作り、
実践的な関数デザインを考えてみましょう。

8.1　値渡しと名前渡し

❏ 動作の比較

　メソッドや関数オブジェクトを呼び出す際の引数は、通常、値渡し（call-by-value）
という方式で渡されます。値渡しは、引数に与えた式を「評価して得られた値」を渡す
やり方です。これに対し、名前渡し（call-by-name）は、引数に与えられた式を「評価
しないまま」渡し、呼び出したメソッドや関数オブジェクト側で、その引数を参照するとき
に評価します。これらの書き方の例は次のようになります

値渡し
```
def メソッド名(引数名：型) = {          … 値渡し(これまでの通常の書き方)
    :
}
```

名前渡し
```
def メソッド名(引数名： => 型) = {      … 名前渡し( => を追加する)
    :
}
```

172　第 8 章 名前渡し

では実際の動作の違いをリスト **8-1** のプログラムで確認してみましょう。

リスト 8-1　値渡しと名前渡しの比較プログラム

```scala
package ex.callbyname

import javax.swing.JOptionPane

object CallByName extends App {

  // データの用意
  var data = Array(50, 60, 70, 45, 88, 66, 49, 100, 77, 60)

  // データ数を返す
  def getDataCount() = {
    data.length
  }

  // 言語モード
  val japanese = true

  def messageBox(jp: String, en: String) {
    println("------ メッセージボックス（値渡しバージョン）")
    JOptionPane.showMessageDialog(null, if (japanese) jp else en,
                          "動作テスト", JOptionPane.INFORMATION_MESSAGE)
  }

  def messageBoxByName(jp: => String, en: => String) {
    println("------ メッセージボックス（名前渡しバージョン）")
    JOptionPane.showMessageDialog(null, if (japanese) jp else en,
                          "動作テスト", JOptionPane.INFORMATION_MESSAGE)
  }

  def test1() {
    println("\n=== 値渡しと名前渡し ===\n")
    messageBox(getDataCount() + "件のデータを読み込みました。",
              "Loaded " + getDataCount() + " Data.")
    messageBoxByName(getDataCount() + "件のデータを読み込みました。",
              "Loaded " + getDataCount() + " Data.")
  }

  def jpn() = {
    println("------ jpn")
    getDataCount() + "件のデータを読み込みました。"
  }

  def eng() = {
```

8.1　値渡しと名前渡し　173

```
    println("------ eng")
    "Loaded " + getDataCount() + " Data."
  }

  def test2() {
    println("¥n=== 値渡し（実験）===¥n")
    messageBox(jpn(), eng())

    println("¥n=== 名前渡し（実験）===¥n")
    messageBoxByName(jpn(), eng())
  }

  test1()
  test2()
}
```

　まず、準備として配列変数 data と getDataCount メソッドを用意します。これらは、何らかのデータをファイルなどから読み込む際の格納先と、読み込んだデータ件数を得るものです。変数 japanese は、このプログラムがメッセージを表示する際、日本語を使うか英語を使うかを選択する表示言語モードです。

　次の messageBox, messageBoxByName メソッドは、GUI（Graphical User Interface）によるメッセージボックスを表示するもので、表示言語モードの値に従って、日本語か英語のどちらかのメッセージを選択します。messageBox が値渡しで、messageBoxByName が名前渡しです。この例では「=>」が付いた引数 jp, en が名前渡しになります。

　test1 メソッドは、両方のバージョンに対し、同様の式を引数に与えて呼び出しています。出力結果は、println によるコンソール出力の他、図 8-1 のような GUI によるメッセージボックスが二回表示されます。それらは、それぞれ messageBox と messageBoxByName によるもので、全く同じ内容が表示されます。

```
    messageBox(getDataCount() + "件のデータを読み込みました。",
               "Loaded " + getDataCount() + " Data.")
    messageBoxByName(getDataCount() + "件のデータを読み込みました。",
               "Loaded " + getDataCount() + " Data.")
```

> **出力結果**
>
> === 値渡しと名前渡し ===

```
------ メッセージボックス（値渡しバージョン）
------ メッセージボックス（名前渡しバージョン）
```

図 8-1　メッセージボックスの表示（日本語モードの場合）

　また、変数 japanese を false に変更して再度実行すると、今度は図 8-2 のような英語メッセージが表示されます。今度も、messageBox と messageBoxByName によって同じ内容のメッセージボックスが二回分表示されます。

```
val japanese = false
```

図 8-2　メッセージボックスの表示（英語モードの場合）

　ここまでの結果を見ると、値渡しと名前渡しに違いは見られません。そこで、引数の評価タイミングを明らかにするために、文字列で与えていた引数をそれぞれ jpn, eng メソッドに変えます。これらのメソッドでは「------ jpn」というように出力して、呼び出されたことがわかるようにします。これで messageBox などの引数が評価されたことがわかります。

```
def jpn() = {
    println("------ jpn")
```

```
        getDataCount() + "件のデータを読み込みました。"
    }

    def eng() = {
        println("------ eng")
        "Loaded " + getDataCount() + " Data."
    }

    def test2() {
        println("¥n=== 値渡し（実験） ===¥n")
        messageBox(jpn(), eng())

        println("¥n=== 名前渡し（実験） ===¥n")
        messageBoxByName(jpn(), eng())
    }
```

出力結果

```
=== 値渡し（実験） ===

------ jpn
------ eng
------ メッセージボックス（値渡しバージョン）

=== 名前渡し（実験） ===

------ メッセージボックス（名前渡しバージョン）
------ jpn                          … messageBoxByName呼び出し後に呼ばれている
                                    … engのほうは呼ばれていない
```

　test2 メソッドの実行では、GUI のメッセージボックスの表示は test1 のときと変わり
ませんが、コンソール出力には違いがあります。値渡しのほうは jpn, eng 両方のメソッ
ドが呼び出されていますが、名前渡しのほうは jpn だけが呼び出されています。また、
出力結果をよく見ると、値渡しでは、messageBox メソッドの呼び出し前に引数が評価
されているのに対し、名前渡しでは、messageBoxByName メソッドが呼び出された後で
jpn メソッドだけが呼び出されたことがわかります。

❏ 引数の評価タイミング

　これらの処理の違いを、引数の評価に着目して考えてみましょう。図 8-3 の値渡しで
は、引数は評価されて値になってからメソッドに渡されます。つまり、

176　第 8 章 名前渡し

- メッセージを生成する式「getDataCount()+"件のデータを読み込みました。"」の評価
- 文字列の値「10件のデータを読み込みました。」を生成
- 同様に式「"Loaded "+getDataCount()+" Data." 」の評価
- 同様に値「Loaded 10 data.」を生成
- 二つの値を引数に渡す
- messageBox メソッドの呼び出し
- もし、日本語モードならば、
    引数の値「10件のデータを読み込みました。」を参照して使用

という処理順序になります。引数は、messageBox メソッド呼び出しの前に評価されます。

図 8-3 値渡しにおける引数の評価

一方、図 8-4 の名前渡しでは、引数は評価されないままメソッドに渡されます。そして、メソッド内で引数が使用（参照）されたときにはじめてもとの式が評価されます。処理順序は以下のようになります。

- 式「getDataCount()+"件のデータを読み込みました。"」を評価せずに引数に渡す
- 同様に式「"Loaded "+getDataCount()+" Data." 」を評価せずに引数に渡す
- messageBoxByName メソッドの呼び出し
- もし、日本語モードならば、
    式「getDataCount() + "件のデータを読み込みました。"」の評価
    文字列の値「10件のデータを読み込みました。」を生成して使用

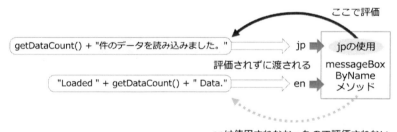

図 8-4　名前渡しにおける引数の評価

　名前渡しでは、引数が実際に参照されるまでは、もとの式は評価されません。つまり、参照されなければ、無駄な評価は行われません。このプログラム例では、値渡しだと表示言語モードに関わらず、日本語と英語の両方のメッセージ生成処理が行われますが、名前渡しだと必要に応じて評価する自由度があります。

　プログラム開発では、メソッドを呼び出す側が多数で、呼ばれる側が一つといった構造がよく出現します。どの引数を評価するかを `if` 式で制御する場合、呼び出す側に記述する必要がありますが、呼び出す側は多数なので全体の記述量が多くなります。そこで名前渡しを使い、呼ばれる側のみに `if` 式を記述すれば、プログラム全域で簡潔さが向上し、処理の変更や切り替えなどが素早く行えて、開発生産性がよくなります。

Scala のメリット　引数評価のコントロール

　Scala の名前渡しの機能では、複雑な記述の追加なしに、引数の評価を呼ばれる側に任せることができます。条件判断によって引数を評価するかどうかコントロールするような場合、複数散在する呼び出し側でやるよりも、名前渡しを利用して、呼ばれる側の一か所でコントロールしたほうが簡潔かつ迅速です。これによってプログラム全域において余計な記述をせずに済み、記述漏れのチェックなども不要になり、開発生産性においてメリットとなります。

　C 言語などでは次のように記述することがよくあります。これは、例えば「DEBUG_LEVEL」というキーワードの値を一か所変更するだけで、プログラム中でそれを使っている部分を一

気に変更することができます。これは、評価するかどうか（C 言語ではコンパイル対象にするかどうか）をコントロールできる開発生産性にも役立つ機能ですが、プログラムが「#if DEBUG_LEVEL ～ #endif」だらけになって、見間違えや画面スクロールが増え、別の意味で開発生産性は悪くなります。Scala の名前渡しは、こういった状況の解決策になります。

■C 言語のプリプロセッサ機能

```
#define    DEBUG_LEVEL    1
#if DEBUG_LEVEL > 0
    fprintf(m_fpLogFile, "DEBUG: %s¥n", msg);
#else
    debug_count++;
#endif
    :
#if DEBUG_LEVEL > 0
    MessageBox(m_hWnd, msg, IDOK);
#endif
```

8.2 独自のループ制御構造を作る

☐ ループ構造を作る(1) ～ シンプルバージョン

Scala では、名前渡しの機能を活用して独自の制御構造が作れます。リスト 8-2 では、簡単なループ構造として、ブロック{}内の任意の処理を 3 回繰り返す構造を作ります。

リスト 8-2　ループ構造の作成
```
package ex.callbyname

object CallByName2 extends App {

  def loopA(body: Unit) {
    println("------ loopA")
    for (i <- 1 to 3) {
      body
    }
  }

  def loopB(body: => Unit) {
```

8.2　独自のループ制御構造を作る　179

```
    println("------ loopB")
    for (i <- 1 to 3) {
      body
    }
  }

  def test1() {
    println("¥n=== 値渡し ===¥n")
    loopA {
      println(111)
      println(222)
    }
  }

  def test2() {
    println("¥n=== 名前渡し ===¥n")
    loopB {
      println("111")
      println("222")
    }
  }

  test1()
  test2()
}
```

　loopA メソッドは値渡しによって制御構造が作れるかどうか試すものですが、これは失敗します。loopB メソッドは「=>」を用いており、名前渡しを使用して制御構造を作ります。両方ともメソッド内部は同じ処理内容です。

```
def loopA(body: Unit) {          … 値渡し
    :
}

def loopB(body: => Unit) {        … 名前渡し
    :
}
```

　まず test1 メソッドで値渡しバージョンの動作確認です。引数には loopA{…}というように、ブロック{}で囲んだ処理を与えることができます。loopAの引数 body は Unit 型です。{}内の最後の式が Unit 型であれば、ブロック全体の式の値が Unit になります。

180　第 8 章 名前渡し

```
def test1() {
  println("¥n=== 値渡し ===¥n")
  loopA {
    println(111)
    println(222)
  }
}
```

出力結果

```
=== 値渡し ===

111
222        … 繰り返されていない（これはloopAを呼び出す直前に引数評価された結果である）
------ loopA
```

loopA は for 式によって引数 body を三回参照していますが、body は値渡しなので、引数は呼び出し前に一回だけ評価されることになります。つまり println の呼び出し式の評価も一回だけで、出力結果も一回分です。body に格納されている評価済みの Unit 型の値（空の値）をいくら評価しても println が呼び出されるわけではありません。

次に、test2 メソッドは名前渡しバージョンです。loopB の引数は名前渡しなので、loopB の呼び出しで引数は評価されず、引数に位置する式つまり{}部分が評価されないまま loopB に渡されます。そして loopB 内で引数 body を参照するタイミングで{}部分が評価されます。引数 body の参照は、三回ループする for 式の中にあり、body が参照されるたびに、{}内が評価（実行）され、ループ構造がうまく動作することになります。

```
def test2() {
  println("¥n=== 名前渡し ===¥n")
  loopB {
    println("111")
    println("222")
  }
}
```

出力結果

```
=== 名前渡し ===
```

8.2 独自のループ制御構造を作る　181

```
------ loopB
111
222
111
222
111
222        … {}内が3回繰り返された
```

❑ ループ構造を作る(2) 〜 繰り返し回数指定

リスト 8-3 は、繰り返し回数を引数で指定できるようにしたものです。ここでは、カリー
化の際に用いた引数リスト分割を活用してすっきりと記述できるようにしています。

リスト 8-3　繰り返し回数を変えられるループ構造

```scala
package ex.callbyname

object CallByName3 extends App {

  def loop1(n: Int, body: => Unit) {
    var i = 0
    while (i < n) {
      body
      i += 1
    }
  }

  def loop2(n: Int)(body: => Unit) {
    var i = 0
    while (i < n) {
      body
      i += 1
    }
  }

  def test1() {
    println("\n=== 名前渡し ===\n")
    loop1(3, {
      println(111)
      println(222)
    })
  }

  def test2() {
```

182　第 8 章 名前渡し

```
    println("¥n=== 名前渡し＋引数リスト分割===¥n")
    loop2(3) {
      println(111)
      println(222)
    }
  }

  test1()
  test2()
}
```

　ループ制御構造の loop1 メソッドは、ループ内容を引数 body に名前渡しして繰り返し評価されるようにします。なお、引数 n は繰り返し評価する必要がないので値渡しのままです。今回は for ではなく while を用いていますが、while は Scala コンパイラによって高速動作するコード生成ができるので、処理効率も重視したループ制御構造にしました。

　もう一つの制御構造の loop2 メソッドは、引数が二つ以上になると、呼び出し側の記述がシンプルにならないので、カリー化の場合のように引数リストを「(n:Int)(body:=>Unit)」といように分割しています。これにより、呼び出し側でも引数を分割することになります。

```
  def loop1(n: Int, body: => Unit) {
      :
  }

  def loop2(n: Int)(body: => Unit) {      … 引数リストを二つにする
      :
  }
```

　test1 メソッドは、名前渡しだけのバージョン loop1 の呼び出しです。loop1 の引数が二つになったことで、二つの引数を「,」で区切って与える必要があります。また第二引数に与える複数の処理は{}で記述する形式になります。こうして見ると()と{}の入れ子や「,」が煩わしく感じられます。

```
  def test1() {
    println("¥n=== 名前渡し ===¥n")
    loop1(3, {
      println(111)
```

8.2　独自のループ制御構造を作る　　183

```
        println(222)
    })
  }
```

出力結果

```
=== 名前渡し ===

111
222
111
222
111
222    … {}内が3回実行された
```

　test2 メソッドは、名前渡しおよび引数リスト分割を利用しています。カリー化のとき
のように loop2()()という呼び出し形式になり、さらに第二引数を{}に置き換えて
loop2(){}とすると、test1 よりもすっきりして読みやすくなりました。この形は while
と同じデザインです。

　カリー化の際、引数リスト分割して「()()()…」で呼び出すと冗長性が感じられまし
たが、今回は引数リスト分割したほうが、反対に冗長性がなくなる結果になりました。

```
def test2() {
  println("\n=== 名前渡し＋引数リスト分割===\n")
  loop2(3) {
    println(111)
    println(222)
  }
}
```

出力結果

```
=== 名前渡し＋引数リスト分割 ===

111
222
111
222
111
222    … {}内が3回実行された
```

184　第 8 章 名前渡し

Scalaのメリット　独自制御構造のデザイン

Scalaの名前渡しを応用すると、値渡しではできなかったような、様々な制御構造としてのメソッドが作れます。さらに、カリー化の際の引数リスト分割を活用することで、より、制御構造らしい使いやすい明瞭な記述ができます。

使いやすさや安全性を考慮した制御構造をいったん作っておけば、ライブラリのように何度も活用でき、ソフトウェア開発生産性におけるメリットとなります。独自制御構造は自由にデザインできるので、汎用性を高めるためや、重複する記述を排除するためなど、ケースバイケースのニーズに対して役立ち、プログラマのアイディアを実践できるツールになります。

❏ ループ構造を作る(3) 〜 汎用ループ構造

ループ処理は、必ずしもカウンタを用いた指定回数の繰り返しだけではありません。一般的には、図 8-5 のように、任意の初期化処理、継続条件、更新処理の要素で構成されます。

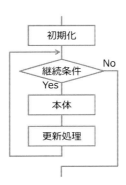

図8-5　汎用的なループ構造

リスト8-4は、繰り返しの継続条件と、更新処理を与える汎用ループ制御構造を作っています。このプログラムでは、XML ファイルを読み込んでそのデータ構造の要素を参照する実験的な処理を含んでいます。

リスト 8-4　汎用的なループ構造

```scala
package ex.callbyname

import javax.xml.parsers.DocumentBuilderFactory

object CallByName4 extends App {

  def loop(cond: => Boolean, update: => Unit)(body: => Unit) {
    while (cond) {
      body
      update
    }
  }

  def test1() {
    var a = 0
    loop(a < 3, a += 1) {
      println(111)
      println(222)
    }
  }

  def test2() {
    // XMLファイルを読み込んで、userタグ要素のコレクションを得る
    val builder = DocumentBuilderFactory.
                                newInstance().newDocumentBuilder()
    val doc = builder.parse("data.xml")
    val users = doc.getElementsByTagName("user")
    var i = 0
    // userタグ要素のループ
    loop(i < users.getLength(), i += 1) {
      var user = users.item(i)
      var node = user.getFirstChild()
      // 未知のタグ要素のループ
      loop(node != null, node = node.getNextSibling) {
        // もしnameタグがあればテキストを表示
        if (node.getNodeName() == "name") {
          println("名前="+ node.getTextContent().replaceAll("¥¥s", ""))
        }
      }
    }
  }

  test1()
  test2()
}
```

186　第 8 章 名前渡し

ループ制御構造 loop には引数が三つあり、cond がループの継続条件、update がループするたびに実行する更新処理、body がループ本体処理です。これらは繰り返すたびに評価する必要があり、名前渡しにしてあります。また、記述しやすさから引数リストを分離しました。

```
def loop(cond: => Boolean, update: => Unit)(body: => Unit) {
  while (cond) {
    body
    update
  }
}
```

test1 メソッドでは、カウンタ変数 a の宣言と代入がループの初期化処理です。そして、loop(継続条件, 更新処理){本体}といった形式で制御構造を使用します。

この例では、var 変数 a を 0 で初期化し、ループするたびに 1 加算します。そして、毎回 a が 3 より小さいか評価し、その条件式が true の間ループを継続します。そうして、a が 0, 1, 2 と変化しながら三回ループします。

```
var a = 0
loop(a < 3, a += 1) {
  println(111)
  println(222)
}
```

出力結果

```
111
222
111
222
111
222
```

test2 メソッドについては、まず次のような XML ファイル「data.xml」を作成しておきます。XML ファイルは、テキストファイルとして記述し、Eclipse のワークスペースフォルダの下のプロジェクトフォルダの直下に保存しておきます。この XML 内容は何らかのユーザ情報であり、ユーザ情報は<user>～</user>タグを用いますが、それ以外はまちまちで、age タグ、mail タグの有無や、タグ順序などは統一されていません。

8.2 独自のループ制御構造を作る　187

以下の「**data.xml**」の例は、**user** タグによるユーザ情報のうち、子要素に **name** タグを含むものは三件あります。プログラムでは、各ユーザ情報の中を調べ、**name** タグがあればその中に含まれるテキスト情報を取り出して、さらに空白を除去して出力します。

```
data.xml

<?xml version="1.0" encoding="UTF-8"?>
<data>
  <user>
    <name>開発太郎</name>
    <age>20</age>
  </user>
  <user>
    <loginId>ID001</loginId>
    <age>23</age>
  </user>
  <user>
    <mail>tora@tiger.com</mail>
    <name>
      <familyName>大河</familyName>
      <firstName>トラ</firstName>
    </name>
  </user>
  <user>
    <name>ミケ</name>
  </user>
</data>
```

test2 メソッドは図 8-6 のように、複数の **user** タグの分だけ繰り返すためのカウンタを使ったループ構造と、その内側で、タグ要素を一つずつ走査して **name** タグを処理するためのループ構造による、二重ループ構造を形成しています。

プログラムでは、各ループ構造に対応させて、制御構造の **loop** メソッドを二重に使用しています。**loop** 制御構造の第三引数に相当する**{}**内には複数の式が記述でき、その一つがさらに **loop** 制御構造の呼び出しになっています。また、内側の **loop** ではさらに **if** 式を使用するなど、自由で柔軟に処理が記述できます。

188　第 8 章 名前渡し

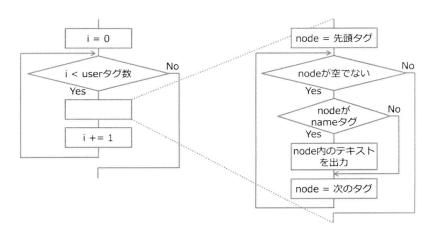

図 8-6 二重ループ構造による XML データ処理

```
// XMLファイルを読み込んで、userタグ要素のコレクションを得る
val builder = DocumentBuilderFactory.
                newInstance().newDocumentBuilder()
val doc = builder.parse("data.xml")
val users = doc.getElementsByTagName("user")
var i = 0
// userタグ要素のループ
loop(i < users.getLength(), i += 1) {
  var user = users.item(i)
  var node = user.getFirstChild()
  // 未知のタグ要素のループ
  loop(node != null, node = node.getNextSibling) {
    // もしnameタグがあればテキストを表示
    if (node.getNodeName() == "name") {
      println("名前="+ node.getTextContent().replaceAll("¥¥s", ""))
    }
  }
}
```

出力結果
名前=開発太郎
名前=大河トラ
名前=ミケ

❏ ループ構造を作る(4) 〜 グラフィックス用ループ構造

　今度は、汎用的なループ構造から、反対に特定の処理に特化したループ構造を作ってみましょう。リスト8-5は、グラフィックス処理を用いて、出力結果のようにグラフ表示するプログラムです。グラフィックスの機能は、Javaの標準ライブラリを用いています。

出力結果

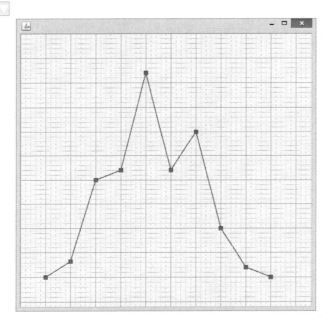

リスト8-5　グラフ表示するグラフィックスプログラム

```
package ex.callbyname

import javax.swing._
import java.awt._

object CallByNameGraphics extends JFrame with App  {

  // グラフデータ
  val data = Array(500, 468, 300, 280, 80, 280, 200, 400, 480, 500)
  // 各部の色、線の形状
  val color1 = new Color(150, 180, 230)
  val color2 = new Color(120, 150, 200)
  val color3 = new Color(20, 120, 50)
```

```scala
    val solid1 = new BasicStroke(1.0f)
    val solid2 = new BasicStroke(2.0f)
    val dash = new BasicStroke(1.0f, BasicStroke.CAP_BUTT,
                        BasicStroke.JOIN_MITER, 10.0f, Array(1.0f), 0.0f)
    // ウインドウ作成
    setBounds(100, 100, 600, 600)
    setDefaultCloseOperation(JFrame.EXIT_ON_CLOSE)
    setVisible(true)
    add(new JPanel {
      // 描画メソッド
      override def paintComponent(g: Graphics) {
        super.paintComponent(g)
        val g2 = g.asInstanceOf[Graphics2D]
        val w = getWidth()
        val h = getHeight()
        // 描画処理（なお時間計測してログファイルに記録）
        my.Util.stopWatchMsecToLog("log.txt") {
          grid(g2, w, h, 10, color1, dash)    // 補助目盛線描画
          grid(g2, w, h, 50, color2, solid1)  // 目盛線描画
          plot(g2, data, 50, color3, solid2)  // 折れ線描画
        }
      }
    })

    // 目盛線描画メソッド
    def grid(g: Graphics2D, w: Int, h: Int, d: Int,
                            color: Color, stroke: BasicStroke) {
      g.setColor(color)
      g.setStroke(stroke)
      for (i <- 0 to h/d) {
        val y = i * d
        g.drawLine(0, y, w, y)
      }
      for (i <- 0 to w/d) {
        val x = i * d
        g.drawLine(x, 0, x, h)
      }
    }

    // 折れ線描画メソッド
    def plot(g: Graphics2D, data: Array[Int], d: Int,
                            color: Color, stroke: BasicStroke) {
      g.setColor(color)
      g.setStroke(stroke)
      for (i <- 0 to data.length-1) {
        val x1 = (i+1)*d
        val y1 = data(i)
        if (i < data.length-1) {
```

8.2 独自のループ制御構造を作る　191

```
      val y2 = data(i+1)
      val x2 = (i+2)*d
      g.drawLine(x1, y1, x2, y2)
    }
    g.fillRect(x1-4, y1-4, 9, 9)
  }
 }
}
```

目盛線描画の grid メソッドと、折れ線描画の plot メソッドでは、ループには for 式
を使用していますが、次のように while 式でも記述できます。while だとカウンタ変数
を管理する必要があり、プログラム行数は両メソッド合わせて 26 行から 33 行に増えま
す。

grid と plot を while で置き換えた場合

```
def grid(g: Graphics2D, w: Int, h: Int, d: Int,
                          color: Color, stroke: BasicStroke) {
  g.setColor(color)
  g.setStroke(stroke)
  var i = 0
  while (i <= h/d) {
    val y = i * d
    g.drawLine(0, y, w, y)
    i += 1
  }
  i = 0
  while (i <= w/d) {
    val x = i * d
    g.drawLine(x, 0, x, h)
    i += 1
  }
}

def plot(g: Graphics2D, data: Array[Int], d: Int,
                          color: Color, stroke: BasicStroke) {
  g.setColor(color)
  g.setStroke(stroke)
  var i = 1
  var lastX = d
  var lastData = data(0)
  while (i < data.length) {
    val nextX = lastX + d
    val nextData = data(i)
    g.drawLine(lastX, lastData, nextX, nextData)
```

192　第 8 章 名前渡し

```
      g.fillRect(lastX-4, lastData-4, 9, 9)
      i += 1
      lastX = nextX
      lastData = nextData
    }
    g.fillRect(lastX-4, lastX-4, 9, 9)
  }
```

　出力結果は、折れ線グラフで各点にはマーカーを描き、背景に目盛線と補助目盛
線を描きます。これらの描画処理におけるループ処理は、以下のような数値を生成して
います。

- グラフ背景の水平目盛線（実線）の y 座標
- グラフ背景の垂直目盛線（実線）の x 座標
- グラフ背景の水平補助目盛線（破線）の y 座標
- グラフ背景の垂直補助目盛線（破線）の x 座標
- 折れ線グラフの各要素間線分の始点-終点座標(x1,y1)-(x2,y2)
- 折れ線グラフの各要素マーカー（四角形の印）の基準点座標(x1,y1)

　各ループでは、これらの座標計算の他、グラフィックスメソッドの drawLine（線描画）
や fillRect（四角形描画）などの呼び出しが混在しています。そこで、繰り返し処理
に加えて、これらの座標計算も組み込んだ、次のようなオリジナルの制御構造を作りま
す。

　なお、必ずしも制御構造を使用側と同じプログラムファイルに記述する必要はないの
で、別の scala ファイルの object や class 内に記述して分けても構いません。

```
def loopGrid(start: Int, end: Int, d: Int)(bodyFun: (Int) => Unit) {
  var i = start
  var pos = 0
  while (i <= end) {
    bodyFun(pos)
    i += 1
    pos += d
  }
}

def loopPlot(length: Int, d: Int)
```

8.2　独自のループ制御構造を作る　193

```
        (lineFun: (Int,Int,Int,Int)=> Unit)(plotFun: (Int,Int)=> Unit) {
  var i = 1
  var lastX = d
  var lastData = data(0)
  while (i < length) {
    val nextX = lastX + d
    val nextData = data(i)
    lineFun(lastX, nextX, lastData, nextData)
    plotFun(lastX, lastData)
    i += 1
    lastX = nextX
    lastData = nextData
  }
  plotFun(lastX, lastData)
}
```

　loopGrid 制御構造では、引数 start および end には、ループカウンタの開始および終了値を与え、引数 d には間隔を与えます。これらをもとに、一定間隔の位置を繰り返し生成します。生成された位置 pos は、高階関数としての引数 bodyFun 関数の引数に与えて呼び出します。bodyFun は Int 型引数を一つ受け取る任意の関数オブジェクトです。今回は目盛線の描画関数が bodyFun に渡される予定です。

　loopPlot 制御構造では、引数 length にデータ数を、引数 d に間隔を与えます。これらをもとに、一定間隔の x 座標を繰り返し生成し、さらにグラフのもとデータ（data）を参照して y 座標を生成します。これらを繰り返し生成し、折れ線グラフの要素間の始点-終点座標として使いますが、始点は、一回前の終点と同じなので、コレクション変数 data の冗長な参照をなくすために、lastX や lastData を用いて保存しています。

　そして、関数引数である lineFun 関数に対し、始点-終点を引数として渡し、さらに plotFun 関数に始点を引数として渡しています。lineFun は折れ線部分を、plotFun はマーカー部分の描画を行う関数が渡される予定です。なお、折れ線の各線分の数よりマーカーの数が一つ多くなるので、ループの後で plotFun メソッドをさらに一回呼び出しています。

　次のリストが、これらの制御構造を使用する描画処理の新バージョンです。grid2 メソッドの目盛線描画処理では、loopGrid 制御構造を使用して、繰り返し目盛線を描きます。細かな座標計算は loopGrid 制御構造側に組み込んでいるので簡潔になりました。また、plot2 メソッドの折れ線描画処理でも、loopPlot 制御構造により、同様に座標計算を除いた簡潔なものになっています。loopPlot は引数リストが三つあり、一

194　第 8 章 名前渡し

つ目がデータ数と間隔、二つ目と三つ目は{}を使い、それぞれ、始点終点を得て線描画するものと、始点を得て塗りつぶし四角形を描くものを関数リテラルで記述します。

grid2, plot2 メソッドにおいて、制御構造を呼び出している{}内は、「引数=>描画処理」という形です。この引数には、制御構造側から送られてきた座標などが入っています。ループを繰り返すたびに、次々と座標が送られてきて、それを使った描画をするわけです。

```
def grid2(g: Graphics2D, w: Int, h: Int, d: Int,
                         color: Color, stroke: BasicStroke) {
  g.setColor(color)
  g.setStroke(stroke)
  loopGrid(0, h/d, d) { y =>    … yは制御構造側から渡されてくる引数
    g.drawLine(0, y, w, y)      … 水平の線描画
  }
  loopGrid(0, w/d, d) { x =>    … xは制御構造側から渡されてくる引数
    g.drawLine(x, 0, x, h)      … 垂直の線描画
  }
}

def plot2(g: Graphics2D, data: Array[Int], d: Int,
                         color: Color, stroke: BasicStroke) {
  g.setColor(color)
  g.setStroke(stroke)
  loopPlot(data.length, d) { (x1,x2,y1,y2) =>   … 引数が四つ渡されてくる
    g.drawLine(x1, y1, x2, y2)                   … 折れ線を描く
  } { (x1,y1) =>                                 … 引数が二つ渡されてくる
    g.fillRect(x1-4, y1-4, 9, 9)                 … マーカーを描く
  }
}
```

今回の制御構造による処理は、図 8-7 のようにして機能分担させています。メインの処理側（grid2, plot2 メソッド）をなるべくグラフィックス関連の記述のみにして簡潔にしています。一方、制御構造側（loopGrid, loopPlot メソッド）は、繰り返し構造や座標生成などをまとめて行い、グラフィックス関連のメソッドは使っていません。

8.2 独自のループ制御構造を作る　195

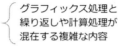

図 8-7　グラフィックス処理を独立させた構造デザイン

　このようにして、複雑なグラフィックス処理プログラムを簡潔に組み立てることができるので、読みやすさの向上やバグ発生の危険を避ける意味でも効果が期待できます。

　プログラムのバージョンアップにおいて、グラフィックス処理における改良、機能追加、高詳細化、3D 機能活用、グラフィックス処理系変更といったように何らかの変更が生じても、制御構造側がそのまま使用できれば、保守性も良いということが想像されます。

　例えば、`fillRect` による四角形塗りつぶし処理を、枠と塗りつぶしを異なる色にしたり、引数の指定によって、四角形、三角形、十字といったバリエーションを変えられるようにしたり、あるいは、点の周囲への文字描画、各線分の中央に文字を表示したりといったグラフィックスまわりの処理を追加していった場合でも、記述しやすいはずです。また、制御構造側は独立しているため、デバッグ対象範囲も少なくて済みます。

Scala のメリット　グラフィックスに特化した制御構造デザイン

> 　グラフィックス、座標計算など、いろいろな処理要素が混在するような特に複雑な処理では、繰り返しや座標計算処理などを独自制御構造側に機能分担させることで、メインの処理を明瞭にすることができます。これは、ソフトウェアの改良や保守の際に、開発効率やデバッグ面でメリットがあります。
>
> 　名前渡しを利用して独自制御構造が自由に作れるようになると、どのように処理要素を分離するかといった設計指針に沿って、プログラムをデザインすることができます。より良い指針を、言語の文法規則によって制約されることなく、やりたいように表現できるメリットがあります。

> ソフトウェアの設計は、主に SE（システムエンジニア）によって、仕様、機能、性能など
> を満たすことを目標として行われる技術です。高機能化や GUI などによってソフトウェア内
> 部が複雑化していく今日では、内部に関わる設計がもっと見直されていることでしょう。そ
> こでプログラムレベルのデザインは重要な役割となります。この状況に対して関数型機能は
> 有効な手段であり、関数型プログラミングによって SE の手が届きにくいところを強化する
> ことができます。

❏ 独自制御構造の処理速度

　前節での独自制御構造を用いた処理の効率面を見てみましょう。

　次のような記述により、目盛線や折れ線の描画に要する処理時間を測定します。測
定には、ユーティリティの `my.Util.stopWatchMsecToLog` メソッドを活用し、
「`log.txt`」というファイルに測定結果を記録していきます。この測定方法によって、プ
ログラムを 10 回実行した際の平均値を、表 8-1 に示します。

```
// 描画処理（時間計測してログファイルに記録）
my.Util.stopWatchMsecToLog("log.txt") {
  grid(g2, w, h, 10, color1, dash)     // 補助目盛線描画
  grid(g2, w, h, 50, color2, solid1)   // 目盛線描画
  plot(g2, data, 50, color3, solid2)   // 折れ線描画
}
```

表 8-1　独自制御構造導入における処理時間

	もとの処理 （for 使用）	もとの処理 （while 使用）	独自制御構造 （loopGrid, loopPlot 使用）
処理時間 [ミリ秒]（比率）	59.401 (1.00)	42.130 (0.71)	44.640 (0.75)
grid,plot の行数 [行]（比率）	26 (1.00)	33 (1.27)	19 (0.73)

　結果において、もとの処理では、for の代わりに while を使ったほうが高速になりま
した。while のほうがシンプルなコードにコンパイルされるからです。独自制御構造で

8.2　独自のループ制御構造を作る　197

は while を使用しているためやはり高速です。

for によるループ処理はとても簡潔に記述でき、while だと変数宣言、条件判断、カウンタ更新など、処理手順が多くなり行数が増えます（26 行→33 行）。独自制御構造は、それ自身の中は while によってやや複雑化しますが、ライブラリのように、いったん作成しておけば、使用側ではその複雑さを全く気にしなくて済みます。使用側についてのみ見れば、処理効率と簡潔さの両方が向上しています（処理時間 0.75 倍、行数 0.73 倍）。

8.3 入出力系の制御構造をデザインする

❏ 制御構造が作れることの実践的メリット

名前渡しなどの機能を活用して、様々なループを実行する制御構造を作ることができました。中身の複雑な制御構造を一つ用意しておき、それを簡単な記述で何度も利用できることは、簡潔さと安全性の両面で、プログラミング上とても有益です。

また、繰り返し処理の前後で初期化および終了処理などを挿入した制御構造を用意しておけば、利用側ではそれらの処理を行う煩雑さから解放され、簡潔な初期化、終了処理を自動的に実施できるといったメリットになります。

これまでのプログラムの動作から、名前渡しされた引数は、参照されるたびに何回でも再評価されることがわかります。このことは、評価のたびに状態が変化しているようなものを呼ぶ処理に活用できます。例えば、ファイル、データベース、ネットワークアクセスなどの入出力系の処理が挙げられます。これらは、読み込みや受信処理を呼び出すたびに、新しいデータが次々と得られる性質のもので、なおかつ煩雑なエラーハンドリング（エラーが発生したときの処理や後始末、例外処理など）を要するものだからです。

❏ 関数オブジェクトの名前渡し実験

名前渡しは、式を評価せずに引数に渡しますが、この式が関数オブジェクトの場合、どのような仕組みで動作するのか、実験しながら考えてみましょう。

リスト 8-6 は、素数を求めるプログラムです。比較のため、値渡しバージョンの

198　第 8 章 名前渡し

testloop と、名前渡しバージョンの testloopByName の、二つのメソッドを用意しました。これらの制御構造に対し、引数に関数オブジェクトを渡します。制御構造側の役割は、1, 2, 3…という整数値を連続生成するループ構造を作り、その中で各整数値が素数ならば、関数オブジェクトを呼び出して、そちらに何らかの処理をさせるものです。

リスト8-6　素数を求めるプログラム

```scala
package ex.callbyname

object CallByName5 extends App {

  def testloop(n: Int)(bodyFun: (Int) => Unit) {
    for (i <- 1 to n) {
      if (Range(2, i).toList.forall(x => i % x != 0)) {
        bodyFun(i)
      }
    }
  }

  def testloopByName(n: Int)(bodyFun: => (Int) => Unit) {
    for (i <- 1 to n) {
      if (Range(2, i).toList.forall(x => i % x != 0)) {
        bodyFun(i)
      }
    }
  }

  def test1() {
    println("=== 素数出力（関数オブジェクトの値渡しバージョン） ===")
    testloop(20) {
      x =>
      println(x)
    }
  }

  def test2() {
    println("=== 素数出力（関数オブジェクトの名前渡しバージョン） ===")
    testloopByName(20) {
      x =>
      println(x)
    }
  }

  test1()
  test2()
}
```

8.3 入出力系の制御構造をデザインする　199

testloop および testloopByName メソッドの違いは、第二引数 bodyFun におけ
る「=>」の有無であり、値渡しと名前渡しの違いです。

この第二引数の型は、「(Int)=>Unit」型、つまり Int 型整数の引数を受け取り、結
果は返さない(Unit 型を返す)ものです。これは高階関数の機能です。このような関数
オブジェクトを渡す引数を、名前渡しにしたらどのように動作するのか見てみます。

いずれのメソッドも、まず、第一引数 n の値に応じて i = 1, 2, 3…n と変化させる
for ループがあり、この i が素数であるかどうか調べます。ループ内では、毎回 if 式
により素数判定を行います。Range(2, i).toList によって List(2, 3…i-1)といっ
たリストを生成し、その各要素に対して forall メソッドで条件判断処理をします。

条件判断は、「x => i % x != 0」という関数オブジェクトによる i を x で割った余
りがゼロ以外かという判定式です。forall メソッドはこの条件判断が List(2, 3…i-
1)のすべての要素に対して true なら true、一要素でも false ならば false を返し
ます。

よって、i に対して 2, 3…i-1 で割ってみて、すべて割り切れなければ、i は素数と
判定されます。そうして、素数の場合のみ bodyFun 関数が引数 i を伴って呼び出され
ます。

```scala
def testloop(n: Int)(bodyFun: (Int) => Unit) {
  for (i <- 1 to n) {
    if (Range(2, i).toList.forall(x => i % x != 0)) {
      bodyFun(i)
    }
  }
}

def testloopByName(n: Int)(bodyFun: => (Int) => Unit) {      … 名前渡し
  for (i <- 1 to n) {
    if (Range(2, i).toList.forall(x => i % x != 0)) {
      bodyFun(i)
    }
  }
}
```

test1, test2 メソッドでは、それぞれ testloop, testloopByName 制御構造を使
用しています。第一引数に 20 を渡すと、1〜20 が検査対象の整数値となります。第二
引数は、{}の式全体となります。

testloop のほうは値渡しなので、{}式の値、つまり最後の式の値が評価されて渡されます。この場合は「x=>println(x)」という関数リテラルが渡され、testloop 側においてループするたびに bodyFun(i)という関数呼び出しが発生します。

testloopByName のほうは名前渡しなので、{}内は評価されずに渡され、testloopByName 側においてループするたびに引数で渡された{}内が評価されます。評価によって関数オブジェクトが得られ、さらに bodyFun(i)という関数呼び出しが発生します。

結果的に test1, test2 メソッド両方とも、{}内に位置する関数オブジェクトが呼び出されて、引数として渡された x の内容の素数値が出力されます。

```
def test1() {
  testloop(20) {
    x =>
    println(x)
  }
}

def test2() {
  testloopByName(20) {
    x =>
    println(x)
  }
}
```

出力結果
```
=== 素数出力（関数オブジェクトの値渡しバージョン） ===
1
2
3
5
7
11
13
17
19
=== 素数出力（関数オブジェクトの名前渡しバージョン） ===
1
2
3
5
7
11
```

8.3 入出力系の制御構造をデザインする　201

```
13
17
19
```

これらの引数の渡し方と関数呼び出しの状況を図 8-8, 8-9 に示します。

値渡しでは、{}式が評価されて、その値として関数オブジェクトが引数に渡されます。一方、名前渡しでは、{}式は評価されないまま引数に渡されます。そして引数を参照するたびに、{}式の評価とその値である関数オブジェクトの呼び出しが行われます。

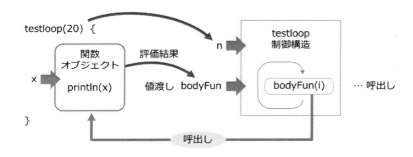

図 8-8　関数オブジェクトの値渡し

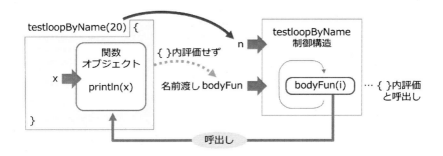

図 8-9　関数オブジェクトの名前渡し

評価のタイミングは異なりますが、どちらの場合も、関数オブジェクトが呼び出されて、その内部の `println(x)` が実行されます。x はこの関数オブジェクトの引数であり、

bodyFun(i)による i の値が x に渡されてきます。この様子はもとの呼び出し側が、呼び出し相手から逆に呼び出される仕組みであり、コールバックと呼ばれる処理スタイルです。

コールバック処理では、コールバック（される）関数を用意しておき、これを相手先に渡します。相手先は、何らかの処理を行い、結果を返す代わりにコールバック関数を呼び出してきます。コールバックの利点は、相手先から何度でも呼び出せること、処理内容を相手先に記述せずこちら側に記述できること、それによって相手側の処理の汎用性が高まります。また、非同期に呼び出されるイベント駆動スタイルの仕組みが作れるなど、様々なスタイルで活用できます。コールバックは、OS などをはじめ、様々なシステムの API で用いられている手法です。

さて、このプログラム例に限って言えば、関数オブジェクトを引数とする場合は、値渡しも名前渡しも結果は同じでしたが、次のような処理で結果が異なる場合があります。

```
def test1() {
  testloop(20) {
    処理A          …  処理Aは一回しか評価されない？
    x =>
    println(x)
    処理B
  }
}

def test2() {
  testloopByName(20) {
    処理A          …  毎回評価される
    x =>
    println(x)
    処理B
  }
}
```

{}内は、処理 A と「x => {println(x); 処理 B}」という関数リテラルで構成されています。処理 B は関数オブジェクトの中の処理なので、毎回のループで実行されます。しかし、処理 A が実行されるのは、{}内が評価されるときだけです。よって、値渡しでは引数 bodyFun に渡されるときに、処理 A は一回のみ実行されます。一方、名前渡しでは bodyFun(i)が呼び出されるときに毎回実行されます。

8.3 入出力系の制御構造をデザインする　203

このような特殊な違いがありますので、表記法と式の構造および評価のタイミングを確実に理解していないとバグのもとになる可能性があります。なので、名前渡しバージョンにしておけば、確実に{}内は毎回実行されるので安心とも言えます。

ただし、そのトレードオフとして、名前渡しのほうが処理のオーバーヘッドがあります。値渡しの場合に実行される「関数オブジェクトの呼び出し」に対し、名前渡しの場合は「{}内の関数オブジェクトの評価」＋「関数オブジェクトの呼び出し」という動作の違いになります。

関数オブジェクトの評価に時間がかかるのでは、という心配があるかもしれませんが、Scala はコンパイラ型なので関数リテラルのコンパイルはすでに終えており、また何かの演算が行われるわけではなく、評価はオブジェクトへの参照を得る程度の処理です。

実際にコンパイルされたコードでは、関数オブジェクトの値渡しに対して名前渡しは一回分のメソッド呼び出しが増え，大雑把に表現すると「bodyFunc.apply$(i)」相当と「bodyFunc.apply().apply$(i)」相当の違いがあります。よってオーバーヘッドは「関数を呼び出す（そして戻る）」という処理部分にあたりますが、これは、それほど時間のかかる処理ではありません。試しに 10000 回ループで比較するとほとんど違いはありませんでした。であれば、安全性を優先してループ構造での関数オブジェクトは名前渡しにするということも、選択の一つかもしれません。

☐ ファイル処理構造を作る(1) 〜 ファイル処理の基本

ファイル処理を簡潔にするための制御構造の作成にあたり、まず、ファイルアクセスの基本的な処理方法を見ておきましょう。準備として、次のような入力ファイルdata.txt をあらかじめ作成しておきます。

ファイルの各行は、番号、国語点数、数学点数の記録であり、何らかの成績データファイルのサンプルです。これはテキストファイルとして記述し、Eclipse のワークスペースフォルダの下のプロジェクトフォルダの直下に保存します。

data.txt		
101	55	78
102	80	66
103	95	53
104	56	67
105	98	100

リスト 8-7 は、テキストファイルから一行ずつ文字列データを読み込んで画面に出力するプログラムです。

リスト 8-7　ファイル処理の例

```scala
package ex.callbyname

import scala.io.Source

object CallByName6 extends App {

  // 一般的なファイル処理
  def test() {
    var src: Source = null
    try {
      src = Source.fromFile("data.txt")
      for (line <- src.getLines()) {
        println(line)                  // 1行ずつ読み取って出力
      }
    } catch {
      case e: Exception => println("Error: " + e.getMessage())
    } finally {
      if (src != null) src.close()
    }
  }

  test()
}
```

出力結果		
101	55	78
102	80	66
103	95	53
104	56	67
105	98	100

　ファイル読み込みの際、fromFile メソッドに、用意したファイルの名前「"data.txt"」を与えてファイルオープンし、内容の読み取りが終わったら close メソッドでファイルクローズします。読み込み処理は、getLines メソッドで取得したイテレータに対してループ処理で一行分の文字列を変数 line に読み込んで表示します。イテレータとは、複数の要素から成るデータ源(この場合複数の行)から、順次、データ要

8.3　入出力系の制御構造をデザインする　205

素を得る機能を持つ型であり、for 式でこのように簡単に使えます。

　ファイルアクセスは、常に成功するとは限らず、ファイルが存在しない、あるいは、他のソフトウェアによるロックやユーザに対するファイルアクセス権の状態、さらにはディスク装置の故障などによって、例外（exception, 実行時エラー）が発生し、プログラムが異常終了する可能性があります。

　このプログラムでは、ファイルオープンやファイル読み取り時の例外発生を try-catch 式により捕捉します。さらに、処理が正常でも異常でも、ファイルオープンされていれば finally によって、確実にファイルクローズするようにしています。例外発生時は、以下の出力結果のように、メッセージを表示し、プログラムを異常終了させません。

> **出力結果**
> ```
> Error: data.txt（指定されたファイルが見つかりません。）
> ```

> **出力結果**
> ```
> Error: data.txt（アクセスが拒否されました。）
> ```

　実行時エラーを想定し、try-catch 構文を用いて、どのような状況でもプログラムを異常終了させずに動作を設計通りに制御することが、ソフトウェア開発では必要です。

　実際には、このプログラムのような単純にファイル内容を出力するだけでなく、ファイル内容から、数値、文字列、日付、URL、特定のキーワードといったような、いろいろなデータ型、形式、書式による情報を読み込んで、演算、比較、変換などの処理をすることもあります。そうして例外処理、ループ処理、条件処理によって、ファイルアクセス処理の全体は複雑になりコード量が多くなります。それらによる開発負荷を軽減できるような独自制御構造の作成を考えていきましょう。

❑ ファイル処理構造を作る(2) 〜 制御構造の実装

　リスト 8-8 は、ファイル名と繰り返し処理本体を記述するだけで済むファイルアクセスの制御構造を作るプログラムです。

リスト 8-8　ファイルアクセス制御構造の作成

```
package ex.callbyname
```

```scala
import scala.io.Source

object CallByName7 extends App {

  def fileloop(file: String)(bodyFun: => (String) => Unit) {
    var src: Source = null
    try {
      src = Source.fromFile(file)
      for (line <- src.getLines()) {
        bodyFun(line)
      }
    } catch {
      case e: Exception => println("Error: " + e.getMessage())
    } finally {
      if (src != null) src.close()
    }
  }

  def test1() {
    println("番号¥t国語¥t数学")
    fileloop("data.txt") {
      line =>
      println(line)
    }
  }

  def test2() {
    println("番号¥t合計点")
    fileloop("data.txt") {
      line =>
      val s = line.split("¥¥s+").map(x => x.toInt)
      println(s(0) + "¥t" + (s(1) + s(2)))
    }
  }

  test1()
  test2()
}
```

　`fileloop` メソッドは、ファイル名と処理本体を引数に受け取る制御構造です。カリー化のときのように引数リスト分割のスタイルを用い、引数 `bodyFun` に関数オブジェクトを受け取る高階関数になっています。また、ループ構造と例外処理を装備しています。

　繰り返し部分の`bodyFun(line)`によって、ファイルから読み取った一行分の文字列`line` を渡して`bodyFun`、つまり呼び出しもとの`{ }`内を呼び出します。

8.3　入出力系の制御構造をデザインする　207

```
def fileloop(file: String)(bodyFun: => (String) => Unit) {
  var src: Source = null
  try {
    src = Source.fromFile(file)
    for (line <- src.getLines()) {
      bodyFun(line)
    }
  } catch {
    case e: Exception => println("Error: " + e.getMessage())
  } finally {
    if (src != null) src.close()
  }
}
```

test1 メソッドでは、fileloop 制御構造に、ファイル名に文字列「"data.txt"」、処理本体に関数オブジェクト「line=>println(line)」を与えます。line はこちらに記述した関数オブジェクトの引数なので「a=>println(a)」や「s=>println(s)」というように、引数名は fileloop 側に関係なく自由に決めても構いません。

```
def test1() {
  println("番号¥t国語¥t数学")
  fileloop("data.txt") {
    line =>
    println(line)
  }
}
```

出力結果

```
番号 国語 数学
101  55 78
102  80 66
103  95 53
104  56 67
105  98 100
```

test2 メソッドは、本体処理内容を変えて、複数の処理を記述しています。この処理は、一行分の文字列 line を空白(タブ含む)で分割し、分割後の各 String 型要素を toInt メソッドで整数化して、変数 s に配列として格納しています。次に受験番号の要素である s(0)と、国語と数学の合計値「s(1)+s(2)」を出力しています。

208   第 8 章 名前渡し

```
def test2() {
  println("番号¥t合計点")
  fileloop("data.txt") {
    line =>
    val s = line.split("¥¥s+").map(x => x.toInt)
    println(s(0) + "¥t" + (s(1) + s(2)))
  }
}
```

出力結果

番号	合計点
101	133
102	146
103	148
104	123
105	198

　　fileloop 制御構造は、例外処理を施していますので、例えば、次のデータファイルのように、合計計算するための整数化（toInt）において、例外が発生するようなデータが誤って入っていても、処理を中断しますが、プログラムは異常終了にはなりません。計画的な中断です。この場合でもファイルは安全にクローズされます。

data.txt

101	55	78	
102	80	66	
103	95	53	
104	56	67	
105	98	100A	… 100Aを整数化すると例外発生！！

出力結果

```
番号 合計点
101  133
102  146
103  148
104  123
Error: For input string: "100A"    … ここで中断
```

8.3　入出力系の制御構造をデザインする　209

❏ ファイル処理構造を作る(3) ～ ファイル書き込みの制御構造

リスト8-9は、反対にデータをファイルへ書き込む制御構造を作るプログラムです。

リスト8-9　ファイル書き込み制御構造の作成

```
package ex.callbyname

import java.io.File
import java.io.FileWriter

object CallByName8 extends App {

  def fwloop (file: String, cond: => Boolean, update: => Unit)
                                        (body: => String) {
    var fw: FileWriter = null
    try {
      fw = new FileWriter(new File(file))
      while (cond) {
        fw.write(body)
        update
      }
    } catch {
      case e: Exception => println("Error: " + e.getMessage())
    } finally {
      if (fw != null) {
        fw.close()
      }
    }
  }

  def test() {
    val data = List(
                  List("番号", "国語", "数学"),
                  List(101, 55, 78),
                  List(102, 80, 66),
                  List(103, 95, 53),
                  List(104, 56, 67),
                  List(105, 98, 100))
    var a = data
    fwloop("dataout.txt", !a.isEmpty, a = a.tail) {
      a.head.mkString("¥t") + "¥r¥n"
    }
  }

  test()
}
```

210　第 8 章 名前渡し

```
dataout.txt への出力内容
番号 国語 数学
101 55    78
102 80    66
103 95    53
104 56    67
105 98    100
```

　この制御構造は次のような形式で使用します。最初の引数リストには、書き込み対象
のファイル名、繰り返しの継続条件、繰り返すたびに実行する更新処理を与えます。次
の引数リストには、最後の式にファイルに書き込む文字列を記述します。ここは、プログ
ラムによって条件判断や、文字列作成などが複雑になる可能性があるので、{}でブロ
ック化し、その中の最終式の値を書き込み対象とするわけです。

```
fwloop(ファイル名，継続条件，更新処理) {
    :
    書き込む文字列
}
```

　fwloop 制御構造側を見てみましょう。継続条件 cond と更新処理 update は、名前
渡しにしていますので、繰り返しのたびに式が評価されます。cond は条件式なので
Boolean 型、update は特に結果の値を必要としないので Unit 型になります。
　最後の引数 body は繰り返しの本体部分にあたり、繰り返すたびにファイルに書き込
む文字列が渡されてきます。毎回異なる文字列が受け取れるように、名前渡しにします。

```
def fwloop (file: String, cond: => Boolean, update: => Unit)
                                    (body: => String) {
  var fw: FileWriter = null
  try {
    fw = new FileWriter(new File(file))
    while (cond) {
      fw.write(body)
      update
    }
  } catch {
    case e: Exception => println("Error: " + e.getMessage())
  } finally {
    if (fw != null) {
      fw.close()
```

8.3　入出力系の制御構造をデザインする　211

```
      }
    }
  }
```

fwloop 制御構造の内容は、try-catch による例外処理、ループ構造で構成されます。ファイル機能として、Java 標準ライブラリの FileWriter クラスを用い、繰り返すたびに write メソッドで文字列をファイルに書き込みます。ループ終了後、およびアクセス中の例外発生時には、close メソッドを呼び出して、確実なクローズを行います。

今回書き込むデータは、プログラム中にリストデータとして与えてあります。実際には、ソフトウェアによって作成、編集、集計、加工されたような情報をファイルに書き込むことになりますが、データ内容は様々です。配列やリストなどデータの集まりになっていることが一般的だと思われます。また、ファイルに書き込むデータの種類は、テキスト、数値、画像、音声などを、文字列（テキスト）か、バイト列（バイナリ）のどちらかで書き込むことになります。今回のプログラムは文字列で書き込むテキスト形式になっています。

リストデータをファイルに書き込むために、次のように fwloop を使用しています。

```
var a = data
fwloop("dataout.txt", !a.isEmpty, a = a.tail) {
  a.head.mkString("¥t") + "¥r¥n"          … ファイルに書き込む文字列
}
```

変数 data はリスト構造です。fwloop 制御構造へは、継続条件として、リストの終端を調べる isEmpty メソッドを「!」で否定形にした式を使います。更新処理には、リストの位置を残り要素に次々と進めていくために、tail メソッドを使います。

ループ本体部分では、head メソッドによって現在のリストの先頭要素を参照します。先頭要素は一人分のリストデータに相当します。このリスト要素に対し mkString メソッドを活用してタブ文字を用いて連結します。また、最後に改行文字（CRLF）を付加します。例えば、a.head の値が「List(102,80,66)」であれば、作られる文字列は「"102¥t80¥t66¥r¥n"」となります。この文字列が fwloop 側の引数 body の評価値になるわけです。

今回はリストデータを使いましたが、Array などの添え字で参照する配列などであれば、添え字用の変数をカウントアップしながら全要素数に達するまで継続する、といった条件と更新処理、そして配列参照を用いることができます。fwloop 側では、特にリス

トや配列といったデータ構造に依存していませんので、汎用的に使えます（図 8-10）。

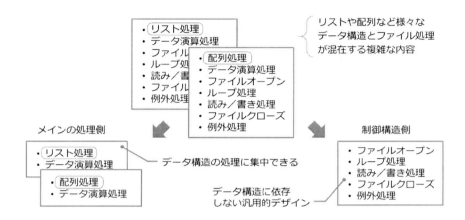

図 8-10　ファイル処理の制御構造デザイン

Scala のメリット　ファイル処理用の制御構造デザイン

> 　ファイル処理の独自制御構造を作れば、オープン、クローズ、繰り返しなどの処理を制御構造側にまとめることで、簡潔にファイルを扱えるようになります。さらに、例外発生時にプログラムを異常終了させず、適切な手順をとって回避することができるので、安全装置としても機能します。
> 　ソフトウェア開発におけるファイル処理は、一言で言うなら「面倒な処理」であるかもしれません。これには、確認メッセージやファイル選択ダイアログの表示処理、ファイル名の記録、ファイル上書き失敗時の復元、バックアップファイルの作成、ファイル不在・処理の成功・失敗における分岐処理など、様々な関連処理が前後に入ります。そのような処理を独自制御構造によって扱えれば、開発生産性を向上させるプログラミングデザインとなるでしょう。
> 　制御構造は独自の設計ができるので、リスト、配列などの個々のデータ構造にも対応可能な、汎用性を持たせたファイル制御構造がデザインできます。

8.4 データベース処理の制御構造をデザインする

❏ データベース処理構造を作る(1) ～ データベースの準備

　データベースは、複雑で大量のデータを保存し多目的に使用できます。現在、システム形態の主流とも言える Web アプリケーションでは、データベースを使うものが非常に多いと考えられます。データベース処理に必要なのが SQL 文です。SQL はデータベース言語として、ほぼ標準的な仕様であり、データの作成、追加、更新、削除、管理といったデータベースまわりのあらゆる操作に使用しますので、システム開発系のエンジニアも、システム管理系のエンジニアも学習する言語です。

　Scala でデータベースを使うにあたり、本書では SQLite という処理系を用いています。SQLite は、無償で使用できるソフトウェアであり、軽量かつインストールが容易です。他のデータベースソフトウェアと異なり、データベースエンジンというプログラムをインストールして起動させておく必要がないので、PC への負担が小さいのが長所です。

　これを Scala で使うためには、SQLite の JDBC ドライバ(Java でデータベースを扱うためのライブラリ)を下記 Web サイトより入手し、組み込みます。Java で使えるものは、Scala でも使えるというのが利点です。

　　SQLite サイト:　https://bitbucket.org/xerial/sqlite-jdbc
　　対象ライブラリ:　sqlite-jdbc-x.x.x.jar

　ダウンロードしたライブラリである jar ファイルは、Java ライブラリ形式のファイルであり、これを Eclipse のワークスペースフォルダの下のプロジェクトフォルダの直下に保存します。そして、Eclipse 起動後、メニューの「プロジェクト」-「プロパティー」-「Java のビルド・パス」-「ライブラリー」-「Jar の追加」から、先ほど保存済みの jar ファイルを選択して追加しておきます。

　次に、プログラムで使うデータベースファイルを作成します。これには GUI ツールを使用するのが楽です。SQLite の GUI ツールは様々なものがインターネット上にあり、どれを用いても構いません。筆者は、Web ブラウザ Firefox のアドインである SQLite Manager を用いました。それによって、以下のように作成しておきます。

214　第 8 章 名前渡し

まず、データベースを新規作成します。ファイル名は「**db1.sqlite**」とし、保存場所は、**Eclipse** のワークスペースフォルダの下のプロジェクトフォルダの直下です。次に **db1.sqlite** に表 8-2 の「商品テーブル」を作成し、三つのカラム（列）を追加し、カラム名とデータ型を設定します。そして、空の商品テーブルに表 8-3 の三件のデータを追加入力しておきます。これでデータベースの準備は完了です。

表 8-2　商品テーブルの設計

Column Name	Data Type
商品コード	VARCHAR（文字）
商品名	VARCHAR（文字）
価格	INTEGER（整数）

表 8-3　商品テーブルのデータ

商品コード	商品名	価格
S001	Bluetoothマウス	3000
S002	USBメモリ	1500
S003	LANケーブル	980

❏ データベース処理構造を作る(2) ～ データベース処理の基本

　データベース処理は、ファイル処理と共通点があります。データベースのオープンとクローズ、ループ処理による内容の読み取り、そして例外処理です。データベースの場合は、さらに、コネクション（データベース接続を管理するもの）、ステートメント（SQL 文による処理命令を実行するもの）、リザルトセット（処理結果にアクセスするもの）と呼ばれる要素があり、これらもまたオープンとクローズの手続きを要するものもあり、はじめて扱うときは、とても複雑に感じると思われます。

　データベースプログラミングをするにあたり、まず、リスト 8-10 のプログラムを用意します。これによって、オブジェクト指向型機能を活用して、データベース処理の詳細をカプセル化（隠蔽化）し、使いやすいように部品化しておきます。これを今後のプログラムで活用します。

　データベース処理を行う際は、このプログラムを経て行うことでデータベースソフトウェア固有の記述をメインプログラムから分離することができます。後で MySQL などの他のデータベース処理系へ移行する場合でも、データベースコネクション処理部分のみを変更するだけでだいたい済みますし、SQL 実行のログ記録機能の追加や、PreparedStatement といったより実践的で安全性の高い機能を使うようになっても、詳細な処理をここに記述していけば開発能率を高められます。

8.4　データベース処理の制御構造をデザインする　215

リスト 8-10　データベースクラス

```
package ex.callbyname

import java.sql.{ DriverManager, Connection, Statement, SQLException }

class Database {

  private var con: Connection = null
  private var st: Statement = null

  def connect(dbname: String, user: String, pass: String) = {
    DriverManager.getConnection("jdbc:sqlite:" + dbname, user, pass)
  }

  def open(dbname: String, user: String = "", pass: String = "") {
    con = connect(dbname, user, pass)
    st = con.createStatement()
  }

  def close() {
    try {
      try {
        if (st != null) {
          st.close()
          st = null
        }
      } catch {
        case e: SQLException => println("Error: " + e.getMessage())
      }
      if (con != null) {
        con.close()
        con = null
      }
    } catch {
      case e: SQLException => println("Error: " + e.getMessage())
    }
  }

  def query(sql: String) = {
    st.executeQuery(sql)
  }

  def execute(sql: String) = {
    st.executeUpdate(sql)
  }
}
```

Database クラスは class キーワードでクラスとして宣言しています。Database クラスを使用するときに「new Database」とやってオブジェクトを生成してから使います。こうする理由は、プログラム中で同時に複数の Database オブジェクトを扱えるようにするためです。クラスにしておけば、オブジェクトを複数生成でき、それらは独立したフィールド（クラス直下で var 宣言した変数）を持つことができます。

Database クラスのカプセル化を強化するために、変数 con および st の宣言において、アクセス修飾子 private を付けておけば、このクラス内でしか参照できなくなり、外部から決して値を変更されないという安全性が保障されます。

リスト 8-11 は、データベースをアクセスし、データを出力するプログラムです。先ほどの Database クラスを利用しているので、通常よりもシンプルかつデータベース処理系に依存しない記述になっています。

リスト 8-11　データベースアクセスの処理例

```
package ex.callbyname

import java.sql.{ResultSet, SQLException}

object CallByName9 extends App {

  def test() {
    val db = new Database      // データベースオブジェクト作成
    try {
      db.open("db1.sqlite")    // オープン
      val rs = db.query("select * from 商品テーブル")
      while (rs.next()) {      // 1行ずつループ
        printf("%-5s¥t%-15s¥t%5d¥n", rs.getString("商品コード"),
                          rs.getString("商品名"),rs.getInt("価格"))
      }
      rs.close()               // クローズ
    } catch {
      case e : SQLException => println("Error: " + e.getMessage())
    } finally {
      db.close()
    }
  }

  test()
}
```

8.4 データベース処理の制御構造をデザインする　217

```
出力結果
S001    Bluetoothマウス    3000
S002    USBメモリ           1500
S003    LANケーブル          980
```

　処理内容は、データベースファイル名を指定して db.open でオープンし、SQL 文を用いてデータを取得します。使用している SQL 文「"select * from 商品テーブル"」は、すべてのデータを取得せよ、といった最も基本的な命令文です。SQL 発行によって得られたレコードの集合が、ResultSet 型オブジェクトとして変数 rs に格納されます。

　データアクセスは、rs.next を実行するたびに、一行ずつデータの現在位置が移動していきます。最終行を超えると、rs.next は false を返します。その繰り返しの間に rs.getString で文字列データを、また、rs.getInt で整数データを取得します。データアクセスが終了したら、rs.close および db.close ですべてをクローズします。

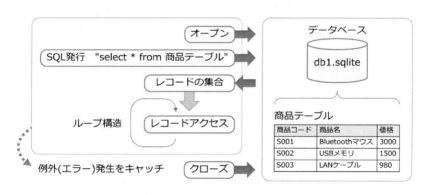

図 8-11　データベースアクセス処理

　図 8-11 に、このプログラムの動作概要を示します。このプログラムは、オープン、クローズ処理、ループ構造、try-catch 構造による例外処理を含むので、ファイル処理のときと同様に、制御構造を作成して使用するとプログラムが楽になるはずです。

❑ データベース処理構造を作る(3) 〜 制御構造の実装

　リスト 8-12 は、データベースの制御構造を作成して、簡潔かつ安全に処理します。

dbloop 制御構造は、引数にデータベースファイル名、SQL 文、ループ中に実行する処理本体を渡して使用します。処理本体となる引数 bodyFun が受け取る関数オブジェクトは、その引数がデータベーステーブル一行分のアクセスができる変数 rs であり、これは ResultSet 型です。なので、第三引数は ResultSet 型を受け取り、Unit 型を返す関数オブジェクトの型となっています。

リスト 8-12　データベースアクセス制御構造の作成

```scala
package ex.callbyname

import java.sql.{ResultSet, SQLException}

object CallByName10 extends App {

  def dbloop(file: String, sql: String)(bodyFun:=> (ResultSet)=> Unit) {
    val db = new Database
    try {
      db.open(file)
      val rs = db.query(sql)
      while (rs.next()) {
        bodyFun(rs)
      }
      rs.close()
    } catch {
      case e : SQLException => println("Error: " + e.getMessage())
    } finally {
      db.close()
    }
  }

  def test1() {
    println("\n=== データベース表示 ================\n")
    dbloop("db1.sqlite", "select * from 商品テーブル") {
      rs =>
      printf("%-5s\t%-15s\t%5d\n", rs.getString("商品コード"),
                        rs.getString("商品名"), rs.getInt("価格"))
    }
  }

  def test2() {
    println("\n=== データベース表示（価格で昇順ソート） ===\n")
    dbloop("db1.sqlite", "select * from 商品テーブル ORDER BY 価格") {
      rs =>
      printf("%-5s\t%-15s\t%5d\n", rs.getString("商品コード"),
                        rs.getString("商品名"), rs.getInt("価格"))
```

8.4　データベース処理の制御構造をデザインする　219

```
    }
  }

  test1()
  test2()
}
```

出力結果

```
=== データベース表示 ==================

S001    Bluetoothマウス      3000
S002    USBメモリ            1500
S003    LANケーブル           980

=== データベース表示（価格で昇順ソート）===

S003    LANケーブル           980
S002    USBメモリ            1500
S001    Bluetoothマウス      3000
```

　dbloop の使用側を見てみましょう。test1, test2 メソッドから dbloop 制御構造を使ってデータベースアクセスをします。両者の違いは、SQL 文の内容です。dbloop 呼び出しの{}内は、レコード 1 行分にアクセスできる rs を受け取り、商品コードなどの各データ要素（カラムや列と呼ぶ）を出力する関数オブジェクトです。

　test1 には、open や try-catch がなく、より簡潔になります。また、close の記述も不要で、クローズし忘れの心配もなく安全です。データベースプログラミングでは、処理に失敗して例外が発生し、データベースをクローズしないまま異常終了してしまうことがあります。その場合、データベースがロックされたままになり、次にプログラムを実行するとアクセスできなくなっています。はじめのうちは、状況がわからずにマシンを再起動するなどの事態になることもあります。この dbloop 制御構造は例外が発生したとしても確実に自動クローズします。

　先に紹介した Database クラスと dbloop 制御構造を一度作っておけば、あとは test1, test2 の要領で使用すればよく、ソフトウェアの開発生産性が向上します。

220　第 8 章 名前渡し

❑ データベース処理構造を作る(4) 〜 改良版

　自作の制御構造は、目的に応じて汎用性を高めたり、独自処理を追加したり、自由にカスタマイズできます。リスト 8-12 は改良版です。**dbloop** がやや難解になりますが、次の箇所を比較すると、カラムの参照が簡潔になることがわかります。

```
rs =>
printf("%-5s¥t%-15s¥t%5d¥n",
    rs.getString("商品コード"), rs.getString("商品名"), rs.getInt("価格"))
```

```
rs =>
printf("%-5s¥t%-15s¥t%5s¥n",  rs("商品コード"), rs("商品名"), rs("価格"))
```

　データベース処理において、特にテーブルのカラム（商品コード、商品名、…）が増すと、このような簡潔さの効果を発揮します。カラムの参照では、**getString**（文字列），**getInt**（整数）、**getDouble**（実数）、**getDate**（日付）、**getTime**（時刻）、**getTimestamp**（日付時刻）など型に応じたメソッドの使い分けが必要です。

リスト 8-12　データベースアクセス制御構造の改良

```
package ex.callbyname

import java.sql.{ResultSet, SQLException}

object CallByName11 extends App {

  def dbloop(file: String, sql: String)
            (bodyFun: => (Map[String, Any]) => Unit) {
    val db = new Database
    try {
      db.open(file)
      val rs = db.query(sql)
      val meta = rs.getMetaData()            // テーブル情報を得る
      val col = meta.getColumnCount()        // カラム数を得る
      val names = for (i <- 1 to col) yield meta.getColumnName(i)
      while (rs.next()) {
        val map = (for (i <- 1 to col) yield
                            (names(i-1), rs.getObject(i))).toMap
        bodyFun(map)      // カラム名とデータからなるマップを渡す
      }
      rs.close()
    } catch {
```

8.4　データベース処理の制御構造をデザインする　221

```
      case e : SQLException => println("Error: " + e.getMessage())
    } finally {
      db.close()
    }
  }

  def test() {
    dbloop("db1.sqlite", "select * from 商品テーブル") {
     rs => printf("%-5s¥t%-15s¥t%5s¥n",
            rs("商品コード"),rs("商品名"),rs("価格"))
    }
  }

  test()
}
```

　改良版では、Scalaのコレクションの一つであるマップを活用しました。マップはキー
（カラム名）と値（データ）のペア要素で構成されます。それにより、rs("商品名")とい
った簡潔なデータ参照ができます。変数 rs の型は、Map[String,Any]型にしており、
カラム名は String 型、また、カラムのデータ内容は様々なので Any 型にしています。

　制御構造 dbloop では、for 式と yield によって配列を作成します。一回目の for
では、カラム名("商品コード","商品名","価格")の配列を作成し、二回目の for で
は(("商品コード", "S001"), …)といったタプルの配列を作ります。その後 toMap メ
ソッドでマップに変換します。例えば("商品コード"->"S001", "商品名"-
>"Bluetooth マウス", "価格"->3000)というようなマップが生成され、これが
bodyFun に渡されることになります。

　for 式による変換処理は、手間がかかるように見えるかもしれませんが、ほぼ一行で
できるというのが、Scala のメリットです。他の言語では、ループ構造、変数宣言と代入
処理をともない複数行になることも多く、ゆえにそれだけで一つのメソッドにすることもし
ばしばです。

❏ データベース処理構造を作る(5) 〜 更新系処理

　データベースの更新系(更新、挿入、削除)処理も作成しておきましょう。リスト 8-13 は、更新系処理のための制御構造 dbexec を作成します。このプログラムでは、更新例として、図 8-12 および 8-13 のような商品の価格更新および新商品の追加を行っています。

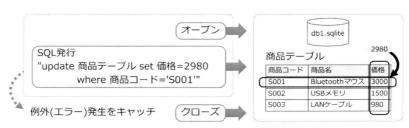

図 8-12　update 文による更新処理

図 8-13　insert 文による追加処理

8.4 データベース処理の制御構造をデザインする　223

リスト 8-13　データベース更新系処理の制御構造

```
package ex.callbyname

import java.sql.{ResultSet, SQLException}

object CallByName12 extends App {

  def dbexec(file: String, sql: String) {
    val db = new Database
    try {
      db.open(file)
      db.execute(sql)
    } catch {
      case e : SQLException => println("Error: " + e.getMessage())
    } finally {
      db.close()
    }
  }

  def test() {
    dbexec("db1.sqlite",
           "update 商品テーブル set 価格=2980 where 商品コード='S001'")
    dbexec("db1.sqlite",
           "insert into 商品テーブル values ('S101', 'マウスパッド', 500)")
  }

  test()
}
```

　更新系処理の制御構造 dbexec は、名前渡しは行っていないため、普通のメソッド
と変わりませんが、**try-catch** 構造を内包した構造です。引数にデータベース名、更
新系の SQL 文（update, insert, delete など）を与えます。データベースオープン、
クローズ、例外処理を実装し、使う側もシンプルで、また安全性も確保されています。

　以上で、基本的なデータベース処理は、独自の制御構造の作成によって、一通り簡
潔にできるようになりました。それらの作成に用いたプログラムデザインは、処理を二つ
に機能分割するやり方です。

　一つは、オープンおよびクローズ処理、ループ構造、例外処理などの処理構造の枠
組みといった部分です。もう一つは、どのデータベースに対しどんな SQL を発行して何
を得るか、というビジネスロジックの命令指示といった部分です。こうした異なる処理層
に分離することは、言うなれば設計モデルの概念です。関数型の機能を活用すること

224　第 8 章 名前渡し

で、処理構造と命令指示といった機能を分割し、それぞれの処理を明瞭にすることができます。

Scala のメリット　データベース処理用の制御構造のデザイン

　データベース処理では、データベース、コネクション、ステートメント、リザルトセットなどの複数の要素に対するオープン、クローズ相当の手順を必要とし、プログラムを異常終了させないためにも例外処理が必須となります。

　データベースに適した制御構造を作ることで、それらの煩雑な処理をカバーし、簡潔にデータベースアクセスできるだけでなく、確実なクローズ処理など、安全性を確保することができます。そして、制御構造とそれを使用する側のそれぞれの処理を明瞭にすることができ、データベース処理において重要となる SQL ロジックの思考に集中できます。

　Scala の高階関数、名前渡し、カリー化対応の複数引数リスト、ブロック式などの機能を駆使することで自由に制御構造がデザインできます。そして、その制御構造による処理の明瞭化は、内部が複雑化していくソフトウェア開発においてメリットとなります。

8.4　データベース処理の制御構造をデザインする　225

第 9 章
パターンマッチング

match によるパターンマッチングは、多岐選択処理の構造を基本に、様々な方法で比較処理を行います。関数型機能と関係ないように感じられますが、関数型プログラミングスタイルによく適合し、短い記述でたくさんの複雑な処理をこなすことができる実用的な機能です。

9.1 match によるパターンマッチングの基本

☐ 値でマッチング

match 式は、比較対象となる式の値がどの case 節にマッチするか順に調べ、マッチしたら「=>」の右辺にある式の値を返します。次の例では比較対象 x が 1 なら"A"を返します。

```
def test1(x: Int) = {
  x match {
    case 1     => "A"
    case 2     => "B"
    case 3 | 4 => "C"    // 3か4にマッチ
    case _     => "D"    // 上記以外はすべてここにマッチ
  }
}
```

```
def test2(x: Any) = {         // Any型だとcaseの型が混在できる
  x match {
    case 1     => "A"
    case 0.5   => "B"
```

```
    case "c"      => "C"
    case true     => "D"
    case 3 | "e" | false => "E"
    case _        => "F"
  }
}
```

❏ 型でマッチング

比較対象のデータ型によってもマッチさせることができます。次のように case 節には
変数型宣言を記述します。このときの変数 a は、マッチした内容が格納され、ローカル
変数として「=>」の右辺で参照することができます。

```
def test3(x: Any) = {
  x match {
    case a:Int       => a + " is Int"
    case a:String    => a + " is String"
    case a:List[Any] => a + " is List"
    case _           => "other"
  }
}
```

❏ リストでマッチング

match では、リスト要素に柔軟にマッチさせることができます。次の(a::aa)::bb で
は、先頭がさらにリストである((1,2,3),4,5)といった構造がマッチします。このときの
変数 a の値は 1 です。また a::aa では、それ以外のリストがマッチし、例えば(7,8,9)
といった構造です。このときの変数 a の値は 7 です。Nil は空リストにマッチします。こ
れらの使い方において x::y という式は、リストの先頭要素が x で、残り要素がリスト y
であることを意味します。また、a::b::c::d::Nil だと a, b, c, d が第一、第二、第
三、第四要素に対応します。

```
  x match {
    case (a::aa)::bb  => a
    case a::aa        => a
    case Nil          => Nil
  }
```

9.1 match によるパターンマッチングの基本　227

❏ 組み合わせでマッチング

一つの match 式で、同時に複数の比較対象に対し、組み合わせでマッチさせることができます。次の(x,y)は二つの変数をタプルによって一つにまとめ、case 節ではタプルの式を用いて組み合わせを表現します。「_」は何でもマッチするという意味です。(a::aa, _)だと、x がリストで y は何でもよく、この例では変数 a でリスト x の先頭要素を参照しています。

```
(x, y) match {
  case (0, 0)      => "A"
  case (0, _)      => "B"
  case (a::aa, _)  =>  a
  case _           => "C"
}
```

9.2 多機能なパターンマッチング

❏ ガード条件で絞り込み

if によるガード条件を付加すると、case 節にマッチし、かつ if の条件が true の場合のみ完全にマッチします。false ならマッチせず、次の case 節に進みます。

```
def test4(x: Int, y: Boolean) = {
  x match {
    case a if a >= 90  => "A"
    case a if a >= 80  => "B"
    case a if a >= 60  => "C"
    case 0 if !y       => "X"
    case _             => "D"
  }
}
```

❏ オブジェクトでマッチング

match では、オブジェクトの値とマッチさせることができます。

228　第 9 章 パターンマッチング

```
def test5(x: Any) = {
  x match {
    case List(1)      => "A"
    case List(1,2,3)  => "B"
    case List(4,5,6)  => "C"
    case Nil          => "D"
    case _            => "E"
  }
}
```

❏ ケースクラス

クラスをケースクラス(case class)として作成すれば、そのオブジェクトを case 節で使えるようになります。リスト 9-1 のように、case キーワードを付けることでケースクラスになります。また、コンストラクタ引数は暗黙の val 宣言でフィールドになります。

リスト 9-1　ケースクラスによるパターンマッチング

```
package ex.patternmatching

case class Animal(kind: String) {  // ケースクラス定義、kindはフィールド扱いになる
}

object Matching1 extends App {

  def test(x: Any) {
    x match {
      case Animal("Cat") => println("My dear Cat")
      case Animal(a)     => println("This is a " + a)    // aを参照できる
      case _             => println("unkown")
    }
  }

  val p1 = new Animal("Cat")
  val p2 = new Animal("Duck")
  test(p1)
  test(p2)
}
```

出力結果

```
My dear Cat
This is a Duck
```

9.2　多機能なパターンマッチング　229

❏ Option の活用でアプリの設定ファイル処理

大抵アプリケーションは設定内容を設定ファイルに保存し、次回起動時に使用します。リスト 9-2 は、設定ファイル「**test.properties**」を自動作成し、何らかの位置情報（スライダー位置、ウインドウ位置、etc.）として「**posX**」というキーで設定ファイルに読み書きします。

リスト 9-2　設定ファイルをアクセスするプログラム

```
package ex.patternmatching

import java.io._
import java.util.Properties

class Prop(val fname: String) {

  val prop = new Properties()
  load()                                // コンストラクタ呼び出しと同時にファイルロード

  def load() = {
    try {
      prop.load(new FileInputStream(fname))
      true
    } catch {
      case e:IOException => false
    }
  }

  def store() = {
    try {
      prop.store(new FileOutputStream(fname), "")
      true
    } catch {
      case e:IOException => false
    }
  }

  def apply(key: String) = {            // x.apply("ABC")は
    val v = prop.getProperty(key)       //    → x("ABC") と書ける
    if (v != null) v.toInt else 0       // 存在しなければ 0 を返す
  }

  def update(key: String, value: Any) = {   // x.update("ABC",123)は
    prop.setProperty(key, value.toString)    //    → x("ABC")=123 と書ける
    store()                                   // 値を更新したらファイル保存する
```

230　第 9 章 パターンマッチング

```
    }
}

object Matching2 extends App {

  def test() {
    val prop = new Prop("test.properties")     // アプリの設定ファイル作成

    val x1 = prop("posX")                      // 設定ファイルのposXを参照
    println(x1)

    prop("posX") = 123                         // posXの更新
    val x2 = prop("posX")                      // posXを再度参照
    println(x2)
  }

  test()
}
```

出力結果	
0	… 最初のposX参照（値が存在しないのか、値が0だったのかわからない）
123	… posX更新後、再度参照

　Prop クラスは、設定ファイル管理用として作成しました。コンストラクタ呼び出し「new Prop」で指定した設定ファイルの中身には「posX=123」というような形式で記憶されます。

　クラスにおいて、apply と update という名のメソッドは特別に糖衣構文（syntactic sugar）と呼ばれる文法を甘くするような簡略形が使え、prop.apply("posX") の代わりに prop("posX")、また prop.update("posX",123) の代わりに prop("posX")=123 と簡略して書けます。

　設定ファイルが存在しないか、あるいはまだ posX というキーが存在しない場合は prop.getProperty は null を返し、その場合 0 を返すようにしていますが、値が存在しなかったのか、存在して 0 だったのか後から区別がつきません。posX がプラス、ゼロ、マイナスを取り得るような場合はさらに困ります。

　prop.getProperty の結果に対して Option クラスを使うと、Option("123") は Some(123) という値になり、Option(null) は None という値になり、これらを match 式で簡単に処理できます。リスト 9-3 は Option によって改良したプログラムであり、変更したメソッドのみ記載してあります。

9.2　多機能なパターンマッチング　231

リスト9-3　設定ファイルをアクセスするプログラム（Option 使用バージョン）

```scala
class Prop2(val fname: String) {
        :

  def apply(key: String) = {
    Option(prop.getProperty(key))      // Optionで包んで返すだけ
  }
        :
}

object Matching3 extends App {

  def get(x: Option[String]) = {
    x match {
      case Some(a)   => a.toInt     // 値が存在すれば整数化して返す
      case None      => 100         // 値が存在しなければデフォルト値を返す
    }
  }

  def test() {
    val prop = new Prop2("test.properties")

    val x1 = get(prop("posX"))
    println(x1)

    prop("posX") = 123
    val x2 = get(prop("posX"))
    println(x2)
  }

  test()
}
```

出力結果	
100	… 最初のposX参照（値が存在しなかったのでデフォルト値を得る）
123	… posX更新後、再度参照

　get メソッドの match 式では、Option クラスの値を判別します。設定ファイルに値が存在すれば、Some(a)にマッチし、a.toInt で文字列を整数化して返します。値が存在しなければ、None にマッチし、デフォルト値を返します。

　さらにリスト 9-4 のように改良して汎用化したデザインにすることができます。今度は

232　第 9 章 パターンマッチング

apply の中に match 式を組み込んで、メイン側を簡潔にしています。defaut の型を
[T]で型パラメータにしていますが、T は実際に引数に与えられた型になります。
default に Int 型が与えられると T＝Int となります。これにより設定ファイルの値が
Int であるとみなしています。設定ファイルに存在しなければ、default を返します。
この改良例は、タプルによる組み合わせのマッチ、型のマッチ、Option クラスによるマ
ッチの応用例です。

リスト 9-4　設定ファイルをアクセスするプログラム（Option 使用、汎用化バージョン）

```scala
class Prop3(val fname: String) {
          :

  def apply[T](key: String, default: T) = {
    (Option(prop.getProperty(key)), default) match {   // タプルでマッチ
      case (Some(a), d:Int) => a.toInt                 // TがInt型の場合
      case (Some(a), _)     => a
      case (None, _)        => default                 // デフォルト値を返す
    }
  }
        :
}

object Matching4 extends App {

  def test() {
    val prop = new Prop3("test.properties")
    val x = prop("posX", 100)                 // デフォルト値は整数
    val u = prop("userName", "taro")          // デフォルト値は文字列
        :
```

Scala のメリット　多岐選択より高度なパターンマッチング

プログラミング言語において、多岐選択構造は長い if 構造を見やすい形にする便利な機
能です。特に Scala の match は、値、型、オブジェクト、条件、変数参照、コレクション
など多機能で柔軟性に富んでいます。これが Java の switch-case だと、case 節には整数
や文字列の値しか記述できず、C 言語に至っては整数の値しか記述できません。それらは、
値に応じて処理を選択するという機能ですが、Scala の match は単なる多岐選択ではなく、
様々なデータの形や内容に応じて処理させるための高度な「パターンマッチング」機能です。

9.2　多機能なパターンマッチング　233

第 10 章
再帰

　再帰処理は、自分自身を呼び出して行う一種の繰り返し構造です。再帰は、ツリー構造処理といったループ処理では困難な不規則な処理構造でも、簡潔な記述で処理できます。

10.1 再帰呼び出し

❑ 自分自身を呼び出す関数

　再帰呼び出し（recursive call）は、メソッドや関数の中で自分自身を呼び出して処理を行うプログラミング技法です。再帰呼び出しを、単に再帰あるいは再帰処理と呼ぶことがあります。また、再帰呼び出しをする関数を「再帰関数」と呼びます。

　リスト 10-1 は、再帰呼び出しによる数学の階乗を求めるプログラムです。階乗は、一般に次式のような漸化式で表されます。

```
n! = n(n-1)!
n! = n(n-1)(n-2) … 1
5! = 5 × 4 × 3 × 2 × 1 = 120
```

また、階乗を次のような数学関数として定義することもできます。

$$f(x) = \begin{cases} 1, & x = 1 \\ x \cdot f(x-1), & x > 1 \end{cases}$$

234　第 10 章 再帰

リスト 10-1　階乗を求める再帰関数

```
package ex.recursion

object Recursion extends App {

  def fact(x: Int): Int = {
    if (x == 1) 1
    else x * fact(x - 1)
  }

  val factFun: (Int) => Int = (x) => {
    if (x == 1) 1
    else x * factFun(x - 1)
  }

  def test() {
    val a = fact(5)
    val b = factFun(5)
    println("階乗=" + a)
    println("階乗=" + b)
  }

  test()
}
```

出力結果
```
階乗=120
階乗=120
```

　fact メソッドは数学関数定義とよく似た構造をしているのがわかります。再帰関数は、処理内容を手続き（処理命令の手順）として考えるよりも、条件によって場合分けした処理定義として考えたほうが、プログラムの記述に近くなります。

```
def fact(x: Int): Int = {
  if (x == 1) 1
  else x * fact(x - 1)
}
```

　fact メソッドでは、引数 x は Int 型で宣言しています。さらに、メソッドの戻り値の型も省略せずに「: Int」と記述しています。これは、最終式の「x * fact(x - 1)」には自分自身が含まれているため、型宣言を省略してしまうと、型推論ができなくなってしま

10.1　再帰呼び出し　235

います。つまり「自己言及による堂々巡り」になってしまうからです。

処理内容は、if 式によって場合分け構造を作っています。まず、x が 1 ならば 1 を返します。それ以外ならば x と fact(x-1)の積、つまり x×(x-1)!を返します。最初の呼び出しが fact(x)で、自分を呼び出すときが fact(x-1)なので、引数がだんだん小さくなり、やがて fact(1)で呼び出すときが来ます。x=1 であれば、1 を返すだけなのでもう自分は呼び出しません。これが、この繰り返し処理の停止場面です。これ以上は再帰しません。

次に関数オブジェクト版を見てみましょう。処理本体は、メソッドと全く同様です。

```
val factFun: (Int) => Int = (x) => {
  if (x == 1) 1
  else x * factFun(x - 1)
}
```

factFun 関数の型宣言ですが、次のような戻り値を省略した書き方はできません。これは、メソッドのときと同じ理由です。よって、変数 factFun の型宣言は省略せずに「(Int)=>Int」型で宣言します。型宣言の後の「=」の右辺「(x)=>{…}」では、引数がInt 型ということは宣言済みなので、「(x:Int)=>{…}」とする必要もありません。

```
val factFun (x: Int) => {      … ×エラー
  if (x == 1) 1
  else x * factFun(x - 1)    … 最終式の型が不明
}
```

再帰関数の呼び出しは、メソッドも関数オブジェクトも同様の書き方です。これが再帰関数に対する最初の呼び出しであり、ここから次々と自分を呼び出していくわけです。

```
    val a = fact(5)
    val b = factFun(5)
```

図 10-1 は、fact メソッドの再帰呼び出し過程です。最初の引数「5」による呼び出しからスタートして、①②③④の順序で fact メソッドが再帰呼び出しされていきます。反対に、呼び出しからの戻りは、⑤⑥⑦⑧の順序で各結果が戻されます。各段階では、自分への引数と、再帰呼び出しで得た戻り値を掛け合わせて自分の戻り値とします。こ

236   第 10 章 再帰

うして、最初の引数に対して戻り値「120」が得られます（図 10-2）。

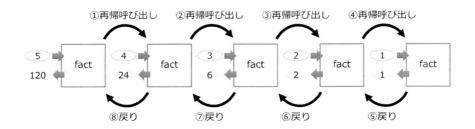

図 10-1　再帰呼び出しの過程

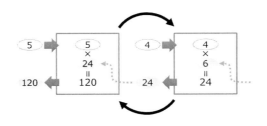

図 10-2　再帰呼び出しの戻り値の伝搬

　再帰関数の動作を思考する方法として、再帰呼び出し先の関数を自分ではなく、全く同じ内容の別の関数とみなすこともできます。であれば普通の関数呼び出しと変わりません。それでも、再帰を実践的にマスターするためには、再帰的構造と再帰呼び出しについての、数多くのプログラミング経験が重要です。

❏ 再帰呼び出しの深さとスタック

　再帰呼び出しの動作を、別の角度から観察して理解を深めてみましょう。前節の `fact` メソッドを、次のように改造します。これにより、呼び出し過程を出力することができます。

```
def fact(x: Int): Int = {
  println(("- " * (5-x)) + "fact (" + x + ")")
  val ret = {
    if (x == 1) 1
    else x * fact(x - 1)
  }
  println(("- " * (5-x)) + "fact= " + ret)
  ret
}
```

出力結果

```
fact (5)
- fact (4)
- - fact (3)
- - - fact (2)
- - - - fact (1)
- - - - fact= 1
- - - fact= 2
- - fact= 6
- fact= 24
fact= 120
```

　factメソッド内では、呼び出された直後と、戻る直前にそれぞれ引数と戻り値を出力しています。「"- " * (5-x)」という式で用いている「*」演算子は、文字列を指定回数リピートして連結します。今回は回数を「5-x」としていますので、ちょうど、再帰呼び出しをするたびに、このリピート回数が増えていきます。

　戻り値はいったん変数 ret に格納しておき、戻りの println 出力のあとで改めて戻しています。出力文字列「-　」の数は、ちょうど再帰呼び出しレベル（深さ）に一致しています。再帰呼び出しレベルの深さを視覚的にとらえているわけです。

　この再帰呼び出しの状況を表現する際、日本語表現として不適切かもしれませんが、例えば「行って行って行って、戻って戻って戻って来る」というニュアンスがあてはまります。これは再帰の本質を表しており、処理を保留にしておいてさらに再帰呼び出しする状況がイメージされます。コンピュータにおいて「保留」にして他の処理をするためには、スタックのメカニズムを利用します。

　図 10-3 は、階乗計算の再帰呼び出しにおけるスタック状態を、特に引数に注目して表しています。演算を保留にするためには、自分が呼ばれたときの引数をスタックに置き、次の呼び出しで渡す引数はスタックの上に積むことで、前の引数を保留状態にします。

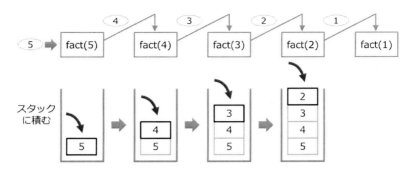

図 10-3 再帰呼び出し時のスタック状態

　図 10-4 では、今度は再帰呼び出しの戻り時におけるスタックの状態を表しています。fact(1)から「1」が返されて戻ってきたとき、スタックに保存しておいた引数「2」を取り出して、「2×1=2」を計算して fact(2)の戻り値とします。このようにスタックに保留にしておいた値を使った計算処理が、最初の呼び出しまで続けられます。

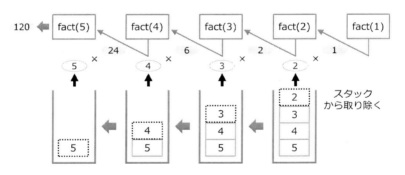

図 10-4 再帰戻り時のスタック状態

　補足すると、Scala(Java)では、あらゆる演算過程やローカル変数、引数、戻り値はスタックに格納されます。スタックに積みあげる箱(スタックフレーム)一つが、関数を一つ実行している間に与えられた作業領域となります。再帰呼び出しでは、同じ関数でも新規に箱が一つ与えられます。そして関数から戻るとき、与えられていた箱も消滅します。

関数の作業領域としてスタックを使う理由を考えてみましょう。引数やローカル変数をメモリに割り当てる際、関数ごとに領域を割り当てたとすると、呼び出して戻るまでがその領域の使用期間になります。このまま再帰呼び出しすると、使用中の領域が上書きにより破壊されてしまいます。では領域を複数用意するとなると、どの関数に何個用意すべきかが難しいところです。

そこで、プログラム実行中に個数を増やせること（動的確保）や、使用済み領域の回収といったメモリ管理機能を持つ仕組みとして、スタックを使用します。スタックは、実行中のプログラムごとに用意され（厳密にはスレッドごとに用意され）ます。

スタックで考慮すべき点は、容量が限られていることです。無制限にスタックに積み込むと、容量オーバーしてしまいます。非常に深い再帰呼び出しでは、その危険性があります。また、関数呼び出し時の処理のオーバーヘッド（引数、ローカル変数、戻り値などのスタックへの格納、関数呼び出し命令および戻り命令などに要する処理時間）もわずかながら存在します。

次のように **fact** メソッドに巨大な値を渡すと、掛け算結果が **Int** 型の範囲を超えるオーバーフローも発生しますが、スタックオーバーフローという実行時の致命的エラー（例外）を引き起こします。この例外は、**while** によるループ処理では発生しません。

```
val a = fact(100000)
```

出力結果
```
Exception in thread "main" java.lang.StackOverflowError
```

❏ 再帰の基本形

リスト **10-2** は、リスト内の数値の合計を再帰処理で求めるプログラムです。

リスト 10-2　再帰関数によるリストデータの合計計算プログラム
```
package ex.recursion

object Recursion2 extends App {

  val data = List(7, 8, 2, 3, 4, 9, 10, 5, 1, 6)

  def sum(x: List[Int]): Int = {
```

240　第 10 章 再帰

```
    if (x.tail == Nil) x.head
    else x.head + sum(x.tail)
  }

  def test() {
    val g = sum(data)
    println("合計=" + g)
  }

  test()
}
```

出力結果

合計=55

　再帰関数 sum メソッドは、引数にリストを受け取ります。if 式は、条件「x.tail ==
Nil」(先頭以外の残り==空リスト)によって、リスト x の要素が一個の場合は、その要素
を返します。それ以外の場合は、リストの先頭要素＋sum(リストの残り要素)という式で
合計を計算します。このパターンは、再帰処理でよく見られるものです。

再帰処理の代表パターン:　| 先頭 |　| 演算 | 関数(| 先頭以外 |)

　この処理は、二つの式の演算(二項演算)を繰り返し適用する処理です。今回の演
算は「加算」ですが、数値計算以外の場合もあります。例えば、二つのものを比較して
何らかの結果を得る演算、片方をもう片方のコレクションに追加する処理などです。
　図 10-5 は sum メソッドの演算過程を表しています。リストを先頭から処理していま
すが、演算自体はリストの後ろ(右)から実行されます。この過程では、一回の再帰呼び出
しで演算が一回行われます。唯一異なるのが、最後のリスト要素「6」まで行ったときで
す。演算対象が一つしかないので、単に「6」を結果として返せばいいわけです。
　処理過程を追跡出力させてみましょう。今回は、再帰レベルを表す変数 level を用
意し、呼び出し後に+1、戻る前に-1 することで、深さが反映されます。sum の引数は、
x.tail によって次々と先頭を除く残り要素が渡されているのがわかります。そして、戻
り値は、保留にしておいた先頭要素と、次のレベルの呼び出しから返された値を加え
ています。再帰の最深部となる sum (List(6))では、リスト要素が一個しかないので
「6」が返されています。

10.1 再帰呼び出し　241

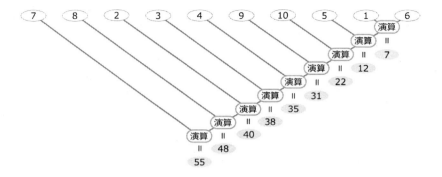

図 10-5　再帰処理における演算

```
var level = 0

def sum(x: List[Int]): Int = {
  println(("- " * level) + "sum (" + x + ")")
  level += 1
  val ret = {
    if (x.tail == Nil) x.head
    else x.head + sum(x.tail)
  }
  level -= 1
  println(("- " * level) + "sum =" + ret)
  ret
}
```

出力結果

```
sum (List(7, 8, 2, 3, 4, 9, 10, 5, 1, 6))
- sum (List(8, 2, 3, 4, 9, 10, 5, 1, 6))
- - sum (List(2, 3, 4, 9, 10, 5, 1, 6))
- - - sum (List(3, 4, 9, 10, 5, 1, 6))
- - - - sum (List(4, 9, 10, 5, 1, 6))
- - - - - sum (List(9, 10, 5, 1, 6))
- - - - - - sum (List(10, 5, 1, 6))
- - - - - - - sum (List(5, 1, 6))
- - - - - - - - sum (List(1, 6))
- - - - - - - - - sum (List(6))
- - - - - - - - - sum= 6
- - - - - - - - sum= 7
- - - - - - - sum= 12
- - - - - - sum= 22
- - - - - sum= 31
```

```
- - - - sum= 35
- - - sum= 38
- - sum= 40
- sum= 48
sum= 55
```

　なお、次のようにユーティリティでも、同様の再帰過程の追跡出力ができます。

```
def sum(x: List[Int]): Int = {
  my.Util.trace("sum", x) {        … 再帰関数名と引数をカンマ区切りで渡す
    if (x.tail == Nil) x.head      … { }内に再帰関数中身全体を含める
    else x.head + sum(x.tail)
  }
}
```

　この my.Util.trace メソッドは以下のように定義されています。再帰関数が何の型
を返すかわからないので、[T]という型パラメータを使用しています。また、再帰関数の
引数も様々なので、引数 arg は Any 型にして、さらに「*」を付けて可変長引数にして
あります。これで任意の引数の型、個数、戻り値の型による再帰関数に対応できます。

---

my.Util.scala

```
       :
var level = 0
var indicator = "- "

def trace[T](fname: String, arg: Any*)(body: => T): T = {
  println((indicator*level) + fname + " (" + arg.mkString(",") + ")")
  level += 1
  val ret = body
  level -= 1
  println((indicator * level) + fname + "= " + ret)
  ret
}
       :
```

　再帰関数 sum の「if (x.tail == Nil) x.head」の処理を、次のように「if (x
== Nil) 0」としても結果は同じです。つまり「要素が一つならそれを返す」という処理
を「要素が空なら 0 を返す」というように変えたわけです。記述はシンプルになりますが、
演算と再帰呼び出しが一回増えて再帰呼び出しレベルが一段深くなっています。

10.1 再帰呼び出し　243

```scala
def sum2(x: List[Int]): Int = {
  my.Util.trace("sum2", x) {
    if (x == Nil) 0
    else x.head + sum2(x.tail)
  }
}
```

出力結果

```
sum2 (List(7, 8, 2, 3, 4, 9, 10, 5, 1, 6))
- sum2 (List(8, 2, 3, 4, 9, 10, 5, 1, 6))
- - sum2 (List(2, 3, 4, 9, 10, 5, 1, 6))
- - - sum2 (List(3, 4, 9, 10, 5, 1, 6))
- - - - sum2 (List(4, 9, 10, 5, 1, 6))
- - - - - sum2 (List(9, 10, 5, 1, 6))
- - - - - - sum2 (List(10, 5, 1, 6))
- - - - - - - sum2 (List(5, 1, 6))
- - - - - - - - sum2 (List(1, 6))
- - - - - - - - - sum2 (List(6))
- - - - - - - - - - sum2 (List())
- - - - - - - - - - sum2= 0
- - - - - - - - - sum2= 6
- - - - - - - - sum2= 7
- - - - - - - sum2= 12
- - - - - - sum2= 22
- - - - - sum2= 31
- - - - sum2= 35
- - - sum2= 38
- - sum2= 40
- sum2= 48
sum2= 55
```

❏ 末尾再帰（テールリカージョン）

再帰関数において、最後の処理が自分自身を呼び出している形は、末尾再帰（tail recursion, テールリカージョン）と呼ばれます。この形の再帰処理は、while などによるループ処理に容易に変換できる特別な形です。Scala では、コンパイル時に末尾再帰をループ構造へ自動変換する「最適化」コンパイル機能があり、末尾再帰にしておくと内部的にループ処理に変わり、スタックオーバーフローが回避でき、処理速度向上につながります。

前節のリストの合計計算 sum から末尾再帰 sumTail を作ってみましょう。末尾再帰

244　第 10 章 再帰

に変換するためには、再帰呼び出しを最終演算にすればよく、そのためには処理内容や引数の数なども変更する必要が出てくる場合もあります。今回は最終式の変更のみで実現できます。

```
def sumTail(x: List[Int]): Int = {
  if (x.tail == Nil) x.head
  else sumTail(x.head + x.tail.head :: x.tail.tail)
}
```

sumTail メソッドの「x.head+x.tail.head」はリストの先頭要素と二番目の要素の足し算です。それをリストの三番目以降の残りに、先頭として追加し直します。次に両プログラムの呼び出し過程を見てみましょう。

出力結果
```
sum (List(7, 8, 2, 3, 4, 9, 10, 5, 1, 6))
- sum (List(8, 2, 3, 4, 9, 10, 5, 1, 6))
- - sum (List(2, 3, 4, 9, 10, 5, 1, 6))
- - - sum (List(3, 4, 9, 10, 5, 1, 6))
- - - - sum (List(4, 9, 10, 5, 1, 6))
- - - - - sum (List(9, 10, 5, 1, 6))
- - - - - - sum (List(10, 5, 1, 6))
- - - - - - - sum (List(5, 1, 6))
- - - - - - - - sum (List(1, 6))
- - - - - - - - - sum (List(6))
- - - - - - - - - sum= 6
- - - - - - - - sum= 7
- - - - - - - sum= 12
- - - - - - sum= 22
- - - - - sum= 31
- - - - sum= 35
- - - sum= 38
- - sum= 40
- sum= 48
sum= 55
```

出力結果
```
sumTail (List(7, 8, 2, 3, 4, 9, 10, 5, 1, 6))
- sumTail (List(15, 2, 3, 4, 9, 10, 5, 1, 6))
- - sumTail (List(17, 3, 4, 9, 10, 5, 1, 6))
- - - sumTail (List(20, 4, 9, 10, 5, 1, 6))
- - - - sumTail (List(24, 9, 10, 5, 1, 6))
- - - - - sumTail (List(33, 10, 5, 1, 6))
```

10.1 再帰呼び出し　245

```
- - - - - - sumTail (List(43, 5, 1, 6))
- - - - - - - sumTail (List(48, 1, 6))
- - - - - - - - sumTail (List(49, 6))
- - - - - - - - - sumTail (List(55))
- - - - - - - - - sumTail= 55
- - - - - - - - sumTail= 55
- - - - - - - sumTail= 55
- - - - - - sumTail= 55
- - - - - sumTail= 55
- - - - sumTail= 55
- - - sumTail= 55
- - sumTail= 55
- sumTail= 55
sumTail= 55
```

　末尾再帰の `sumTail` は、リストの各先頭要素を加算していった累計値が先頭に置
き換わっています。そして、再帰の最深部では合計値計算が完了したので、戻り値は
すべて最終結果をリレー渡ししているにすぎません。この処理方法では、計算を保留
にしなくていいのでスタックを必要としません。よって `Scala` コンパイラの「末尾再帰最
適化」によって再帰呼び出しのないループ構造に変換されます。なお、一時的な
`my.Util.trace` 使用のため、末尾再帰ではなくなっています。確認が済んだら
`my.Util.trace` は外しておきましょう。

　次の `sumTail2` メソッドは、もう一つの末尾再帰への変更例です。引数 `a` は、合計
値の結果が累計されていく用途なので、アキュムレータ（`accumulator`）と呼ばれます。

　これによって、「○+再帰呼び出し」という演算が、「再帰呼び出し(…, a+○)」という
ものに置き換わって、最終式の演算が「+」から、再帰呼び出し「sumTail2(…)」になり
ます。なお、最初の呼び出しの際は、sumTail2(data,0)というように a の初期値を与
えます。

```
def sumTail2(x: List[Int], a: Int): Int = {
   if (x == Nil) a
   else sumTail2(x.tail, a + x.head)
}

      :

   val g = sumTail2(data, 0)
      :
```

再帰呼び出しのたびに、引数 a の値は 0→7→15→17…というように、リストの先頭要素を加算しているのがわかります。最後の再帰呼び出しまで到達すると、a が最終結果としてそのまま返されます。アキュムレータの導入は、末尾再帰を比較的簡単に実現できます。

出力結果

```
sumTail2 (List(7, 8, 2, 3, 4, 9, 10, 5, 1, 6),0)
- sumTail2 (List(8, 2, 3, 4, 9, 10, 5, 1, 6),7)
- - sumTail2 (List(2, 3, 4, 9, 10, 5, 1, 6),15)
- - - sumTail2 (List(3, 4, 9, 10, 5, 1, 6),17)
- - - - sumTail2 (List(4, 9, 10, 5, 1, 6),20)
- - - - - sumTail2 (List(9, 10, 5, 1, 6),24)
- - - - - - sumTail2 (List(10, 5, 1, 6),33)
- - - - - - - sumTail2 (List(5, 1, 6),43)
- - - - - - - - sumTail2 (List(1, 6),48)
- - - - - - - - - sumTail2 (List(6),49)
- - - - - - - - - - sumTail2 (List(),55)
- - - - - - - - - - sumTail2= 55
- - - - - - - - - sumTail2= 55
- - - - - - - - sumTail2= 55
- - - - - - - sumTail2= 55
- - - - - - sumTail2= 55
- - - - - sumTail2= 55
- - - - sumTail2= 55
- - - sumTail2= 55
- - sumTail2= 55
- sumTail2= 55
sumTail2= 55
```

改めて、リスト 10-3 に全体をまとめておきます。なお、再帰関数の直前に@tailrec キーワード（tailrec アノテーション）を追加してあります。これを付けたメソッドは、再帰関数が末尾再帰になっていない場合、エラーが発生するので末尾再帰最適化されたか確認できる手段となります。

リスト 10-3　末尾再帰の確認プログラム

```
package ex.recursion

import scala.annotation.tailrec    … @tailrecのためのインポート

object TailRecursion extends App {
```

10.1　再帰呼び出し　247

```
  val data = List(7, 8, 2, 3, 4, 9, 10, 5, 1, 6)

  @tailrec                        … これによってsumにはエラーが表示される
  def sum(x: List[Int]): Int = {
    if (x.tail == Nil) x.head
    else x.head + sum(x.tail)
  }

  @tailrec                        … sumTailは末尾再帰なのでエラーは出ない
  def sumTail(x: List[Int]): Int = {
    if (x.tail == Nil) x.head
    else sumTail(x.head + x.tail.head :: x.tail.tail)
  }

  @tailrec                        … sumTail2も末尾再帰なのでエラーは出ない
  def sumTail2(x: List[Int], a: Int): Int = {
    if (x == Nil) a
    else sumTail2(x.tail, a + x.head)
  }

  def test() {
    println(sum(data))
    println(sumTail(data))
    println(sumTail2(data, 0))
  }

  test()
}
```

 sum では以下のエラーが表示されました。意味は「末尾位置に再帰呼び出しがない
ため最適化ができない」という内容です。つまり、最後の演算は「sum 呼び出し」ではな
く「+」だから末尾再帰ではないということです。


```
  else x.head + sum(x.tail)
               ↑
```

コンパイルエラー

```
could not optimize @tailrec annotated method sum: it contains a
recursive call not in tail position…
```

 再帰関数がどのような場合なら末尾再帰最適化が適用されるのか、その動作ルール
について以下に考察結果をまとめます。

248　第 10 章 再帰

【末尾再帰最適化について】

- 基本的に、再帰呼び出しの際、値をスタックに保留にする必要がある場合は、末尾再帰最適化はされない。（ループではスタックへの保留処理を実現できないため）
- 再帰呼び出しどうしの演算が含まれていれば、末尾再帰最適化はされない。
- 必ずしも関数の最下行の式が再帰呼び出しでなければならない、というわけではない。
- すべての再帰呼び出しが、関数が返す式に位置し、かつ、式の最後の演算が再帰呼び出しなら、末尾再帰最適化はされる。

　スタックを必要とする処理は、末尾最適化によるループへの変換ができないということになりますが、その理由を考えてみます。再帰関数がスタックに保存するものには、関数の引数、関数内のローカル変数があります。それらを保留にして記憶させておくためには、一つの変数に対して配列のように複数の要素を確保して記憶させる方法が考えられます。しかし、配列要素を何個確保すればよいのかは事前には確定しないため、余計なメモリ確保や領域拡張などを要します。そのような処理のオーバーヘッドと複雑さがあり、ループ処理への自動変換は困難だと考えられます。

　であれば、むしろ再帰処理のままにしておいた方が良いのではないかと考えられます。変数に対し複数の状態保留と動的な領域確保という点で、スタックはスマートな実現法であり、それをとても簡単に活用している再帰処理は優れた処理方法なのでしょう。

Scala のメリット　再帰処理の自動最適化

　Scala には、コンパイラ型言語であることを生かし、末尾再帰が最適化されるといったメリットがありますが、再帰関数を末尾再帰に書き直すのは難しい場合もあり、また、できたとしても引数や処理内容の簡潔さが失われる場合もあります。プログラムの理解しやすさや発展性、バグの危険性、保守性も考慮したうえで活用するといいでしょう。最適化による利益がどの程度のものであるか、把握することも意思決定の重要な要素となります。

　なお、末尾再帰にしたつもりでも、勘違いなどで最後の演算が再帰呼び出しになっていないケースもありえます。一言でいうと、再帰呼び出しの際、演算を保留にしてスタックに保存しておく必要性がなければ末尾再帰最適化の対象となりますが、判断が難しいかもしれません。はじめのうちは、最適化されたかどうか確認手段を用いることが適切です。

10.1　再帰呼び出し　　249

10.2 再帰トレーニング

❑ リストのリバース

リスト **10-4** は、リストの逆順化を行うプログラムです。

リスト 10-4　リストのリバース処理

```scala
package ex.recursion

object Recursion3 extends App {

  val data = List(7, 8, 2, 3, 4, 9, 10, 5, 1, 6)

  def rev(x: List[Int]): List[Int] = {
    if (x == Nil) Nil
    else rev(x.tail) ::: List(x.head)
  }

  def test() {
    val revdata = rev(data)
    println("逆順=" + revdata)
  }

  test()
}
```

出力結果
```
逆順=List(6, 1, 5, 10, 9, 4, 3, 2, 8, 7)
```

　再帰メソッドの **rev** は、**if** 式のシンプルな構造です。引数 **x** のリストが空リストならば空リストを返します。無意味な感じがしますが、これがないと繰り返しの終了判定になりません。空リスト以外ならば、リストの先頭以外の残りを渡して「再帰呼び出し結果のリスト」**:::**「先頭のみのリスト」でリストどうしを連結します。これで、先頭が末尾になり逆順リストが作られます。

出力結果
```
rev (List(7, 8, 2, 3, 4, 9, 10, 5, 1, 6))
- rev (List(8, 2, 3, 4, 9, 10, 5, 1, 6))
```

250　第 10 章 再帰

```
- - rev (List(2, 3, 4, 9, 10, 5, 1, 6))
- - - rev (List(3, 4, 9, 10, 5, 1, 6))
- - - - rev (List(4, 9, 10, 5, 1, 6))
- - - - - rev (List(9, 10, 5, 1, 6))
- - - - - - rev (List(10, 5, 1, 6))
- - - - - - - rev (List(5, 1, 6))
- - - - - - - - rev (List(1, 6))
- - - - - - - - - rev (List(6))
- - - - - - - - - - rev (List())
- - - - - - - - - - rev= List()
- - - - - - - - - rev= List(6)
- - - - - - - - rev= List(6, 1)
- - - - - - - rev= List(6, 1, 5)
- - - - - - rev= List(6, 1, 5, 10)
- - - - - rev= List(6, 1, 5, 10, 9)
- - - - rev= List(6, 1, 5, 10, 9, 4)
- - - rev= List(6, 1, 5, 10, 9, 4, 3)
- - rev= List(6, 1, 5, 10, 9, 4, 3, 2)
- rev= List(6, 1, 5, 10, 9, 4, 3, 2, 8)
rev= List(6, 1, 5, 10, 9, 4, 3, 2, 8, 7)
```

revメソッドの演算順序は、図 10-6 のようになります。

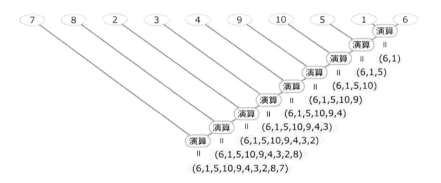

図 10-6　rev メソッドの再帰演算

再帰呼び出しごとに実行される演算は「再帰の結果の最後に先頭を追加する」というものです。これは、リストの一番右まで進んで、演算しながら戻る処理イメージになります。

例えば、図 10-7 のように、プリントを上から一枚ずつ置いていき、戻るときは下に追加しながら回収すれば逆順になります。この戻るときのプリント回収方法が rev メソッドの演算処理にあたります。そして、一枚ずつ置いていくのが引数をスタックに置いたまま再帰呼び出ししていくのによく似ています。もし、プリント枚数が膨大な場合は、長いスペースが必要になるのと同様に、スタックを長く消費します。

図 10-7　rev メソッドのリスト逆順化イメージ

❏ 高階関数の再帰

リスト 10-5 は、引数が関数オブジェクトである高階関数による再帰処理です。関数オブジェクトを渡すことでリストの合計、最大値、最小値を求めています。

リスト 10-5　高階関数の再帰関数

```
package ex.recursion

object Recursion4 extends App {

  val data = List(7, 8, 2, 3, 4, 9, 10, 5, 1, 6)

  def proc(x: List[Int], fun: (Int, Int) => Int): Int = {
    if (x.tail == Nil) x.head
    else fun(x.head, proc(x.tail, fun))
  }

  def test() {
    val sum = proc(data, (a, b) => a + b)
    val max = proc(data, (a, b) => if (a > b) a else b)
    val min = proc(data, (a, b) => if (a < b) a else b)
    println("合計値=" + sum)
    println("最大値=" + max)
    println("最小値=" + min)
```

```
  }

  test()
}
```

出力結果
合計値=55
最大値=10
最小値=1

　再帰メソッド proc の引数 x はリストですが、引数 fun は「(Int,Int)=>Int」型の関数オブジェクトです。この関数オブジェクトは fun(先頭,再帰関数(残り, fun))というように使われています。この演算は、先頭と再帰結果の二つに対して、fun 関数に従って演算せよというものです。今回、引数 fun に渡される関数オブジェクトは二項演算の関数、つまり二つの Int 型データを受け取り Int 型の結果を返す関数です。

　以下の proc 呼び出し部分を見てみましょう。一つ目は、「二つの和」を求める関数オブジェクトを渡して合計を求めます。二つ目および三つ目は、「二つのうち大きいほう（小さいほう）」を求める関数オブジェクトを渡して最大値（最小値）を求めるものです。

```
val sum = proc(data, (a, b) => a + b)
val max = proc(data, (a, b) => if (a > b) a else b)
val min = proc(data, (a, b) => if (a < b) a else b)
```

　最大値計算用の演算は、二つのうち大きいほうを得るというものであり、ちょうど「勝ち抜き戦」の手法と同様です。最後に残ったものが最も大きいものというわけです。

　ここで、proc メソッド呼び出し時の引数に注目して見ると、「(a,b)=>a+b」というように引数と戻り値の型がすべて省略されています。これは、proc メソッドの引数 fun の宣言を見ると、「(Int,Int)=>Int」というように引数も戻り値も型宣言されているので、その情報から型推論ができるからです。

　最大値計算における再帰メソッド proc の再帰呼び出し過程を見てみましょう。

```
def proc(x: List[Int], fun: (Int, Int) => Int): Int = {
  my.Util.trace("proc", x, fun) {
    if (x.tail == Nil) x.head
    else fun(x.head, proc(x.tail, fun))
  }
```

10.2　再帰トレーニング　253

```
    }
```

出力結果

```
proc (List(7, 8, 2, 3, 4, 9, 10, 5, 1, 6),<function2>)
- proc (List(8, 2, 3, 4, 9, 10, 5, 1, 6),<function2>)
- - proc (List(2, 3, 4, 9, 10, 5, 1, 6),<function2>)
- - - proc (List(3, 4, 9, 10, 5, 1, 6),<function2>)
- - - - proc (List(4, 9, 10, 5, 1, 6),<function2>)
- - - - - proc (List(9, 10, 5, 1, 6),<function2>)
- - - - - - proc (List(10, 5, 1, 6),<function2>)
- - - - - - - proc (List(5, 1, 6),<function2>)
- - - - - - - - proc (List(1, 6),<function2>)
- - - - - - - - - proc (List(6),<function2>)
- - - - - - - - - proc= 6
- - - - - - - - proc= 6
- - - - - - - proc= 6
- - - - - - proc= 10
- - - - - proc= 10
- - - - proc= 10
- - - proc= 10
- - proc= 10
- proc= 10
proc= 10
```

　最初に発見された最大値は、リストの最後の「6」です。その時点ではリスト要素が「6」しかないので「最大値=6」になります。そして、再帰呼び出しを戻りながら、現在の最大値と比較し、「6」より大きい「10」が取って代わり、その後はずっと「10」のままです。

　高階関数では引数に関数オブジェクトを受け取りますが、再帰呼び出しの際、どのように扱われるのか、実験して調べてみましょう。次のように最大値演算用のmaxFun関数を用意しておき、procメソッドの呼び出し時にproc(data, maxFun)とします。

```
val maxFun = (a: Int, b: Int) => if (a > b) a else b

def proc(x: List[Int], fun: (Int, Int) => Int): Int = {
  my.Util.trace("proc", x, fun, fun eq maxFun) {
    if (x.tail == Nil) x.head
    else fun(x.head, proc(x.tail, fun))
  }
}

def test() {
    :
  val max = proc(data, maxFun)
```

254　第 10 章 再帰

```
        :
    }
```

出力結果

```
proc (List(7, 8, 2, 3, 4, 9, 10, 5, 1, 6),<function2>,true)
- proc (List(8, 2, 3, 4, 9, 10, 5, 1, 6),<function2>,true)
- - proc (List(2, 3, 4, 9, 10, 5, 1, 6),<function2>,true)
- - - proc (List(3, 4, 9, 10, 5, 1, 6),<function2>,true)
- - - - proc (List(4, 9, 10, 5, 1, 6),<function2>,true)
- - - - - proc (List(9, 10, 5, 1, 6),<function2>,true)
- - - - - - proc (List(10, 5, 1, 6),<function2>,true)
- - - - - - - proc (List(5, 1, 6),<function2>,true)
- - - - - - - - proc (List(1, 6),<function2>,true)
- - - - - - - - - proc (List(6),<function2>,true)
- - - - - - - - - proc= 6
- - - - - - - - proc= 6
- - - - - - - proc= 6
- - - - - - proc= 10
- - - - - proc= 10
- - - - proc= 10
- - - proc= 10
- - proc= 10
- proc= 10
proc= 10
```

　proc メソッド内の my.Util.trace メソッドの引数に「fun eq maxFun」を追加して、両オブジェクトが同一か比較しています。出力結果では、毎回「true」となっており、再帰呼び出しで渡される引数 fun が毎回同じ maxFun 関数であることがわかります。

❏ 二つのリスト処理

　リスト 10-6 は、二つのリストを、数値の順番を保ちながら一つに統合するプログラムです。処理対象のリストデータ data1, data2 は、ともに要素が小さい順に並んでいる状態です。この二つのリストを再帰メソッド mix に渡すと、統合されたリストが返されます。

リスト 10-6　二つのリストを統合する再帰処理

```
package ex.recursion

object Recursion5 extends App {

  val data1 = List(1, 2, 5, 6, 8, 9)
```

10.2　再帰トレーニング　255

```
  val data2 = List(3, 4, 7, 10)

  def mix(x: List[Int], y: List[Int]): List[Int] = {
    if (x == Nil) {
      y
    } else if (y == Nil) {
      x
    } else if (x.head < y.head) {
      x.head :: mix(x.tail, y)
    } else {
      y.head :: mix(x, y.tail)
    }
  }

  def test() {
    val data3 = mix(data1, data2)
    println("ミックス=" + data3)
  }

  test()
}
```

出力結果

ミックス=List(1, 2, 3, 4, 5, 6, 7, 8, 9, 10)

　再帰メソッド mix の処理は、大きく四つに分岐します。まず、x が空リストだった場合
は、x 側からは何の要素も取り出す必要がないので、y をそのまま結果として返します。
y が空リストだった場合も同じ考え方の処理を行います。

　後半の分岐では x の先頭と y の先頭を比較し、x の先頭が小さければ、x の先頭と、
mix(x の残り, y 全部)をリストにしたものを返します。これは、x の先頭を先にリストに
入れるべきなので、それを保留(予約)にしておき、残りについて再帰呼び出しします。

　図 10-7 はこの再帰の呼び出しフェーズを表したものです。二つのリストの先頭を比
較して、小さいほうの値を保留にしておきます。この値は、戻ってきたときに結果の先頭
に入れる予定です。そうしておいて、再帰呼び出しには、保留以外の残りを渡します。
なお、保留にしてきたものを見ると、小さい順になっています。

　次に、図 10-8 は再帰の戻りフェーズを表したものです。再帰呼び出しから途中結果
が戻ってきたとき、保留にしておいた値をそのリストの先頭に入れます。こうして、戻るご
とに次々に保留にした値が先頭に入り、最終的に、小さい順のリストが完成します。

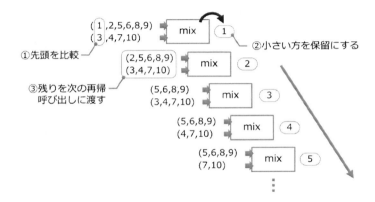

図 10-7　再帰の呼び出しフェーズ

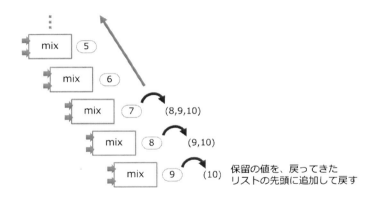

図 10-8　再帰の戻りフェーズ

❏ リストの比較

　リスト **10-7** は、二つのリストが等しい内容か判定する再帰処理です。リストの比較は「==」演算子でもできますが、ここでは再帰処理の理解を深めるために自作します。

リスト 10-7　二つのリストが等しいか調べる再帰処理

```
package ex.recursion
```

```
object Recursion6 extends App {

  val p  = List(1, 2, 5, 3, 9)

  val d1 = List(1, 2, 5, 4, 9)
  val d2 = List(1, 2, 5)
  val d3 = List(1, 2, 5, 3, 9)

  def samelist(x: List[Int], y: List[Int]): Boolean = {
    if (x == Nil && y == Nil) {
      true
    } else if (x == Nil || y == Nil) {
      false
    } else if (x.head != y.head) {
      false
    } else {
      samelist(x.tail, y.tail)
    }
  }

  def test() {
    println("p : d1 = " + samelist(p, d1))
    println("p : d2 = " + samelist(p, d2))
    println("p : d3 = " + samelist(p, d3))
  }

  test()
}
```

出力結果

```
p : d1 = false
p : d2 = false
p : d3 = true
```

　再帰メソッド samelist は、数値のリスト x と y を受け取り、同じデータ内容ならば
true を、異なれば false を返します。また、samelist は末尾再帰にもなっています。

　if 式の最初の条件「x == Nil && y == Nil」は、ともに空のリストかという意味で
す。この条件までたどり着いたということは、そこまでは同じ内容であったことになります。
両方が空ならば、最後まできたので一致と判断し true を返します。

　二つ目の条件「x == Nil || y == Nil」はどちらかが空かという条件であり、両方
が空かの判定を終えているので、この条件に該当する場合は、リストの長さが異なるこ
とを意味しており、異なるリスト内容なので false を返します。

258　第 10 章 再帰

三つ目の条件「x.head != y.head」によって、先頭が異なっていればすぐに false を返します。先頭要素が同じであれば、残りのリスト要素を比べるための再帰呼び出し samelist(x.tail, y.tail)に結果が委ねられます。

次のリスト 10-8 は、リストの比較処理の応用形です。再帰メソッド cmplist は、二つのリスト x, y を辞書順に比較し、-1, 0, 1 の三通りの結果を返します。x < y ならば-1 を、x == y ならば 0 を、x > y ならば 1 を返します。

リスト 10-8 二つのリストの大小関係を調べる再帰処理

```
package ex.recursion

object Recursion7 extends App {

  val p  = List(1, 2, 5, 3, 9)

  val d1 = List(1, 2, 5, 4, 9)
  val d2 = List(1, 2, 5)
  val d3 = List(1, 2, 5, 3, 9)

  def cmplist(x: List[Int], y: List[Int]): Int = {
    if (x == Nil && y == Nil) {
      0
    } else if (x == Nil) {
      -1
    } else if (y == Nil) {
      1
    } else if (x.head < y.head) {
      -1
    } else if (x.head > y.head) {
      1
    } else {
      cmplist(x.tail, y.tail)
    }
  }

  def test() {
    println("p : d1 = " + cmplist(p, d1))
    println("p : d2 = " + cmplist(p, d2))
    println("p : d3 = " + cmplist(p, d3))
  }

  test()
}
```

10.2 再帰トレーニング　259

```
出力結果
p : d1 = -1
p : d2 = 1
p : d3 = 0
```

再帰メソッド cmplist では、リストが等しい場合は true でなく 0 を返し、異なる場合は false でなく辞書順による大小関係を-1 あるいは 1 として返します。

条件の「x == Nil」および「y == Nil」では、結論として x 側が短ければ-1 を、y 側が短ければ 1 を返します。これと似たように、「x.head < y.head」および「x.head > y.head」では、x 側の先頭が小さければ-1 を、y 側の先頭が小さければ 1 を返します。

最後の条件では、そこまでは両リストが等しかったことになるので、残りの再帰呼び出しに結果を委ねます。

❏ ワイルドカードによる比較

リストの比較に使用した再帰処理を、文字列の比較にも使ってみましょう。リスト **10-9** は二つの文字列が等しいか比較しますが、次のようなワイルドカード「?」を導入します。

ワイルドカード「?」の機能: 任意の 1 文字に一致

プログラムでは、変数 p の「"Scala is ?ool!"」と一致するか調べていきますが、「?」の部分はどんな文字でも一致するとみなします。

リスト 10-9　ワイルドカード「?」を使った比較再帰処理

```
package ex.recursion

object Recursion8 extends App {

  val p  = "Scala is ?ool!"

  val d1 = "Scala is cool!"
  val d2 = "Scala is goal!"
  val d3 = "Scala is coool!"

  def samestring(x: String, y: String): Boolean = {
```

```
    if (x == "" && y == "") {
      true
    } else if (x == "" || y == "") {
      false
    } else if (x.head == '?') {
      samestring(x.tail, y.tail)
    } else if (x.head == y.head) {
      samestring(x.tail, y.tail)
    } else {
      false
    }
  }

  def test() {
    println("p : d1 = " + samelist(p, d1))
    println("p : d2 = " + samelist(p, d2))
    println("p : d3 = " + samelist(p, d3))
  }

  test()
}
```

出力結果

```
p : d1 = true
p : d2 = false
p : d3 = false
```

　再帰メソッド samestring は、引数 x, y に文字列を受け取り、結果を true か false
で返します。文字列の先頭から調べていき、再帰呼び出しのたびに文字列の残り部分
を渡していき、だんだん引数の文字列が短くなっていく処理です。

　最初の条件「x == "" && y == ""」で文字列の最後まで到達したかの判定をしま
す。この条件までたどり着けば、そこまでの文字列は一致したことになり true を返しま
す。二つ目の条件によって、文字列の長さが異なれば失敗と判断して false を返しま
す。三つ目の条件がワイルドカードの処理です。x の先頭文字 x.head が「?」ならば、
y の先頭と一致したとみなします。そして、x および y の残りの文字列を引数として再帰
呼び出し samestring(x.tail, y.tail) に結果を委ねます。四つ目の条件は、先
頭文字が等しい場合です。これも同様に、残りの文字列を引数として再帰呼び出しに
結果を委ねます。最後の条件に到達する場合は、先頭文字が異なる場合なので、
false を返します。

10.2　再帰トレーニング　261

このプログラムをもとに、次のような機能のワイルドカード「*」を実現してみましょう。これは、「"ABC*XYZ"」に対して、「"ABCDXYZ"」や「"ABCDEFGXYZ"」が一致するというルールです。リスト 10-10 は、このワイルドカード「*」を導入した再帰処理です。

ワイルドカード「*」の機能：　　任意の文字列（1～n 個の文字）に一致

リスト 10-10　ワイルドカード「*」を使った比較再帰処理

```scala
package ex.recursion

object Recursion9 extends App {

  val p  = "Scala is *ool!"

  val d1 = "Scala is cool!"
  val d2 = "Scala is goal!"
  val d3 = "Scala is pool!"
  val d4 = "Scala is cocococococool!"

  def samestring2(x: String, y: String): Boolean = {
    if (x == "" && y == "") {
      true
    } else if (x == "" || y == "") {
      false
    } else if (x.head == '*') {
      if (samestring2(x.tail, y.tail)) {
        true
      } else {
        samestring2(x, y.tail)
      }
    } else if (x.head == y.head) {
      samestring2(x.tail, y.tail)
    } else {
      false
    }
  }

  def test() {
    println("p : d1 = " + samestring2(p, d1))
    println("p : d2 = " + samestring2(p, d2))
    println("p : d3 = " + samestring2(p, d3))
    println("p : d4 = " + samestring2(p, d4))
  }

  test()
```

262　第 10 章 再帰

```
}
```

出力結果
```
p : d1 = true
p : d2 = false
p : d3 = true
p : d4 = true
```

再帰メソッド samestring2 では先頭文字が「*」の場合は次のようにさらに if 式による条件処理になっています。ワイルドカード「?」では、任意の文字に一致するため、残りの文字の比較に結果を委ねていました。今回は、二通りの場合分けを想定しています。

```
    } else if (x.head == '*') {
      if (samestring2(x.tail, y.tail)) {
        true
      } else {
        samestring2(x, y.tail)
      }
    }
```

まず、条件式 samestring2(x.tail, y.tail)の結果が true のときは、メソッドの戻り値に true を返しています。この条件式は、先頭以外が等しいかを調べる再帰呼び出しです。つまり、先頭は「*」と任意の一文字が一致したとみなした場合の処理です。よって、先頭が等しくて、さらに残りが等しければ、結果は true となるわけです。

次に、条件式 samestring2(x.tail, y.tail)の結果が false のときは、再帰呼び出し samestring2(x, y.tail)に結果を委ねています。この意味は、「*」の複数文字一致機能によって、y 側の先頭は一致したと仮定してこれを取り除き、残りに対して再度 x と比較をするものです。これを繰り返すと、「*」に一致する部分が長くなっていきます。その途中で残りが一致すれば終了です。もし、最後までいっても残りが一致しなければ失敗ということになります。次の実行例は、ワイルドカード「*」を二つ含めた実験です。

インタプリタ
```
> samestring2("* is *.", "Scala is good.")
  res: Boolean = true
```

10.2 再帰トレーニング　263

```
> samestring2("* is *.", "The Apple is red.")
  res: Boolean = true

> samestring2("* is *.", "Scala isn't complex.")
  res: Boolean = false

> samestring2("*は*です。", "私は人間です。")
  res: Boolean = true

> samestring2("*は*です。", "私のペンです。")
  res: Boolean = false

> samestring2("*て*が*です。", "難しくて勉強が大変です。")
  res: Boolean = true

> samestring2("*て*が*です。", "晴れていて気分がいいです。")
  res: Boolean = true
```

　次の実行例も「*」を二つ含んでいますが、比較はストレートには成功せず、一度失敗して後戻りしてから再試行するように動作します。

```
samestring2("*な*です", "高価な物ですが必要です")
```

　この場合の「*」に一致する部分に【　】を付けて表現すると、はじめは「【高価】な【物】です」という一致状態になるのですが、この後の部分が一致しないので、【物】での一致を失敗とみなしてやり直します。いったん「【高価】な【物】」まで戻り、二つ目の「*」の一致対象を【物で…】と広げていきます。今度は、「【高価】な【物ですが必要】です」で成功します。

出力結果

```
samestring2 (*な*です,高価な物ですが必要です)
- samestring2 (な*です,価な物ですが必要です)
- samestring2= false
- samestring2 (*な*です,価な物ですが必要です)
- - samestring2 (な*です,な物ですが必要です)
- - - samestring2 (*です,物ですが必要です)
- - - - samestring2 (です,ですが必要です)
- - - - - samestring2 (す,すが必要です)
- - - - - - samestring2 (,が必要です)
- - - - - - samestring2= false          …【高価】な【物】です では失敗
```

264　第 10 章 再帰

```
- - - - - samestring2= false
- - - - samestring2= false
- - - - samestring2 (*です,ですが必要です)        … ここまで戻って再試行
- - - - - samestring2 (です,すが必要です)         … 今度は【物で】から進める
- - - - - samestring2= false
- - - - - samestring2 (*です,すが必要です)
- - - - - - samestring2 (です,が必要です)
- - - - - - samestring2= false
- - - - - - samestring2 (*です,が必要です)
- - - - - - - samestring2 (です,必要です)
- - - - - - - samestring2= false
- - - - - - - samestring2 (*です,必要です)
- - - - - - - - samestring2 (です,要です)
- - - - - - - - samestring2= false
- - - - - - - - samestring2 (*です,要です)
- - - - - - - - - samestring2 (です,です)
- - - - - - - - - - samestring2 (す,す)
- - - - - - - - - - - samestring2 (,)
- - - - - - - - - - - samestring2= true
- - - - - - - - - - samestring2= true
- - - - - - - - - samestring2= true
- - - - - - - - samestring2= true
- - - - - - - samestring2= true
- - - - - - samestring2= true
- - - - - samestring2= true
- - - - samestring2= true
- - - samestring2= true
- - samestring2= true
- samestring2= true
samestring2= true
```

　図 10-9 は文字列を比較していく過程です。最初は失敗し、後戻り(バックトラッキング)して「*」に対応する文字を変えてやり直しています。二度目の試行では成功しています。この後戻りの動きを、次のコードに注目しながら考えてみましょう。

```
  } else if (x.head == '*') {
    if (samestring2(x.tail, y.tail)) {        … 再帰①
      true
    } else {
      samestring2(x, y.tail)                  … 再帰②
    }
  }
```

10.2　再帰トレーニング　　265

- まず、「*」が出現したので、①の再帰呼び出しをする。
- しかし、再帰の数回先で失敗して fale がここまで戻ってくる。
- すると、if 式の条件が偽となり、今度は②の再帰呼び出しを試みる。
  このとき、y.tail によって y 側を一文字ずらす。
- この要領で再試行していき、成功する。

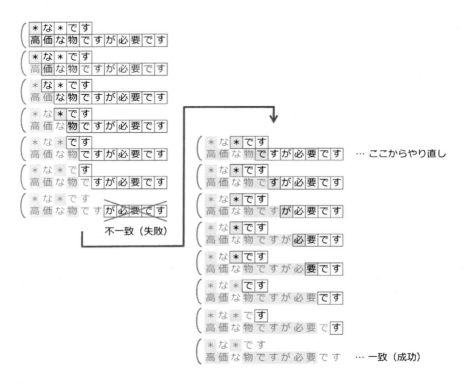

図 10-9　再帰処理によるバックトラッキング

　この数回先から失敗して戻ってきた動きが、やり直し箇所までの戻りルートに相当し、②の再帰を試みるのが再試行ルートに相当します。この再帰処理では、後戻りと再試行が行われましたが、試行錯誤という知的な処理が自動的に働くようになっています。

Scala のメリット　人工知能的処理

　関数型言語では、リストを用いて積極的に再帰処理を活用します。再帰呼び出しの用途として、処理手順がいつも決まっていないような処理に適用することができます。このような処理は、コンピュータには難しくても、人間ならば簡単にできるものもあります。人間は、プログラムされた動作手順に従うのではなく、状況に応じて判断し、試行錯誤や経験則が活用できるからです。その動作をもしプログラムで手続き的に表すとしたら、膨大な（if 式による）内容となるでしょう。

　再帰処理は、手続き的にすべての処理を用意するものではありません。むしろ単純化したものになります。再帰関数の一つ一つの部分は単純な動きですが、結果的に複雑な処理問題を解決します。また、バックトラッキングなど試行錯誤によって結果を得ることができます。

　このような処理手順が決まってなくて、複雑な問題であり、試行錯誤するような処理は、「人工知能」の基礎でもあります。知的処理ができる再帰をソフトウェア開発に活用する場合、再帰処理に適しており、かつ Java 連携などの実践的な処理系である Scala は、有力な選択肢です。

10.3 再帰とパターンマッチング

❏ 再帰＋match によるリスト処理

　リスト 10-11 は、二つのリストを統合する再帰処理に match 式を用いています。二つのリストは小さい順になっており、順序性を維持したまま一つのリストに統合します。

リスト 10-11　match を使った二つのリストを統合する再帰処理

```
package ex.recursion

object Recursion11 extends App {

  val data1 = List(1, 2, 5, 6, 8, 9)
  val data2 = List(3, 4, 7, 10)

  def mix(x: List[Int], y: List[Int]): List[Int] = {
    (x, y) match {
      case (Nil, _) => y
      case (_, Nil) => x
```

10.3　再帰とパターンマッチング　267

```
        case (a::aa, b::bb) =>  if (a < b)  a :: mix(aa, y)
                                else        b :: mix(bb, x)
    }
  }

  def test() {
    val data3 = mix(data1, data2)
    println("ミックス=" + data3)
  }

  test()
}
```

出力結果

```
ミックス=List(1, 2, 3, 4, 5, 6, 7, 8, 9, 10)
```

　以前の mix メソッド内を変更して、if-else 式を match 式に置き換えました。一つ
目の case では、x が空リストで y が任意の場合です。同様に二つ目の case はその
反対のケースです。三つ目の case では a::aa が、x の先頭要素 a と残りのリスト部分
aa というパターン、例えば List(1,2,3)や List(1,2)などがマッチします。その場
合、ローカル変数 a には 1 が、aa には List(2,3)や List(2)が代入されます。

```
  (x, y) match {
    case (Nil, _) => y
    case (_, Nil) => x
    case (a::aa, b::bb) =>  if (a < b)  a :: mix(aa, y)
                            else        b :: mix(bb, x)
  }
```

　もし、a::aa に対する値が List(1)ならば、a には 1 が、aa には Nil がマッチする
ことになります。これは、List(1)は 1::Nil と同じだからです。

❏ 再帰＋match による末尾再帰

　リスト 10-12 は、二つのリストが等しいか調べる再帰処理に match を用いたもので
す。

268　第 10 章 再帰

リスト 10-12　match を使った二つのリストが等しいか調べる再帰処理

```
package ex.recursion

object Recursion12 extends App {

  val p  = List(1, 2, 5, 3, 9)

  val d1 = List(1, 2, 5, 4, 9)
  val d2 = List(1, 2, 5)
  val d3 = List(1, 2, 5, 3, 9)

  def samelist(x: List[Int], y: List[Int]): Boolean = {
    (x, y) match {
      case (Nil, Nil) => true
      case (Nil, _) | (_, Nil) => false
      case (a::aa, b::bb) if (a == b) => samelist(aa, bb)
      case _  => false
    }
  }

  def test() {
    println("p : d1 = " + samelist(p, d1))
    println("p : d2 = " + samelist(p, d2))
    println("p : d3 = " + samelist(p, d3))
  }

  test()
}
```

出力結果

```
p : d1 = false
p : d2 = false
p : d3 = true
```

　match において、一つ目の case の(Nil,Nil)は、両方が空リストの場合にマッチします。つまり比較成功ということになり、true を返します。

　二つ目の case は、(Nil,_)と(_,Nil)のいずれのケースも結果を false とするので、一つにまとめて記述しています。三つ目はガード条件(=>の左の if)を組み合わせており、二つのリストの先頭が等しければマッチし、二つの残りを渡して再帰呼び出しに委ねます。リストの先頭が異なってマッチしなければ、最後の case _ で false が返されます。

　なお、このプログラムは末尾再帰であり、最適化されます。末尾再帰の節でもまとめ

10.3　再帰とパターンマッチング　　269

ように、最下行の式でなくても最後に評価される式が再帰呼び出しであればいいわけで、この match 式で最後に評価される式は true, false, samelist(aa, bb), false の四通りです。samelist(aa,bb)をループ処理に展開するならば、x に aa を、y に bb を代入してループを繰り返し、他の最終式(true, false, false)の場合は、フラグを立ててループを脱出すれば、この再帰処理と同じ結果になります。そうして見ると最下行かどうかは問題ではありません。スタックに保留にすべき必要性がない処理なので末尾再帰となります。

Scala のメリット　再帰と match

　Scala の match 式は機能性が高いため、柔軟な記述ができます。特に再帰処理と組み合わせた場合、再帰処理に適したデータであるリストの扱いがやりやすくなります。リストの先頭と残り部分を表す x.head と x.tail は、a::b というパターンを用いれば、変数 a, b の宣言、head と tail の参照、変数への値の代入といった処理が、たった 4 文字程度（a::b）の記述で済みます。

　また、再帰処理ではたくさんの条件判断で構成される形がよく現れるので、条件式の中に「x … == …」とか「y … == …」というように引数を何度も使い、論理演算子を使った式も多く使われますが、match を用いると、それらの引数参照と論理演算子の数が少なくなる傾向があります。変数の使い間違いや条件式の間違いは、バグの発生場所としても要注意箇所です。

　match は再帰処理などにおける複雑な条件や構造に対して、コードをコンパクトにできるなどいろいろなメリットがあります。

10.4 再帰の応用

❑ ツリー構造の処理

　再帰的なデータ構造には再帰処理が適しています。データが再帰的であるとはどのようなものでしょうか。配列とツリー構造を比較すると、形が異なってもどちらもデータを繰り返すような構造です。しかし配列が同じ大きさの要素が繰り返されるのに対し、ツリ

270　第 10 章 再帰

一構造は大きな枝別れがあり、それぞれの枝がさらに小さな枝分かれになります。どこまで枝分かれしながら伸びていくのか、枝ごとに不規則です。

構造が自己相似形で繰り返すことと、不規則性を持つことが単調な配列とは異なっています。自己相似形つまり再帰的なので、毎回同じ関数で一から処理する方法が向いています。つまり再帰関数でスタックを用いて処理する方法です。

ツリー構造のデータとしては、XML や HTML などの階層構造を持つ構文データがあります。また、数式も文字の羅列ですが、演算の構造はツリー構造で表現することが可能です。その他、階層的に表現されたデータならどれでもあてはまることになります。

リスト 10-13 は、ハードディスク内のフォルダツリー構造をリストにするプログラムです。フォルダツリーは、図 10-10 のように、記憶メディアのファイルシステム内において、ツリー構造を形成しており、フォルダの下にはファイルあるいはさらにフォルダを含むような再帰的な構造になっています。このような情報を扱う際は、再帰処理が適しています。

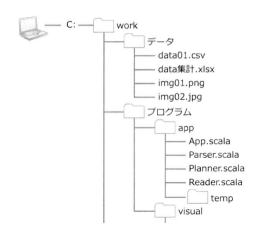

図 10-10　フォルダツリー構造

リスト 10-13　フォルダツリーのリスト化

```
package ex.recursion

import java.io.File

object RecursionDirTree extends App {
```

10.4　再帰の応用　271

```
def dtree(x: Any): List[Any] = {
  x match {
    case Nil => Nil
    case a:File => a.getName()::dtree(a.listFiles().toList)
    case (a:File)::aa => (if (a.isFile()) a.getName() else
                                        dtree(a)) :: dtree(aa)
  }
}

def test() {
  val dir = new File("C:/work")
  val list = dtree(dir)
  println(list)
}

test()
}
```

出力結果

```
List(work, List(データ, data01.csv, data集計.xlsx, img01.png, img02.jpg),
List(プログラム, List(app, App.scala, Parser.scala, Planner.scala,
Reader.scala, List(temp)), List(visual, Block.java, VisualData.scala,
Window.java)), List(資料, Eclipse資料.pptx, Java資料.pdf, Scala資料.docx,
Tutorial.txt, Windows.txt))
```

　test メソッド内では、処理対象の任意のフォルダに対して Java の File オブジェクトを生成し、dirtree メソッドに渡します。File オブジェクトは、フォルダあるいはファイル一つ分を表します。フォルダの場合はさらに listFiles メソッドによって、フォルダ内に含まれるものを列挙することができます。

　再帰メソッド dirtree 内の match 式では、一つ目の case は、終了条件に相当するもので、空のリストを返します。二つ目の case にある a:File には、フォルダが該当します。その場合「::」演算子を使ってフォルダ名と dtree の再帰結果をリストにして返します。これによって、先頭がフォルダ名、残りがフォルダ内容の羅列で構成されるリストが生成されます。

　三つ目の case にマッチするのは、先頭に File オブジェクトを持つリストで、listFiles メソッドで得られたフォルダ内容一覧リストが該当します。この File オブジェクトは if 式によって、ファイルの場合はファイル名を、フォルダの場合は再帰結果を得て、次にその結果とリストの残りに対し「○::dtree(aa)」という形式で再帰呼び出し

をします。

❏ ツリー構造の整形出力

リスト **10-14** は、フォルダツリーから生成したリストを、見やすく整形出力します。
出力結果は、フォルダ構造を意識し、改行とインデントを用いて構成しています。

リスト 10-14　フォルダツリーのリストを整形出力する

```scala
package ex.recursion

import java.io.File

object RecursionDirTree2 extends App {

  def dtree(x: Any): List[Any] = {
    x match {
      case Nil => Nil
      case a:File => a.getName()::dtree(a.listFiles().toList)
      case (a:File)::aa => (if (a.isFile()) a.getName() else
                                            dtree(a)) :: dtree(aa)
    }
  }

  def pprint(x: List[Any], n: Int = 0) {
    x match {
      case (d::aa)::bb => println("  " * n + "(" + d)
                          pprint(aa, n+1); pprint(bb, n)
      case f::aa => println("  " * n + f); pprint(aa, n)
      case Nil if (n > 0) => println("  " * (n-1) + ")")
      case Nil =>
    }
  }

  def test() {
    val dir = new File("C:/work")
    val list = dtree(dir)
    pprint(List(list))
  }

  test()
}
```

10.4 再帰の応用　273

```
出力結果
(work
  (データ
    data01.csv
    data集計.xlsx
    img01.png
    img02.jpg
  )
  (プログラム
    (app
      App.scala
      Parser.scala
      Planner.scala
      Reader.scala
      (temp
      )
    )
    (visual
      Block.java
      VisualData.scala
      Window.java
    )
  )
  (資料
    Eclipse資料.pptx
    Java資料.pdf
    Scala資料.docx
    Tutorial.txt
    Windows.txt
  )
)
```

pprint（pretty-print の意味）メソッドは、リストを整形出力する再帰処理を行います。引数 n はリストの深さレベルであり、デフォルト値「0」を与えています。match の一つ目の case は、フォルダの場合であり、次のようなパターンがマッチします。

(d::aa)::bb → これに該当する形式は （(フォルダ ファイル名 …) …）

これは、リストの先頭がさらにリストであるパターンです。この場合「(」とフォルダ名 d を出力し、d フォルダ内の要素 aa を再帰に渡します。そして、d フォルダと同レベルにある残り bb も再帰に渡します。aa は d フォルダの子要素なのでレベルを「+1」していま

274　第 10 章 再帰

す。二つ目の case には、ファイルがマッチします。ファイル名 f を出力して、同レベルにある残り要素 aa も再帰に渡します。三つ目の case は、閉じ括弧です。なお、最後に重複してしまうので if のガード式を入れてあります。最後の case はリストの末尾のときですが何も処理はしません。

❑ JavaFX によるツリー構造の GUI

リスト 10-15 は、フォルダツリーの GUI 表示を行うプログラムです。次の出力結果のようにツリービュー形式で、ビジュアルかつインタラクティブに扱えるようにします。

出力結果

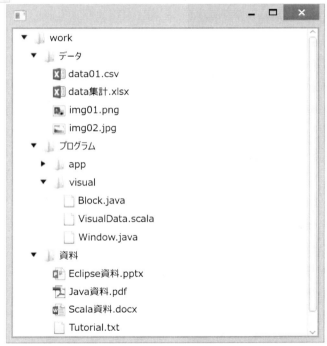

GUI には JavaFX8 という Java の標準ライブラリを使用します。JavaFX8 は、AWT や Swing にとって代わる標準の GUI フレームワークとして、デスクトップアプリケーションや組み込みなど小型デバイス向きの、高品質かつ高機能なグラフィックスアプリケーシ

10.4 再帰の応用　275

ョンが作成できます。GPU によるハードウェアレンダリングで高速処理されるなど、今後
の Java 開発において有力な機能です。

　この最新版の JavaFX8 ライブラリも、Scala から直接利用することができるので、多
くの Java アプリケーションが持つ操作性や表示形式の標準性に合わせて、Scala で
のソフトウェア開発ができるわけです。

リスト 10-15　フォルダツリーの GUI 処理

```scala
package ex.recursion

import java.io.File
import javafx.application.Application
import javafx.scene.Scene
import javafx.stage.Stage
import javafx.scene.control._
import javafx.scene.image.ImageView
import javafx.embed.swing.SwingFXUtils
import javax.swing.filechooser.FileSystemView
import javax.swing.ImageIcon
import java.awt.image.BufferedImage

object RecursionDirTree3 {                    // JavaFXアプリケーションを起動する
  def main(args: Array[String]) {
    Application.launch(classOf[RecursionDirTree3App], args: _*)
  }
}

class RecursionDirTree3App extends Application { // JavaFXアプリケーション
  override def start(stage: Stage) {          // 初期化処理
    val dir = new File("C:/work")
    val root = buildTree(dir)                 // GUI用ツリー構造の構築
    val treeView = new TreeView(root)         // ツリービューに渡す
    val scene = new Scene(treeView, 400, 400)
    root.setExpanded(true)
    stage.setScene(scene)
    stage.show();
  }

  def getIcon(f: File) = {                     // ファイルからアイコンイメージを取得する
    val icon = FileSystemView.getFileSystemView().getSystemIcon(f)
    val img = new BufferedImage(16, 16, BufferedImage.TYPE_INT_ARGB)
    val g = img.createGraphics()
    icon.paintIcon(null, g, 0, 0)
    g.dispose()
    new ImageView(SwingFXUtils.toFXImage(img, null))
```

276　第 10 章 再帰

```
  }

  def buildTree(x:Any, folder:TreeItem[String]=null):TreeItem[String]={
    x match {
      case Nil => folder                    // 最終結果を返す
      case a:File =>                        // フォルダの場合
        buildTree(a.listFiles().toList, if (folder != null) folder
                     else new TreeItem[String](a.getName(), getIcon(a)))
      case (a:File)::aa => {
        if (a.isFile()) {                   // ファイルの場合
          folder.getChildren().add(
                     new TreeItem[String](a.getName(), getIcon(a)))
        } else {
          val subfolder = new TreeItem[String](a.getName(),getIcon(a))
          folder.getChildren().add(subfolder)
          buildTree(a, subfolder)           // サブフォルダを再帰へ
        }
        buildTree(aa, folder)               // リストの残りを再帰へ
      }
    }
  }
}
```

　今回は、フォルダ構造のツリービュー表示に、ファイルアイコンも表示できるようにしました。それらを含めライブラリ機能などの詳細説明は省略します。

　再帰メソッド buildTree に指定されている TreeItem[String]型は、ツリービューの内部データ形式です。その構築方法は、TreeItem オブジェクトを一つ生成し、それに対して文字列（フォルダ名やファイル名）とアイコンイメージを設定します。また、子要素は getChildren().add(…)という形式で、さらに TreeItem オブジェクトを追加していきます。

　フォルダやファイルは、引数 folder の親フォルダに子要素として追加します。この folder がないと追加すべき親フォルダがわからなくなるので、再帰の引数として必要です。一つ目の case は最終処理です。この時点で folder にはすべてのフォルダ、ファイルの構造が構築されています。二つ目の case は、フォルダの場合にマッチします。三つ目の case は、フォルダ内容一覧リストがマッチします。

　再帰による TreeItem データ構造の構築では、図 10-11 のように TreeItem オブジェクトを生成（new TreeItem）していく処理と、生成した TreeItem を親 TreeItem の子として追加（getChildren().add）する処理によって、ツリー構造が形成されて

10.4　再帰の応用　277

いきます。

　新たな子として追加するときは、必ず追加先の親が参照できなければならないため、再帰関数の引数として、親 `TreeItem` を渡しています。そして、再帰呼び出しの過程もまた、ツリー構造のイメージになっています。つまり、木の枝を伸ばし、枝の付け根まで戻って別の枝を伸ばすような制御です。このようなツリー構造の制御は、もはやループ処理では困難です。

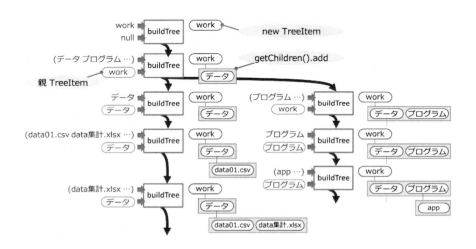

図 10-11　再帰呼び出しと TreeItem データ構造の構築

☐ ネットワーク構造の処理

　リスト 10-16 は、次の出力結果のように Web サイト内のリンクによるネットワーク状態を可視化するプログラムです。Web サイト内のリンク状態をグラフィカルに表示するための分析ソフトウェアとしての機能を簡易的に実現するものです。

　ネットワーク構造のデータ処理における重要な点としては、リンク先をたどっていくと同じ位置を再び通過する可能性があることです。このことは、処理が無限ループになる可能性を意味しており、再帰処理に何らかの工夫が必要となります。

　このプログラムでは、リンクの可視化だけでなく、リンク先の数を再帰的に集計してグラフィック表示に追加しています。このようにネットワーク構造で再帰処理すると無限ル

ープになるので、今回は、リンク先の数を再帰的に数える際、次のようなルールを設けています。

【ルール】
- リンク先の数を再帰的に数える際、Webの上位階層のWebページは調べない。
- 同じWebページを重複して数えない。

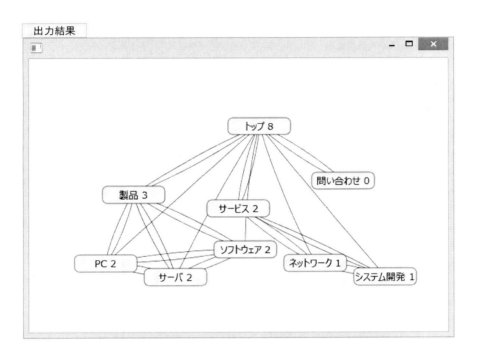

リスト10-16　Webページのリンク状況のビジュアル化

```
package ex.recursion

import javafx.application.Application
import javafx.scene.Scene
import javafx.stage.Stage
import javafx.scene.layout.StackPane
import javafx.scene.canvas._
import javafx.scene.shape._
import javafx.scene.text._
import javafx.scene.effect._
import javafx.scene.control._
```

10.4　再帰の応用　279

```scala
import javafx.geometry._
import javafx.scene.paint.Color

import scala.collection.mutable.Map
import scala.collection.mutable.Set

object RecursionNetwork {                         // JavaFXアプリケーションの起動
  def main(args: Array[String]) {
    Application.launch(classOf[RecursionNetworkApp], args: _*)
  }
}

class RecursionNetworkApp extends Application {    // JavaFXアプリケーション

  // 文字列で記述したリンク情報をリストに変換してwebLinkInfoに格納する
  val webLinkInfo = """
          トップ          -> 製品 サービス 問い合わせ
          製品            -> トップ PC サーバ ソフトウェア
          サービス        -> トップ ネットワーク システム開発
          問い合わせ      -> トップ
          PC              -> トップ 製品 サーバ ソフトウェア
          サーバ          -> トップ 製品 PC ソフトウェア
          ソフトウェア    -> トップ 製品 PC サーバ
          ネットワーク    -> トップ サービス システム開発
          システム開発    -> トップ サービス ネットワーク
""".split('¥n').map(_.trim).filter(_!="")
              .map(_.split("[¥¥s]+").toList).toList

  override def start(stage: Stage) {              // 初期化処理
    val pane = new StackPane()
    val canvas = new Canvas(600, 400)
    pane.getChildren().add(canvas)
    stage.setScene(new Scene(pane))
    stage.show()

    val all = build(webLinkInfo)                  // Webページのリンクデータの構築
    calc(all, canvas)                             // 描画位置計算
    draw(all, canvas)                             // 描画
  }

  def build(x: List[List[String]]) = {            // リンク情報リスト構築
    val m = Map[String, Webpage]()
    x.foreach(buildLink(_, m))
    val all = m.map{case (k,v) => v}.toList.sortBy(_.no)
    all.foreach(p => p.linkCnt = countLink(p))
    all
  }
```

```scala
def calc(all: List[Webpage], c: Canvas) {  // 描画位置計算
  val maxLevel = all.map(_.level).max
  val dh = (c.getHeight / (maxLevel + 1)).toInt
  for (i <- 1 to maxLevel) {
    val grp = all.filter(_.level == i).toArray
    val n = grp.length
    val dw = (c.getWidth / (n + 1)).toInt
    for (j <- 1 to n) {
      val p = grp(j-1)
      p.w = 90
      p.h = 25
      p.x = j * dw + (dw / 10) * (i % 2)
      p.y = i * dh + (dh / 5) * (j % 3 - 1)
    }
  }
}

def draw(all: List[Webpage], c: Canvas) {  // 全描画処理
  val g = c.getGraphicsContext2D
  g.setLineWidth(0.7)
  all.foreach(_.drawLink(g, c.getWidth))
  all.foreach(_.draw(g))
}

// マップ引数mに含まれていればそれを返し、含まれなければ新たなWebpageオブジェクトを
// 作りマップに追加する
def addNewPage(s: String, m: Map[String, Webpage], level: Int) = {
  if (m.contains(s)) {
    m(s)
  } else {
    val p = new Webpage(s)
    m(s) = p
    p.no = m.size
    p.level = level
    p
  }
}

// リンク作成
def buildLink(x: List[String], m: Map[String, Webpage]) {
  x match {
    case page::"->"::links => {
      val p = addNewPage(page, m, 1)
      links.foreach(link =>
                      p.makeLink(addNewPage(link, m, p.level+1)))
    }
    case _ =>
```

10.4 再帰の応用　281

```scala
      }
    }

    // リンク数再帰カウント
    def countLink(p: Webpage, temp: Set[Webpage] = Set()): Int = {
      if (temp.contains(p)) {
        0
      } else {
        temp += p
        for (x <- p.linkTo if x.level >= p.level) {
          countLink(x, temp)
        }
        temp.size - 1
      }
    }
  }
}

class Webpage (s: String) {               // Webページオブジェクト
  val name = s                            // Webページ名
  var no = 0                              // ソート用の連番
  var level = 0                           // Web階層レベル
  var linkCnt = 0                         // 再帰的なリンク先の数
  var linkTo: List[Webpage] = Nil         // リンク先オブジェクトのリスト
  var x, y, w, h = 0                      // 描画位置情報

  def makeLink(to: Webpage) {             // Webpageへのリンク追加
    linkTo = to::linkTo
  }

  def draw(g: GraphicsContext) {          // Webpageを1個描画
    val x1 = x - w/2
    val y1 = y - h/2
    g.setFill(Color.rgb(230, 230, 230))
    g.fillRoundRect(x1, y1, w, h, 15, 15)
    g.strokeRoundRect(x1, y1, w, h, 15, 15)
    g.setTextAlign(TextAlignment.CENTER)
    g.setTextBaseline(VPos.CENTER)
    g.setFill(Color.rgb(0, 0, 0))
    g.fillText(name + " " + linkCnt, x, y)
  }

  def drawLink(g: GraphicsContext, s: Double) {// Webpageからの全リンク描画
    linkTo.foreach { to =>
      val dx = to.x - x
      val dy = to.y - y
      val r = math.min(0.5, math.sqrt(dx*dx + dy*dy) / s)
      val q = (0.5 - r) * 0.2
```

282　第 10 章 再帰

```
        val rx = dx*r
        val ry = dy*r
        val qx = dx*q
        val qy = dy*q
        g.beginPath()
        g.moveTo(x, y)
        g.bezierCurveTo(x+rx+qy,y+ry-qx,to.x-rx+qy,to.y-ry-qx,to.x,to.y)
        g.stroke()
      }
    }
}
```

　変数 `webLinkInfo` は、文字列データとして与えられたリンク情報をリストデータに変換したものが格納されます。この変換処理の過程について次に補足します。


```
"""   〜   """                  … 複数行に渡る文字列リテラル
.split('¥n')                    … 改行文字で要素に分離
.map(_.trim)                    … 各要素に対し前後の空白除去
.filter(_!="")                  … 空の文字列""の除去
.map(_.split("[¥¥s]+"))         … 各要素に対し連続空白（正規表現）で分離
.toList                         … split 結果は Array なので List に変換
```

こうして変換されたリストデータは次のような形になります。

```
List(  List(トップ, ->, 製品, サービス, 問い合わせ),
       List(製品, ->, トップ, PC, サーバ, ソフトウェア), … )
```


　グラフィックス描画によって、Web ページ構成をレイアウトし、Web 階層に合わせて描画します。リンクしているページ間にはベジエ曲線で線を描画し、また、リンク先の数を再帰的に数えて数値を表示しています。各 Web ページを表すデータ構造として Webpage クラスを定義し、リンクは Webpage オブジェクトのリストで表現します。

　Webpage クラスは Web ページ 1 ページ分を表し、フィールドとして、ページ名、階層レベル、再帰リンク数、リンク先、描画位置などを持ちます。以下に主なメソッド構成を示します。

10.4　再帰の応用　283

RecursionNetworkApp クラス

 start メソッド   … 起動時の初期化処理

   → build メソッド   … リンク情報のリスト生成

   → calc メソッド   … 描画位置計算

   → draw メソッド   … 全描画処理

 build メソッド   … リンク情報リスト構築

   → buildLink メソッド   … リンク作成

     → addNewPage   … 既存 Webpage を返すか新規作成

   → countLink メソッド（再帰） … リンク数再帰カウント

Webpage クラス

 makeLink メソッド   … Webpage へのリンク追加

 draw メソッド   … Webpage を 1 個描画

 drawLink メソッド   … Webpage からの全リンク描画

　再帰関数の countLink メソッドでは、引数 temp はセット（重複要素を持たないコレクションデータ）を使い、すでに調べた Webpage を追加していきます。セットが追加可能であるために、ミュータブルな scala.collection.mutable.Set の import 宣言をしています。

　contains(…)によって p が temp に含まれるか調べ、もしあれば、重複とみなして再帰を打ち切ります。なければ、まず「temp += p」で p をセットに追加しておきます。次に for によって p のリンク先すべてに対し、階層レベルが上位でなければ、リンク先について countLink を再帰呼び出しします。

　最終的に temp のサイズ-1（自分の分を数えないように 1 引く）が再帰リンク数となります。なお temp は「temp: Set[Webpage] = Set()」と宣言することで、初回呼び出し時は引数を省略できます。省略時は Set()によって空のセットが初期値として生成されます。

参 考

Alvin Alexander : "Scala Cookbook: Recipes for Object-Oriented and Functional Programming", O'Reilly Media, 2013

Thomas Alexandre : "Scala for Java Developers", Packt Publishing, 2014

Joshua Backfield : "Becoming Functional", O'Reilly Media, 2014

Michael Bevilacqua-Linn : "Functional Programming Patterns in Scala and Clojure: Write Lean Programs for the JVM", Pragmatic Bookshelf, 2013

Carl Dea, Mark Heckler, Gerrit Grunwald, José Pereda, Sean Phillips : "JavaFX 8: Introduction by Example", Apress, 2014

George Duckett : "Scala Programming: Questions and Answers", George Duckett, 2015

EPFL : "The Scala Programming Language", http://www.scala-lang.org /documentation/, 2015-4

EPFL : "Scala Standard Library 2.11.6", http://www.scala-lang.org/api/, 2015-4

Hishidama : "Hishidama's Scala Memo", http://www.ne.jp/asahi/hishidama/home /tech/scala/index.html", 2015-4

Martin Odersky , Lex Spoon , Bill Venners : "Programming in Scala: A Comprehensive Step-by-Step Guide", Artima Press, 2010

Andrew Phillips, Nermin Serifovic : "Scala Puzzlers", Artima Press, 2014

David Pollak : "Beginning Scala (Expert's Voice in Open Source)", Apress, 2009

Jason Swartz : "Learning Scala: Practical Functional Programming for the JVM", O'Reilly Media, 2014

Johan Vos, Weiqi Gao, James Weaver, Stephen Chin, Dean Iverson : "Pro JavaFX 8: A Definitive Guide to Building Desktop, Mobile, and Embedded Java Clients",

Dean Wampler , Alex Payne : "Programming Scala: Scalability = Functional Programming + Objects", O'Reilly Media, 2014

索　引

■ A

AND, 38
Any, 20, 243
AnyRef, 20
AnyVal, 20
API, 60
App, 8
apply, 45
Array, 18, 48, 50
ArrayBuffer, 49

■ B

Boolean, 18
break, 40
Byte, 18, 38

■ C

call, 59
case, 226, 229
catch, 41
Char, 18
class, 41
collect, 53
contains, 284
continue, 40
count, 54

■ D

def, 30
Double, 18
do-whil, 40

■ E

Eclipse, 2
eclipse.ini, 4
eq, 75
exists, 53
extends, 8, 41

■ F

filter, 53
finally, 41
Float, 18
foldLeft, 54
for, 39
forall, 53
foreach, 48, 52
Function, 18, 45

■ G

GUI, 174, 275

■ H

HashMap, 48, 49, 51
HashSet, 48, 49, 51
head, 49, 54
HTML, 90

■ I

if, 37, 38
IndexedSeq, 48
Int, 18

■ J

Java VM スタック, 62
JavaFX, 275
Java ライブラリ, 20
Java 仮想マシン, 46
JDBC ドライバ, 214

■ L

LinearSeq, 48
List, 18, 48, 49
ListBuffer, 49
Locale, 96
Long, 18

■ M

map, 51, 52
Map, 18, 48
match, 38, 226, 267
max, 55
maxBy, 55
min, 55
minBy, 55
mkString, 56
MySQL, 215

■ N

Nil, 49, 227
NOT, 38
null, 71

■ O

object, 42
Option, 231
OR, 38

286　索　引

■ P

PreparedStatement, 215
pretty-print, 274
private, 217

■ R

Range, 18
reduceLeft, 54
ResultSet, 219
return, 40, 59
reverse, 54

■ S

Scala Console, 12
Scala Interpreter, 13
Scala オブジェクト, 7
Set, 18, 48, 284
Short, 18
SimpleDateFormat, 96
size, 54
sortBy, 55
sorted, 55
sortWith, 55
SQL, 214
SQLite, 214
String, 18, 48
StringBuilder, 49
sum, 55

■ T

tail, 49, 54
tailrec, 247
toArray, 56
toList, 56
toMap, 56
toSet, 56
toString, 20
toVector, 56
Traversavle, 48
TreeItem, 277
try-catch, 41, 206
Tuple, 18, 52

■ U

Unit, 18
unzip, 56

■ V

val, 24
var, 24
Vector, 48

■ W

while, 40
with, 41

■ X

XML, 90

■ Y

yield, 40

■ Z

zip, 56

■ あ

アキュムレータ, 246
アクセス修飾子, 217
値渡し, 172
後入れ先出し, 63
後戻り, 265
アノテーション, 247
暗黙変換, 27, 68

■ い

イミュータブル, 48
インスタンス, 19
インスタンス化, 45
インタプリタ, 12
インタプリタ画面, 14
隠蔽化, 215
インポート, 49

■ え

エラー, 11
演算子, 26

■ お

オーバーヘッド, 240
オブジェクト, 19
オブジェクト指向, 19
オブジェクト指向型言語, 29
オペランドスタック, 62

■ か

ガード条件, 38
型階層, 20
型推論, 24, 35, 79, 235
型パラメータ, 233, 243
カプセル化, 215
可変, 49
可変長引数, 243

287

空リスト, 227
カリー化, 130
環境, 108
関数, 28, 32, 57
関数オブジェクト, 29, 69
関数型言語, 29
関数名, 33
関数呼び出し, 26, 58, 59
関数リテラル, 23, 32

■ き

キー, 51
木構造, 90
キャスト, 67

■ く

クラス, 16, 19
グラフィックス処理, 190
クロージャ, 100

■ け

継承, 20, 41
ケースクラス, 229

■ こ

高階関数, 77
コールバック, 203
コネクション, 215
コメント, 16
コレクション, 17, 47, 194
コレクションメソッド, 48, 52
コンストラクタ, 42
コンソールウインドウ, 9
コンパイラ型言語, 11
コンパイル, 8

■ さ

再帰, 234
再帰関数, 35, 234
再帰呼び出し, 234
サブクラス, 20
サブルーチン, 28
算術演算子, 26
参照, 33, 34
参照透過性, 60

■ し

ジェネレータ, 39
式, 26
自己言及, 236

実数, 17
集合, 51
自由変数, 108
条件式, 37
省略形, 34
シングルトンオブジェクト, 42
真理値, 17

■ す

数学関数, 234
スーパークラス, 20
スコープ, 102
スタック, 62, 238
スタックオーバーフロー, 240
スタックフレーム, 62
ステートメント, 215

■ せ

正規表現, 283
整数, 17
静的な型付け, 21, 35
静的スコープ, 108
設定ファイル, 230
セット, 17, 284
選択, 37

■ そ

添え字, 50
束縛変数, 108

■ た

第一級オブジェクト, 29, 70, 77
第一級関数, 29, 70
代入演算子, 24, 27
多岐選択, 38, 226
タグ, 93
多重ループ, 39
タプル, 17, 52, 228

■ ち

抽象メソッド, 44

■ つ

ツリー構造, 90, 271

■ て

定数, 21
データ型, 17
データベース処理, 214
テールリカージョン, 244

288　索引

デバッグ, 25

■ と

糖衣構文, 231
動的型付け, 21
独自の制御構造, 179
閉じた項, 108
トレイト, 44

■ な

名前渡し, 172

■ ね

ネットワーク構造, 278

■ は

パースペクティブ, 5
配列, 17, 50
派生, 20
パターンマッチング, 226
バックトラッキング, 265
パッケージ, 6
ハッシュテーブル, 49
範囲, 17

■ ひ

ヒープ, 4
比較演算子, 26
引数, 30, 61
引数の評価, 176
引数リスト, 30
引数リスト分割, 182
日付フォーマット, 97
評価, 23
開いた項, 108

■ ふ

ファイルシステム, 271
ファイル処理, 204
フィールド, 32
フィルター, 39
部分適用, 121
不変, 48
プラグイン, 2
プリミティブ型, 19, 20
プレースホルダー, 122
プログラム, 7
プロシージャ, 28
プロジェクト, 5

ブロック, 28

■ ま

末尾再帰, 244
末尾再帰最適化, 246
マップ, 17
マルチパラダイム言語, 57

■ み

ミックスイン, 44
ミュータブル, 49, 284

■ む

無名関数, 33

■ め

メソッド, 28, 30
メソッド呼び出し, 26

■ も

文字, 17
文字列, 17
戻り値, 61

■ ゆ

ユーティリティ, 9, 119, 157, 197, 243

■ り

リスト, 17, 49
リテラル, 21

■ る

ループ, 39

■ れ

例外, 41, 206
レキシカルスコープ, 108
連想配列, 51

■ ろ

ローカル変数, 62, 103
論理演算子, 26
論理積, 38
論理否定, 38
論理和, 38

■ わ

ワイルドカード, 260

■筆者紹介

深井　裕二 （ふかい　ゆうじ）

北海道科学大学高等教育支援センター学士課程教育支援部門講師

プログラミング、実用的ソフトウェア開発や教育支援システム開発の研究に従事

公開フリーソフトにMoodle 小テスト問題作成ソフトQuEdit がある

Scalaファンクショナルデザイン～関数型プログラミングの設計と理解～

2015年5月29日　　初版発行
2015年6月5日　　第2刷発行

著　者　　深井　裕二

定価(本体価格2,500円＋税)

発行所　　株式会社　三恵社
〒462-0056 愛知県名古屋市北区中丸町2-24-1
TEL 052 (915) 5211
FAX 052 (915) 5019
URL http://www.sankeisha.com

乱丁・落丁の場合はお取替えいたします。　　　　　　　　　©2015 Yuji Fukai

ISBN978-4-86487-379-6 C2004 ¥2500E